KB200114

이 책에서 사디어스 윌리엄스는 말로만 자유를 약속하고 실은 우리를 속박하는 '자아 숭배'라는 만연한 종교의 계명을 어기라고 도전한다. 대담하면서 절박하게 우리를 부르는 고마운 책이다. 지금 이 세대는 군중을 따라 벼랑으로 치닫고 있다. 이 시대를 집어삼킨 자기중심성을 거스르는 역행자가 되는 결단은 큰 유익이 될 것이다.

콜린 핸슨 ◊ TGC(가스펠코얼리션) 편집장, 《하나님의 사람, 팀 켈러》 저자

대범하고 시의적절하면서 참으로 재미난 책이다. 윌리엄스는 이 시대 문화에 널리 퍼져 있는 새로운 십계명을 꼽으면서 어떻게 각 계명이 (뜻밖에도) 불행과 파멸을 낳는지를 조목조목 보여 준다. 다음 세대에게 이 책을 진심으로 권한다.

션 맥도웰 ◊ 바이올라대학교 변증학 교수

이 책에 가득한 진리는 오늘날 자아 숭배교의 신학적·철학적·논리적 실패를 낱낱이 폭로한다. 윌리엄스의 글은 재치 있고 공감 능력이 풍부해 읽기에도 즐겁다. 예수님을 믿는 모든 고등학생 손에 이 책을 들리게 할 수만 있다면!

나타샤 크레인 ◊ 강사, *Faithfully Different*(충실하되 다르게) 저자

윌리엄스 교수는 《사회 정의에 대한 기독교인의 12가지 질문》을 출간하면서 예수님과 이 시대 사람들을 사랑하는 대표적인 복음주의 철학 신학자로 자리매김했다. 비신자와 신자를 공히 해치는 첨예한 문화 이슈에 천착하는 그는 이 책 《마음을 따르지 않을 용기》에서도 예리한 통찰력으로 우리 사회 도처에 널려 있는 정서적·영적 고통의 폐부에 파고들어 문제의 근원을 추적한다. 나아가서 우리 삶 속의 문제를 짚어 내는 법과 문제를 떨치고 성경적으로 더 충만하게 살아갈 실천 방안을 제시한다. 깊이가 있으면서도 쉽고 재미있게 읽히는 이 책을 적극 추천한다.

J. P. 모어랜드 ◊ 탈봇신학교 철학 석좌교수

어떤 종교든 피할 수 없이 요구되는 윤리가 있다. 병적 자애(自愛)와 노골적 개인주의에서 생겨나 새로운 정설로 굳어진 오늘날의 우세 종교는 "당신의 마음을 따르라"를 새로운 윤리 강령으로 내세운다. 루소의 극대치라 할까. 다행히 사디어스 윌리엄스가 제시하는 차분하고 신중하고 설득력 있는 처방전은 자아가 아닌 구주께 기초한 것이다. 우리를 창조하시고 사랑하시는 그분은 자신을 위해 우리 마음을 지으셨을 뿐 아니라 참으로 의로운 권세가 있어 매사를 바르게 행하신다. 우리 마음을 따르면 두려움에 움츠러들고 비교의 덫에서 영영 헤어나지 못해, 자기 마음을 따르면서도 "마이크처럼 되기 위해"(게토레이의 유명한 광고 문구로, 마이크는 농구 선수 마이클 조던을 가리킨다-옮긴이) 끝없이 애쓰게 된다. 그리스도는 이런 우리를 해방하여 그분의 쉬운 멍에를 메게 하시며, 더는 두려움에 움츠러들지 않고 믿음으로 형통하게 하신다. 우리 마음을 따르지 않으면 하나님의 마음을 얻는다. 정말 중요하고 꼭 필요한 이 책에서 윌리엄스 박사가 그 방법을 예시한다. 당신의 마음을 따르지 말라. 대신 내 조언을 따라 이 책을 두 번 읽으라!

제프리 J. 벤트렐러 ◇ 블랙스톤 법학 인턴십 프로그램 대표

사디어스 윌리엄스는 자아 숭배 십계명을 능숙하게 해체하고 우리에게 더 나은 길을 보여 준다. 이 책은 충만하고 유의미한 반문화의 삶, 하나님을 중심에 모신 삶을 갈망하는 이들을 위한 놀라운 성경적 지침서다.

유체 애니저 ◇ 탈봇신학교 신학 부교수

흐름을 놓치거나 소외되는 것에 대한 심각한 불안 및 공포 증상인 포모증후군(FOMO)과 자아 숭배는 에덴동산에서부터 시작됐다. 하나님의 형상을 품고 그분의 위엄을 증언해야 할 우리가 사기꾼이 되어 자신의 나라를 퍼뜨린 것이다. 사디어스 윌리엄스는 자아 숭배의 무익함을 밝히고 하나님 나라의 해법을 제시하여 우리를 구원하시는 그분의 열심과 영광을 드러낸다. 기대감을 품고 이 책을 읽으라. 절대 실망하지 않을 것이다.

조앤 정 ◇ 탈봇신학교 온라인교육 및 교수개발 부학장, 성경학 및 신학 교수

조니 에릭슨 타다, 나바로 부부, 자말 밴디, **J. P. 모어랜드**,

조시 맥도웰, 알리사 포블레티, 트레버 라이트,

데이비드 요한 정, 알리사 차일더스, 월트 헤이어의 목소리와 함께.

※ 일러두기

이 책에서 "이단" 혹은 "이단자"라는 용어를 읽을 때 특별히 주의하길 바란다. 기독교인에게 이는 '기독교 복음'에서 크게 벗어난 교리, 주의, 주장 혹은 거기에 빠진 사람이라는 의미로 친숙하다. 저자는 이 책에서 '자아 숭배'라는 이 시대의 종교에 저항하는 순도 높은 진정한 그리스도인을 표현하는 데 이 용어들을 사용했다.

마음을 따르지 않을 용기

지은이 | 사디어스 윌리엄스
옮긴이 | 윤종석
초판 발행 | 2024. 3. 20
등록번호 | 제1988-000080호
등록된 곳 | 서울특별시 용산구 서빙고로65길 38
발행처 | 사단법인 두란노서원
영업부 | 02)2078-3333 FAX | 080-749-3705
출판부 | 02)2078-3330

책값은 뒤표지에 있습니다.
ISBN 978-89-531-4803-1 03230

독자의 의견을 기다립니다.
tpress@duranno.com www.duranno.com

두란노서원은 바울 사도가 3차 전도 여행 때 에베소에서 성령 받은 제자들을 따로 세워 하나님의 말씀으로 양육하던 장소입니다. 사도행전 19장 8-20절의 정신에 따라 첫째 목회자를 돕는 사역과 평신도를 훈련시키는 사역, 둘째 세계선교™와 문서선교단행본·잡지 사역, 셋째 예수문화 및 경배와 찬양 사역, 그리고 가정·상담 사역 등을 감당하고 있습니다. 1980년 12월 22일에 창립된 두란노서원은 주님 오실 때까지 이 사역들을 계속할 것입니다.

Thaddeus J. Williams

DON'T **FOLLOW**
YOUR HEART

마음을 따르지 않을 용기

사디어스 윌리엄스 지음
윤종석 옮김

● ● ●

1,930,700 likes

이 시대를 집어삼킨 '나'라는 신에 맞서다

#liveyourbestlife #okboomer #followyourheart
#betruetoyourself #youdoyou #yolo
#theanswersarewithin #authentic #livethedream
#loveislove

두란노

내 딸 홀랜드(줄여서 "더치")가 아홉 살 때였다. 여러 해째 우리는 '거짓말 찾기'라는 게임을 했다. 규칙은 간단했다. 텔레비전 프로그램이나 유튜브 동영상 또는 영화를 보다가 딸이 거짓말을 찾아내면(잘못된 개념을 찾아 그게 왜 잘못인지 설명하면) 나한테서 1달러를 받는 것이다. 우리 아이 실력이 어찌나 좋던지 머잖아 내가 길거리에 나앉겠구나 싶을 정도였다.

"아빠, 아빠." 그날도 딸은 신나게 계단을 뛰어내려오며 말했다. "1달러 또 주세요!" "이번에는 뭘 찾았어?" 분홍색 요정 공주인 신제품 유니콘 인형의 광고를 보았다고 했다.
"광고에서 그러는데 내 마음을 따라야 한대요."
"거기서 거짓말이 뭐지?"라고 내가 묻자 딸은 '부모의 한없는 보람'이라는 내 마음속 파일에 영원히 저장될 만한 대답을 들려주었다. 단어 하나까지 세세하게 기억난다.
"아빠, 나는 내 마음을 따르고 싶지 않아요. 내 마음은 타락했거든요. 꼭 하나님의 마음을 따를래요. 그게 훨씬 나아요!"
딸아이가 너무나 대견해 나는 눈물까지 흘렸다. 더치는 그날 한번에 5달러를 벌었다.

'쯧쯧, 창피한 줄도 모르고 애꿎은 어린 딸을 세뇌하다니.' 그리 생각할 이도 있을 것이다. 실은 정반대다. 나는 우리 아이를 '자아'를 신으로 섬기는 이 세대의 이단자로 키우는 중이다. 우리 시대를 지배하는 자아 숭배 교리에 우리 아이가 의문을 품고 반발했으면 좋겠다.

사실 한 세대 전체가 이 시대를 삼킨 자아 숭배교의 이단이 되어 성상을 파괴하고 배교해야 한다. 순한 소처럼 한 목소리로 울며 떼 지어 다니기를 거부하는 이단자와 저항자가 돼야 한다. 광고업자, SNS 인플루언서, 애니메이션 속 노래하는 공주나 감자 인형, 인기 가수, 대학교수 등이 자아에 충실하고 자기 내면에서 답을 찾고 자신의 마음을 따르라고 아무리 말해도 이들은 "그런 교리라면 사양입니다!"라고 답하는 사람이다. 더치를 비롯한 새로운 이 저항의 세대에게 사랑을 담아 이 책을 헌정한다.

Contents

감당할 수 없는 '자기중심성'의 짐을 지고 사는 세대

누구나 자기 삶이 만족스럽지 않다고 느낀 적이 있을 것이다. 타인에게서나 세상에서는 물론이고 심지어 자신에게서도 소외된 기분을 다들 겪어 봤으리라. 소외감과 고립감은 인류 역사 내내 모든 사람이 공통적으로 맛본 쓰디쓴 경험이지만, 우리 시대에는 더욱더 극심해져 우리에게 일종의 실존적 현기증을 남기고 있다. 우리 선조는 대부분 '의미'의 초월적 근원에 힘입어 세상에 적응했으나, 우리는 그런 근원에서 멀리 떨어져 나왔다.

전통 기독교는 인간이 하나님의 형상대로 창조됐고, 우리가 존재하는 최고 목적이 하나님을 예배하고 영원히 그분을 즐거워하는 것이라 가르쳤다. 이 관점에서 보면 자아 너머의 어떤 존재에 절실히 의존해야만 삶의 의미를 찾을 수 있으며, 그 존재란 바로 우리를 지으신 창조주 하나님이다.

서구 문화의 사고에서 이런 기독교 관점이 힘을 잃긴 했지만, '자아'를 넘어서는 '의존'과 '의무'라는 파생 개념은 여전히 건재했다. 계몽주의가 종교를 공격하고 나선 뒤로도 여전히 대다수 사람은 온전히 인간다워지려면 우리 삶이 고독한 자아를 벗어나야 한다고 믿었다. 부모는 자녀를 돌볼 의무가 있고, 자녀는 부모에게 의존해야 하며, 이웃과 국가도 비슷한 관계망이라는 게 변함없는 중론이었다. "의미와 만족을 얻으려면 그런 의존 관계와 의무를 파악해서 그대로 살아야 한다."

그런데 오늘날의 형편은 사뭇 달라서 외로움이 훨씬 극심해졌다. 현대 서구 세계의 거주민은 스스로 의미를 창출하는 독립적 존재임을 자처한다. 이렇게 부상하여 승리한 현대의 자율적 자아를 니체 같은 철학자들이 옹호한 지 이미 오래다. 게다가 그들의 철학은 이제 상아탑을 벗어나 대중화됐다. 요즘은 법과 언론, 엔터테인먼트, 교육, 정치, 예술이 하나같이 우리를 인간의 전통적 제약에서 해방하겠다고 약속한다.

"당신의 마음을 따르라."

이 말은 허울 좋은 유행어 정도가 아니라 실제로 수많은 인생의 좌우명이다. 각자의 감정을 실재의 최종 기준으로 삼자는 구호는 이제 우리가 호흡하는 문화적 공기가 됐다. 종교가 있든 없든 우리 마음은 노골적인 개인주의의 주문(呪文)에 미혹되기 쉽다.

그런데 문제는, 과연 이 말이 인간의 의미를 들여다보는 정확하고 지속 가능한 관점이냐는 것이다. 만일 아니라면 어떻게 이 관점을 물리칠 수 있을까?

먼저 자아 숭배(self-worship; 자기 숭배)의 문제를 알아보는 게 좋은 출발점일 수 있다. 자아 숭배는 어디서 기원해서 지금 시대에 어떤 모습으로 나타날까? 바로 이 부분에서 사디어스 윌리엄스의 이 책은 아주 유익하다. 그는 현대의 인생관을 설계한 여러 사상가가 어떻게 우리 문화를 형성하는지를 소개한다. 철학자 니체와 푸코가 가수 짐 모리슨과 마릴린 맨슨과 더불어 나란히 등장한다. 각 장 끝에는 누구도 감당할 수 없는 자기중심성의 짐에서 해방된 이들의 생생한 간증이 실려 있다.

윌리엄스는 자아 숭배 십계명을 철저히 분석하고 폭로하여 거짓된 가면을 벗긴다. 그리하여 문제가 절로 사라질까? 그건 아니다. 모든 독자가 설득될까? 부디 그러기를 바란다. 결과야 어떻든 간에 이 책을 읽고 당신은 우리가 살아가는 이 세상을, 그리고 왜 당신 자신의 마음을 따르기보다 하나님 마음을 따르는 게 훨씬 나은지를 한층 깊이 이해하게 될 것이다.

그로브시티칼리지(Grove City College)
성경학 및 종교학 교수
· 칼 R. 트루먼

이 시대
10대 유혹 트렌드
파헤치기

자칭 "전투적 무신론자"인 옥스퍼드의 리처드 도킨스는 왕년의 베스트셀러 《만들어진 신》(*The God Delusion*)의 서두에 자신의 패를 내보인다. 신이란 "좀스럽고 불공평하고 용납을 모르는 지배욕을 지닌 존재"이므로 신을 믿어서는 안 된다는 것이다.[1] 그거라면 내 생각도 같다. 그런 신을 숭배하는 사람은 비참해진다. 그런 신은 당신과 당신의 소중한 이들을 파멸로 몰아간다. 지배욕에 불타는 이 해악의 신은 대체 누구일까?

물론 나는 '자아'(self)라는 신을 두고 하는 말이다. 공식적으로 내세우는 종교가 뭐든 간에 모든 인간은 눈을 깜빡이거나 숨을 쉬는 것만큼이나 본능적으로 자기 존재의 중심에 서려는 성향이 있다. 우리도 이 책을 읽고 나서는 이 "만들어진 신"에게서 기꺼이 놓여나기를 기도한다.

*

오늘날 가장 급성장하는 인기 종교

"신"(god)은 막연하기로 악명 높은 단어다. 여기서 내가 말하는 신이란 단순히 당신이 가장 신성하게 여기는 대상을 뜻한다. 유명 전문가, 연애 상대, 정당, 오르가슴, 도파민 분비 등이 다 우리의 신 역할을 할 수 있다. 당신이 정체성과 의미를 찾으려는 곳이 어디든, 권위 있는 진리의 출처로 의지하는 게 무엇이든, 가장 많은 에너지를 들여 비위를 맞추려는 사람이 누구든, 그게 다 신이다.

지극히 종교적인 이 나라 미국에서 대세를 이루는 신이 누구인지는 의심의 여지가 없다. 미국인의 84퍼센트는 "삶의 최고 목표는 삶을 최대한 즐기는 것"이라 믿는다.[2] 86퍼센트가 만족을 얻으려면 "자신이 가장 갈망하는 것들을 추구해야" 한다고 밝혔으며, 91퍼센트가 "자아를 발견하는 최선의 방법은 내면을 들여다보는 것이다"라는 말에 동의했다.

'자기중심성'은 그야말로 세계 종교로서의 지위 획득을 바로 눈앞에 두고 있다. 1-4세기 기독교의 팽창, 7-11세기 이슬람교의 팽창 수준을 바짝 뒤쫓을 정도로 지난 한 세기 동안 온 지구촌으로 퍼져 나간 것이다. '자아 숭배'야말로 오늘날 세상에서 가장 빠르게 성장하는 종교라 해도 과언은 아니며, 무엇보다 세상에서 가장 오래된 종교인 것만은 확실하다(창세기 3장만 읽어 보아도 알 수 있지 않은가).

이 책에서 우리는 유서 깊을 뿐만 아니라 오늘날에도 대세인 이 세계적 종교의 성인(聖人)들을 두루 만날 것이다. 네로는 자신의 자아 숭배를 제국의 신앙으로 의무화했다. 니체는 많은 사람에게 영감을 주어 "초인"이 되게 했다. 그가 말한 "초인"이란 전통 도덕을 뛰어넘어 실재를 자유자재로 지어내는 신의 경지에 이른 사람이다. 니체 신봉자로 이름난 미셸 푸코는 자화자찬 개념에 성적 사디즘과 마조히즘을 가미했다. 마르키 드 사드는 그 일을 이미 두 세기 전에 했다. 록 밴드 도어즈의 멤버 짐 모리슨은 부드러운 바리톤 음색과 거침없는 무대 기행(奇行)으로 니체와 사드의 교리인 무제한의 자기 주장에 로큰롤의 낭만주의를 덧입혔다.

또 우리가 만날 티머시 리어리는 하버드 교수이자 히피족 전도 사로서 환각성 약물을 자존심 고취의 수단으로 옹호했다. L. 론 허 버드는 자신이 창시한 사이언톨로지교로 자아의 신격화에 공상과 학 소설의 색깔을 덧입혔고, 현대 사탄교의 아버지인 알리스터 크로 울리는 자신의 신조를 "너 자신에게만 충실하라"라는 셰익스피어의 극 중 대사로 압축했다.

그 밖에 프랑스의 실존주의자 장 폴 사르트르, 비트족(물질문명 과 기성 질서를 거부한 1950년대 문학과 예술의 방랑자 세대-옮긴이) 시인 앨 런 긴즈버그, 드래그 퀸(여장 남성)으로 활동하는 루폴, 첨단 기술의 거장 스티브 잡스, 그리고 다양한 대중 가수도 우리가 살펴볼 자아 숭배교의 성인 군단에 속한다. 우리는 자아실현의 복음이 과연 그 들에게 얼마나 실효가 있었는지 짚어 볼 것이다.

자아 숭배라는 종교의 역사적 선지자라 해서 다 그 이름이 기억되고 연구되고 의식적으로 모방되는 건 아니다. 또 모두가 극단으로 치닫는 것도 아니다. 지금은 자아 숭배가 더욱 주류로 자리 잡았고, 거기에 젖은 채 일상을 영위하는 사람이 많다. 그리고 그것은 교묘한 광고를 통해 대중에게 소비되고 있다.

물려 퍼지는 자아 숭배 찬송가

자아 숭배교에는 성인과 선지자만 아니라 찬송가도 있다. 프랭크 시나트라의 유명한 노랫말 "내 방식대로 살았다오"는 "나 같은 죄인 살리신 주 은혜 놀라워"에 상응하는 모든 자아 숭배자의 고전이다. 혼성 듀엣 록시트의 1980년대 팝 록 히트곡은 주문이라도 외우듯 "네 마음의 말을 들어"를 연속 열세 번이나 반복하다 끝난다.[3] 컨트리 음악의 우상 레바 매킨타이어는 "마음은 거짓말하지 않아요"라고 우리를 다독이고,[4] 프로토 펑크 록 밴드인 킹크스도 "자신의 마음을 정말, 정말 믿어야" 한다고 맞장구친다.[5] 하드 록의 원조 반항아 모터헤드는 껄끄러운 파워 코드[3음 없이 기본음과 5음만으로 구성된 화음-옮긴이]에 맞추어 "네 마음에 귀를 기울여 / 평생 잘 들어 / 마음의 말만 들으면 / 다 잘될 거야"라고 외친다.[6]

어린이 노래도 있다. 스티비 원더가 부른 디즈니(Disney) 영화 〈뮬란〉(Mulan)의 한 삽입곡은 감수성이 예민한 아이들의 머릿속에 이렇게 주입한다. "네 마음에 충실해야 해 / 그러면 하늘이 열리면서…… / 네 마음은 거짓말할 수 없거든."[7]

아이들은 만화 영화의 자퀴모라는 제비가 썸벨리나에게 들려주는 이런 세레나데를 들으며 어느새 발로 박자를 맞춘다. "그대 마음을 따를 때 갈 길이 멀거들랑 / 별빛의 인도가 없어도 좋은 수가 있지요 / 그대 마음을 믿으면 더 빨리 간답니다."[8]

10-12세 어린이를 겨냥한 자아 숭배 인기 찬송가는 1년 내내 이어 들어도 될 만큼 널렸다. 권위에 저항하는 노래, 아무리 힘든 꿈도 다 이루어진다는 노래, 팔방미인 소녀가 되라는 노래, 으르렁거리는 동물 여신이 사람들의 기대감을 아침으로 먹고 불꽃과 무지개를 배설하는 노래 등 별의별 게 다 있다. 공연장을 가득 메운 청소년도 예배하듯 두 손을 뻗고 가수 조조 시와와 함께 이렇게 떼창을 부르곤 한다. "내 인생, 내 방식, 내 꿈…… / 내 인생 누가 될지 내가 정해 / 난 내가 될 거야…… / 내가 이끌고 내가 따를 거야."[9]

이 시대를 집어삼킨 새로운 십계명

자아 숭배교에는 성인과 찬송가만 아니라 신성한 자체 계명도 딸려 온다. 다음은 그중 대표적인 열 개의 계명, 즉 자아 숭배교의 십계명이다.

제1계명. 내가 행복하면 된다 #liveyourbestlife

당신의 최고 목적은
자신을 영화롭게 하고
영원히 자신을 즐거워하는 것이니
늘 그 목적에 맞게 행동하라.

제2계명. 꼰대는 사절이다 #okboomer

절대 시대에 뒤처지지 말고
늘 최첨단을 달리라.

제3계명. 내 마음을 따른다 #followyourheart

무슨 수를 써서라도
당신의 감정에 복종하라.

제4계명. 나에게 충실할 뿐이다 #betruetoyourself

있는 힘껏 용기를 내
다른 사람들의 기대를 저버리라.

제5계명. 내 인생은 내 것이다 #youdoyou

당신은 당신의 진리대로 살고
다른 사람들은 그들의 진리대로 살게 놔두라.

제6계명. 인생은 한 번뿐이다 #yolo

무제한의 경험 욕구를 충족하라.

제7계명. 답은 내면에 있다 #theanswersarewithin

당신 자신을 믿고,
아무도 한물간 '죄인' 개념으로
당신을 억압하지 못하게 하라.

제8계명. 진정성이 최고다 #authentic

당신의 정체성을 스스로 만들어 내고
광고하라.

제9계명. 내 꿈은 이루어진다 #livethedream

온 우주를 당신의 갈망에 끼워 맞추라.

제10계명. 사랑은 사랑이다 #loveislove

모든 생활 방식과 사랑 방식을
똑같이 정당한 것으로 예찬하라.[10]

물론 이런 해시태그 중 다수는 무해하며 정황에 따라 어쩌면 유익하기까지 하다. 티볼[투수 없이 공을 막대기 위에 올려놓고 치는 변형 야구-옮긴이] 코치는 방망이를 들고 불안하게 떨면서 타석에 들어서는 다섯 살 소년에게 너 자신을 믿으라고 말해 줄 수 있다. 드넓은 세상을 두려워하는 사람에게는 **#인생은 한 번뿐이다**가 좋은 충고일 수 있다. 자신의 꿈과 갈망을 따르는 것도 신중한 지혜일 수 있으며, 성령께 드려진 신자의 마음속에 피어나는 꿈과 갈망이라면 특히 그렇다. 그러나 사람들은 이런 해시태그를 훨씬 더 해롭게, 심지어 악한 의미로 쓸 때가 많다. 그 의미에는 신, 인간 본성, 죄, 구원, 미래 등에 대한 잘못되고 성경에 어긋나는 주장이 담겨 있다.

이처럼 선지자와 수많은 신자와 두터운 찬송가와 계명과 배후 교리를 두루 갖춘 자아 숭배는 '유행'이나 단순히 '생활 방식의 선택' 차원을 훨씬 넘어섰다. 깊은 의미에서 이는 하나의 '종교'다. 서구 세계의 모든 나라에서 국가가 인정하는 종교는 이것뿐이라 할 수 있다. '자기'를 떠받드는 게 종교라니 자칫 코웃음 치기 쉽다. 어린 날의 광신에서 우리가 이미 벗어났다고 생각하기 때문이다.

나 역시 그랬다. 그러던 어느 날 문득, 자아 숭배를 거침없이 비판한 내가 실제로는 그 종교의 독실한 신자였고 지금도 그렇다는 걸 깨달았다. 나를 가장 잘 아는 이들에게 물어보라. 나는 그 종교의 성인에 가깝다. 여태도 그랬고, 죽는 날까지도 길고 고통스러운 배교 과정이 계속될 것이다.

그리하여 이 책의 즐거운 주제는 해방이다. 더 진정으로 자기다워지려거든 자아 숭배 십계명을 어기라. 보다 자주, 뻔뻔하고 당당하게.

이 책의 영문판 원서의 부제는 "현대 최고 인기 종교에 맞서 대담하게 죄짓게 하는 저항자의 안내서" 또는 "21세기의 이단자가 되는 법"이 될 뻔했다. 책을 쓴 목적은 당신을 설득하여 당신이 '자아'라는 신에 대해 무신론자가 되게 하기 위해서다. 거침없이 반항하는 불온한 무신론자가 되어 자아라는 만들어진 신에서 놓여나기를 바란다.

이것이 나의 기도다.

#liveyourbestlife

1

내가 행복하면 된다

당신의 최고 목적은
자신을 영화롭게 하고
영원히 자신을 즐거워하는 것이니
늘 그 목적에 맞게 행동하라.

인간이 만물의 영장이니
지극히 높은 곳에서도
인간에게 영광이라!
A. C. 스윈번 | 인본주의자

인간이 자신의 세상을 넓히려면
늘 스스로 작아져야 한다.
G. K. 체스터턴 | 유신론자

어떻게 하면 목석처럼 무지하고 무감각해질 수 있을까? 어떻게 하면 일부 소비재처럼 허울뿐인 가짜가 될 수 있을까? 어떻게 하면 내 정체성을 잃고 내게 중요한 인물의 영혼 없는 복제품으로 변할 수 있을까? 방법은 간단하다. 목석이나 일부 소비재나 그 중요한 인물을 숭배(예배)하기만 하면 된다.

유일한 변칙과 아인슈타인 법칙

시인 랄프 왈도 에머슨은 그 현상을 익히 잘 알았다. "인간은 뭔가를 예배하게 되어 있다. 의심의 여지없는 사실이다. …… 그래서 우리는 무엇을 예배할지 조심해야 한다. 우리 자신이 우리가 예배하는 대상처럼 되기 때문이다."[1] 에머슨이 이 관련성을 지적하기 3,000년 전에 고대의 유대인 시편 기자는 인간이 만든 신에 관해 이렇게 말했다.

> 입이 있어도 말하지 못하며
> 눈이 있어도 보지 못하며

귀가 있어도 듣지 못하며

코가 있어도 냄새 맡지 못하며

손이 있어도 만지지 못하며

발이 있어도 걷지 못하며

목구멍이 있어도 작은 소리조차 내지 못하느니라

우상들을 만드는 자들과 그것을 의지하는 자들이

다 그와 같으리로다.

· 시편 115편 5-8절

과연 그렇다. 좋은 쪽으로든 나쁜 쪽으로든 우리는 자신이 예배하는 대상처럼 변한다. 그게 무엇이든 숭배 대상이 우리 영혼을 형성한다. 물론 기형으로 빚을 수도 있다.

몇 년 전 내가 이 진리에 관련한 책을 쓸 때 자료 조사 과정에서 변칙 하나가 자꾸 튀어나왔다.[2] 고대 근동의 우상에 관한 한 앞서 말한 명제는 사실이다. 목석을 깎아 만든 신에게 절한 이들은 대개 목석처럼 무지하고 무감각해졌다. 자신이 예배하는 대상처럼 된다는 에머슨의 통찰은 이처럼 많은 신에게 들어맞는데, 딱 하나 예외가 있다.

이 특정한 우상은 규칙을 깨고 수많은 축적된 자료를 거스른다. 그 앞에 절해도 전혀 그와 같아지지 않는다. 오히려 점점 더 그것과 달라지다가 결국 끔찍하리만치 동떨어진다. 엎드려 절할수록 그와 같아지는 다른 모든 신과 달리, '자아'만은 숭배할수록 덜 자기다워진다. 참자아와는 거리가 먼 그림자요 망령이 되는 것이다. 답을 찾고자 오래오래 거울 속을 뚫어져라 응시할수록 에드바르 뭉크의 그림 〈절규〉(The Scream)를 보는 심정이 된다. 이것이 자아 숭배의 기이한 역설이다.

왜 그럴까? 답은 간단하다. 본래 우리 마음의 구심점은 우리가 아니다. 당신은 신이 아니다. 자아의 신격화는 망조다. 본래 우리 인간은 자아에 의지하거나 만족하거나 도취하도록 지어지지 않았다. 자아를 통해 규정되거나 의로워질 수도 없다. 우리는 자신보다 무한히 더 매혹적인 신을 예배하도록 지어졌다. 이 시대 흐름에 맞서는 이단적 메시지를 또 하나 설파하자면, 인간은 자신을 망각하고 하나님을 경외할 때 비로소 진정으로 자유롭고 자기다워진다.

이것이 오늘날 가장 **빠르게** 성장하는 자아 숭배라는 종교를 논박하는 우리의 첫 번째 논거다. 자아에 몰두할수록 경외가 적어지고, 경외할 일이 줄어들수록 온전히 자기다워지기 어렵다. 알버트 아인슈타인이 말한 것처럼 "자아를 벗어나 살 수 있을 때 인간의 삶은 비로소 시작된다."[3] 경외는 "모든 진정한 예술과 모든 과학의 근원이다. 이 정서를 모르는 사람, 더는 멈추어 경이와 경외심에 **빠져**들 수 없는 사람은 죽은 것이나 다름없다."[4] 이 위대한 물리학자는 경외를 "진정한 종교심의 골자"로 꼽기까지 했다.[5]

이를 '아인슈타인 법칙'이라 부르기로 하자. 당신은 자신보다 존엄한 존재를 경외할수록 살아나지만, 자신을 가장 존엄한 존재로 보고 자아를 경외할수록 그만큼 삶이 비참해진다.

우리는 경외심을 품은 상태에서 최고의 능력을 발휘하도록 지어졌다. 해마다 35,000명이 에베레스트산으로, 350만 명이 요세미티로, 450만 명이 그랜드캐니언으로, 3,000만 명이 나이아가라 폭포로 굳이 고생하며 여행하는 것도 바로 그 때문이다.[6] 이미 우리는 아인슈타인 법칙을 본능적으로 알고 그대로 살고 있다. 인간은 충만한 경외심을 갈망한다.

간단한 사고 실험으로 이를 증명해 보자. 다음 두 장면을 머릿속에 떠올려 보라. 우선 당신이 노르웨이 트롬쇠 산속에서 자동차 보닛 위에 누워 있는 장면이다. 트롬쇠에서는 강물처럼 흐르는 네온색 북극광을 마음껏 볼 수 있다. 검은색 화폭 위로 황록색과 암녹색이 수채화의 붓놀림처럼 함께 흘러나온다. 너무도 장엄해서(경외심을 자아내서) 자신에 대한 염려 따위는 사라져 다 버린다. 그렇게 당신은 자아를 망각한 채 가장 좋은 자리에 한 점 티끌로 누워 천상의 빛과 신비한 쇼에 빠져든다.

두 번째로는, 당신이 누워 있긴 한데, 이번에는 1960년대식 감각 차단 탱크(소리와 빛이 통과하지 못하게 소금물로 채워진 이 밀폐 장치는 1950년대에 발명되어 1970년대에 보급됐으며, 소위 의식 수준을 높이고자 감각을 차단하는 용도로 쓰였다) 안에 들어가 있는 장면이다. 어둠 속에서 소금물에 떠 있노라면 자신의 의식이 온 우주가 되어 버린다. "참자

※

기"(참자아)를 발견하기 위해 거기서 끝없이 자신을 분석할 수 있다.

자, 질문은 이것이다. 당신이 진정으로 인간답고 가장 자유롭게 자기답다고 느껴질 곳은 어디겠는가? 트롬쇠와 감각 차단 탱크 중 어느 쪽인가?

이제야 성경을 따라잡기 시작한 과학

근래의 두 가지 과학 연구 결과를 보면 당신이 어느 쪽일지 가늠할 수 있다. 첫째로, 충분히 데이터가 축적된 사회과학 연구를 보면, 자신의 행복 추구가 먼저라는 강박관념이 미국 전역을 들불처럼 휩쓸던 바로 그 시기에 오히려 불행이 급등했다. 헌법에 보장된 "행복추구권"을 고도로 개인주의적이고 주관적이고 심리적인 관점에서 보는 해석은 1960년대에 유행하며 주류가 됐다. 내 가장 친한 친구인 나 자신의 행복 확보가 권리다 못해 당연한 요구 사항이 된 것이다.

자아의 행복을 끌어올리려는 열기가 이처럼 대세를 이루었으니 자유와 기쁨의 새로운 황금기가 도래할 만도 한데 현실은 정반대였다. 심리학자 데이비드 마이어스가 *The American Paradox*(미국의 모순)에서 세심히 그 증거를 제시했듯, 1960년부터 21세기 벽두까지 미국에서 이혼율은 2배, 청소년 자살률은 3배, 폭력 범죄율은

4배, 교도소 수감자는 5배, 사생아 출산은 6배, 결혼 아닌 동거(궁극적 이혼의 유의미한 전조)는 무려 7배로 늘었다.[7] 케빈 코코런은 행복의 신경과학에 관한 글에서 연구 결과를 단도직입적으로 이렇게 요약했다. "행복을 염원하고 추구하며 행복을 얻고자 제품을 소비할수록 우리는 덜 행복해지고 더 우울해지는 것 같다."[8]

신학자들이 수천 년간 논한 "쾌락주의의 모순"을 사회과학도 점차 따라잡고 있다. 행복을 좇는 사람일수록 더 불행해지는 경향이 있다. 쾌락주의는 행복의 갈증을 푸는 지극히 멀쩡한 방법 같지만, 이를 마시다가는 소금물을 들이킨 듯 치명적 탈수 증세를 일으킬 뿐이다. 그래서 예수님은 "무릇 자기 목숨을 보전하고자 하는 자는 잃을 것이요 잃는 자는 살리리라"라고 말씀하셨다(눅 17:33).

두 번째 과학 연구 결과를 보면 이 자아실현의 시대에 재앙 수준으로 증가한 불행이 좀 더 잘 이해된다. 캘리포니아대학교 어바인캠퍼스의 과학자 폴 피프는 피험자들을 여러 가지 "경외심을 불어넣는 요인"에 노출한 뒤 이렇게 발표했다. "파급 효과는 동일했다. 사람들은 자신이 더 작게 느껴져 자만심이 줄었고 더 친사회적 행동을 보였다."[9] 피프는 "작은 자아"라는 용어를 지어내 이 현상을 기술했다. 경외심이 가득한 사람일수록 더 관대하고 타인의 필요에 민감하며 자연을 소중히 여겼다.

애리조나주립대학교의 시오타 박사는 경외심은 인지 기능도 향상시켜 준다고 했다.[10] 엉성한 논리에 덜 말려들고 탄탄한 논리에 더 공감하게 된다는 것이다.[11] 경외심이 우울을 줄여 준다는 긍정 심리학 분야의 연구 결과도 얼마든지 많다. 더 행복하고 충만하게 살고 싶은가? 과학의 답은 분명하다. 자신보다 큰 것을 접하며 경외를 경험하라.

다시 말하지만 신학자들이 수천 년간 전한 진리를 과학도 점차 따라잡고 있다. 인간은 경외심을 품고 살도록 지어졌다. 하나님을 경외하라는 명령이 구약성경에 100번도 더 나온다(히브리어 "이르아"는 "경외"나 "두려움"으로 번역된다). 이는 내게 NASA(미국항공우주국) 최초의 천문학자 중 한 명인 로버트 재스트로의 잊지 못할 은유를 떠올리게 한다. 20세기 빅뱅 우주론의 돌파구를 다룬 책 마지막 줄에 그는 이렇게 썼다. 현대 과학자가 "무지의 산을 올라 최고봉을 정복하기에 이르렀다. 마지막 암벽 위로 올라서니 오랜 세월 그곳에 앉아 있던 신학자 무리가 그를 반겨 준다."[12]

우주가 정적(靜的) 상태로 영원히 존재했다는 게 통념인 때가 있었다. 그러다 아인슈타인의 일반 상대성이론에 조금 힘입어 천문학자들은 우주가 전혀 영존했던 게 아님을 터득했다. 우주는 미세 조정된 신기한 조건에서 어느 특정한 시점에 갑자기 출현했다. 재스트로는 시간이 걸리긴 했지만 과학도 마침내 성경의 첫 줄인 "태초에"까지는 따라잡았다고 말했다.

21세기의 우리가 이해하는 경외심도 재스트로의 설명과 비슷하다. 유대교 신학자 아브라함 헤셸은 "가장 위대한 깨달음은 모두 경외의 순간에 찾아온다"라고 말했는데,[13] 이것을 그는 시오타 박사의 방식으로 배운 게 아니라 성경에서 배웠다. 초대교회는 "작은 자아"를 추적 연구한 게 아니라 그런 자아로 살았다. 피프 박사가 "경외심의 친사회적 파급 효과"[14]를 증명하기 2,000년 전에 기록된 사도행전을 보자. "모든 사람에게 경외하는 마음이 생겼다"(행 2:43, ESV)는 말씀에 바로 뒤이어 "믿는 사람이 다 함께 있어 모든 물건을 서로 통용하고 또 재산과 소유를 팔아 각 사람의 필요를 따라 나눠 주며"라는 말이 나온다(44-45절).[15] 이거야말로 "친사회적 파급 효과"가 아니겠는가?

신학과 과학이 공히 보여 주듯 우리는 경외를 경험할수록 더 만족스럽게 인간다워진다. 인간은 경외를 원할 뿐 아니라 경외가 꼭 필요한 존재다. 경탄하도록 지어졌기 때문이다. 그게 우리 인간의 본성이다. 자아 숭배라는 오늘날 가장 빠르게 성장하는 이 세계적 종교가 많은 사람을 배신하는 것 역시 그 때문이다. 자아를 숭배하면 경외심을 잃고 공허해진다. 생각만큼 우리가 대단한 존재가 전혀 아니라서 그렇다.

다행히 우리 주변에 경외심을 자아내는 건 부족하지 않다. 태아의 심장이 뛰는 초음파 영상, 표도르 도스토옙스키의 소설, 요한 제바스티안 바흐나 존 윌리엄스의 교향곡도 있다. 비틀즈나 시규어 로스의 음반, 크리스토퍼 놀란이나 테렌스 맬릭의 영화도 있다. 미켈란젤로의 프레스코 그림이나 렘브란트의 목판화, 반 고흐의 캔버스 유화도 있다. 연인의 눈 속에 반짝이는 홍채, 미디엄 레어로 익힌 꽃등심 스테이크, 달콤한 입맞춤도 있다. 당신이 내쉬는 다음번 호흡도 있다. 휘몰아치는 폭풍우도 있다.

우리의 일상 세계에 경외심을 불어넣는 요인은 사방에 널려 있다. 당신에게 경외심을 불어넣는 건 무엇인가? 잠시 시간을 내서 가장 강력한 것부터 다섯 가지만 꼽아 보라.

신을 우리 인간의 형상대로

경외심을 불어넣는 요인 가운데 특히 당신이 좋아하는 요인들을 충분히 오랫동안 관찰하면 공통점이 보일 것이다. 그중 어느 것도 그 자체로 온전치 않다. 완벽하거나 영원하거나 무한한 건 단 하나도 없다. 모두 반감기(질량이나 농도가 절반으로 줄어드는 데 걸리는 시간-옮긴이)를 거쳐 서서히 약해진다. 확실한 지속력이 없다. 왜 그럴까?

경외심을 불어넣는 요인은 그보다 더 존엄한 실재인 '신'을 가리켜 보이고자 존재하기 때문이다. 즉 이것들은 결론이 아닌 전제고, 바다가 아닌 강이며, 해가 아닌 햇빛, 목적지가 아닌 관문이다. 이 책은 당신 삶 속의 무수히 많은 경외의 표지판을 따라가다 그 경외의 무한한 근원인 신에게 이르자는 초대다.[16] 진정으로 가장 자기다워지려면 막연히 경외할 게 아니라, 모든 경외의 궁극적 근원을 경외해야 한다.

그 근원은 누구일까?

바로 성경의 하나님이다.

물론 일부 독자에게는 이 말이 몹시 거슬릴 것이다. 저녁노을이나 별이 빛나는 밤이라면 탄성이 절로 나오겠지만, 많은 기독교 종파에서 주장하는 성경의 하나님이라면 거부감부터 들 것이다. 많은 이에게 기독교의 하나님은 여간해서 합당한 경외의 대상으로 보이지 않는다.

나야 그분께 감격하곤 하지만 그들은 그런 개념만으로도 떨떠름해한다. 성경의 하나님을 예배하는 나는 그들에게 어떻게 반응할까? 내게 이는 전혀 가상 상황이 아니다. 나는 주립 칼리지에서 10년 가까이 수많은 무신론자 학생에게 '무신론의 역사'를 가르쳤고, 그중 다수는 내 친한 친구가 됐다(더는 무신론자가 아니라고 말하는 이들도 있다). 기독교를 대놓고 거부하는 사람들과 더불어 아슬아슬한 대화를 나눈 시간만도 헤아릴 수 없이 많다. 일부는 끝내 신앙에 이르지 않았고, 일부는 오히려 기독교 신앙을 버렸거나 "하나님과 갈라섰다"고 선언했다.

이런 대화에서 도출되는 뜻밖의 결론이 있다. 많은 비기독교인이 '다양한 버전으로 해석된' 소위 기독교의 하나님을 거부하거니와, 그런 신을 거부하기는 기독교인인 나도 마찬가지다. 영국 신학자 A. W. 핑크는 한 세기 전에 이를 이렇게 지적했다. "현대 기독교의 하나님은 성경의 하나님과 얼마나 다른가! …… 오늘날 많은 강단에서 전해지는 하나님은 놀라움과 두려움을 자아내는 경외(reverence; 예배)의 대상이기보다 연민의 대상이다.”[17] 핑크 이전에 미국의 위대한 노예제 폐지 운동가 프레더릭 더글러스도 “이 나라의 기독교”(그는 이런 호칭조차 가당치 않다고 봤다)와 “그리스도의 기독교”가 “천지 차이”임을 인식했다.[18]

당신이 성경의 하나님에 대해 회의적이거나 완전히 질색이라면, 이는 ‘경외심보다 반감을 자아내기에 마땅한’ 가짜 신을 거부하는 것일 수 있다.[19] 한 친한 친구가 거부한 신은 암에 걸린 그의 아버지에게 의학 치료를 일절 배제하고 기적에만 의지하라고 명했다고 한다. 그러나 보장된다던 기적은 끝내 일어나지 않았다. 또 다른 친구가 거부한 신은 그녀의 과학적 호기심을 용서받지 못할 죄로 단죄했다. 또 어떤 이들이 거부한 신은 망가진 인간을 구원하여 회복하는 데는 관심이 없고 그저 냉정하게 율법 조항만 꼬치꼬치 따질 뿐이었다. 도덕적 결함이 조금만 보여도 당장 벼락을 내리칠 것처럼 말이다.

이런 신은 모두 공통점이 있다. 그 기원을 추적해 보면 나쁜 신학자들의 아전인수식 사고에 가닿는다. 우리의 형상대로 지어내는 맞춤형 신은 나쁜 신학의 한 특징이다.

2,500년도 더 전에 크세노파네스라는 그리스 철학자는 이 문제를 간파하고 이렇게 말했다. “인간은 신도 자기네처럼 생기고 옷

을 입고 말한다고 믿는다. 소와 말과 사자가 그림을 그릴 줄 안다면 신을 자기네 형상대로 그릴 것이다. …… 트라키아 민족이 믿는 신들은 눈동자가 파랗고 머리칼이 붉다."[20] 18세기에 볼테르도 유명한 말을 남겼다. "신이 우리를 자신의 형상대로 지었다면 당연히 우리도 신을 우리의 형상대로 지어냈다."[21]

크세노파네스와 볼테르가 맞는 말을 했다. 각종 유신론은 대부분 위장된 자아 숭배다. 숭배자 개인의 성격과 편견을 초월적이고 신성한 존재처럼 꾸민 것이다. 불의를 폭로하는 도덕주의자는 죄책감을 유발하는 자신을 우주 크기로 확대해서 하늘에 투사한다. 물질주의자의 신은 만사형통에 딱 좋고, 철학자의 깔끔한 삼단논법은 생명 없는 명제로 끝난다. 백인 국수주의자에게 신나치주의가 신이라면, 골수 좌파에게는 마르크스주의가 신이다.

이 모든 만들어진 신이 '기독교의 하나님'으로 선전됐다. 그러므로 당신을 설득하여 '자아'라는 신에 대해 무신론자가 되게 하는 것이 내 목표라는 말에는 다른 사람들의 '자아'라는 신도 다 포함된다. 다른 불완전한 사람들이 지어낸 '온갖 기독교'의 신도 물론 빼놓을 수 없다.[22] 회의론자들에게 내가 솔직하게 하는 말이 있다. 그들이 거부한 것은 어느 신성하지 못한 바보가 과잉 투사한 신일 소지가 높으며, 그렇다면 나도 그들과 한편이라고 말이다.

크세노파네스가 당대 신들을 거부하면서 따로 중요하게 구별한 게 있다. 그는 우리의 모든 신이 신인동형론(신을 사람의 속성에

빗대어 표현하는 것-옮긴이)적임에도 불구하고, "한 분 하나님"이 여전히 존재하시며 "그분의 형상이나 사고는 인간과 같지 않다"고 믿었다.[23]

크세노파네스보다 수 세기 전에 성경은 "하나님은 사람이 아니시니"라고 단언했다(민 23:19). 예레미야는 당대의 우상을 "거짓 것이요 …… 헛것이요 망령되이 만든 것"이라 칭했다(렘 10:14-15, ESV). 인간이 만든 신을 "오이 밭의 허수아비"(5절, ESV; 고대 근동에서 안성맞춤의 비유였을 것이다)에 빗댄 그는 이어 "여호와여 주와 같은 이 없나이다"라고 고백했다(6절). 하나님은 "네가 나를 너와 같은 줄로 생각하였도다"라는 말씀으로 이스라엘 백성을 꾸짖으신다(시 50:21). "이는 내 생각이 너희의 생각과 다르며 내 길은 너희의 길과 다름이니라 여호와의 말씀이니라"(사 55:8).

그러므로 사랑하는 독자여, 당신의 불신이 아무리 정당하다 해도, 여태 당신이 상상한 그 누구보다도 훨씬 더 경외하고 즐거워하기에 합당한 신이 존재할 가능성에 마음을 열어 두기 바란다. 우리가 지어내는 게 아니라, 알아 가야 할 신이 존재한다. 이 신은 우리의 투사물이 아니라 살아 있는 인격체다. 우리의 예상을 거스르고 뛰어넘는 존재다. 믿음의 문을 조금이라도 열어 보라. 그러면 창조되지 않은 존엄한 신, 상상을 초월할 정도로 선한 신을 만날지도 모른다.

모늘 내가 부를 찬송은?

앞서 보았듯 인간은 생각만큼 대단한 존재가 못 되기에 우리 자신이 우주의 중심에 서면 경외심을 잃고 못내 불행해진다. 반면 하나님은 '무언가를 경외하고 싶어 하는' 우리 영혼의 깊은 갈망을 다 채우시고도 남을 만큼 존엄하신 분이다. 경외의 대상으로서 그분은 거울 속에 비친 나보다 훨씬 더 우월하시다. 어떤 점에서 그러한지 열네 가지만 꼽아 보자면 다음과 같다.

1. 하나님은 결코 거짓말하거나 약속을 어기지 않으신다. 인간인 우리는 그렇게 하지 못한다.

2. 하나님은 시간에 매이지 않고 과거와 현재와 미래를 완전히 선명하게 보신다. 그분은 우리보다 오래전부터, 심지어 시간이 존재하기도 전부터 계셨다. 시간조차 그분이 창안하신 것이다. 인간인 우리는 지금 이 순간에 매여 있으며, 과거는 대부분 흐려졌고, 미래는 대부분 미지의 영역이다.

3. 하나님은 스스로 계시며, 누가 그분을 존재하게 하거나 생명을 지속시켜 줄 필요가 없다. 인간인 우리는 어머니와 아버지가 있어야 생겨나고, 산소와 음식과 물이 없으면 살 수 없다.

4. 하나님은 온 우주를 주권적으로 다스리시며, 모든 은하계와 나라와 아원자 입자의 주인이시다. 인간인 우리는 주권자 행세를

할 수는 있겠으나 정작 세상을 통제한다는 건 몽상에 불과하다.

5. 하나님은 공간에 매이지 않고 어디에나 다 계신다. 인간인 우리는 지금 있는 자리에만 있을 뿐 그 경계를 벗어날 수 없다. 빙 둘러 지름 3미터의 원만 그려도 그 안에 꼼짝없이 갇힌다.

6. 하나님은 한계가 없는 온전한 만족을 주신다. 인간인 우리는 다른 사람에게 궁극적 만족을 주려고 최선을 다하면 기진맥진 지치고 금세 환멸에 빠진다.

7. 하나님은 최고의 예술가로서 우주의 빛나는 성운, 울긋불긋 노을, 수박과 커피콩의 맛과 향, 새들의 지저귐, 인간의 변화무쌍한 홍채 무늬, 또 다른 모든 아름다운 피조물을 고안하셨다. 인간인 우리는 그분처럼 창조하도록 지어졌으나 최고의 예술 작품을 다 모은다 해도 진짜 대가는 그분이시다.

8. 하나님은 순전히 예술적 의지력을 행사하여 무(無)에서 창조하실 수 있다. 인간인 우리는 기존 재료로만 창조할 수 있다.

9. 하나님은 은혜와 자비가 풍성하셔서 자격 없는 피조물에게 한없는 호의를 베푸신다. 인간인 우리는 옹졸하게 원한과 앙심을 품을 수 있다. 다음번 숨을 들이쉬는 데만도 은혜가 필요한 게 우리다.

10. 하나님은 모든 것을 아시며 지혜가 무한하시다. 뭔가를 새로 배우거나 깜짝 놀라실 일이 없으시며, 우리의 유한한 사고의 틀에 다 들어맞지 않으신다. 인간인 우리는 온통 물음표로

가득한 우주에서 알면 알수록 더 무지함을 절감한다.

11. 하나님은 한 분이시되 대등하고 서로 사랑하는 세 위격(성부와 성자와 성령)으로 영존하신다. 따라서 존재 자체가 인격체 간 사랑의 공동체이며 그 사랑 속으로 우리를 부르신다. 인간인 우리의 사랑도 아름답고 진정할 수 있으나 삼위일체 하나님이 베푸시는 한없는 사랑에 비하면 보잘것없다.

12. 하나님은 감정 면에서 완전하시다. 변덕스럽거나 기분에 좌우되지 않으시며 격한 감정에 휩쓸리실 일도 없다. 인간인 우리의 감정은 기복이 심하며 실재와 잘 조화되지 않는다.

13. 하나님은 거룩하셔서 모든 죄와 악과 불의를 초월하신다. 인간인 우리는 하루에도 수없이 죄에 빠진다.

14. 하나님은 전적으로 무한히 존엄하시다. 인간인 우리는 그렇지 않다.

지금까지 창조주와 피조물의 엄청난 간극, 하나님과 인간의 극명한 차이를 대략 살펴보았다. 이제 다른 종류의 찬송가 두 곡을 소개하며 이 장을 마무리하겠다.

영국 철학자 W. K. 클리퍼드는 1879년에 이렇게 썼다.

초월적 신의 흐릿하고 어렴풋한 윤곽은 서서히 우리를 떠나 사라진다. …… 그보다 더 웅대하고 숭고한 존재의 형체가 점점 더

뚜렷이 우리에게 지각된다. …… 우리의 시조(始祖) 인간(Man; 대문자 'M'으로 쓴 데 주목하라)이 영원히 늙지 않는 불꽃같은 눈으로 우리를 굽어보며 "여호와가 있기 전부터 내가 있느니라"라고 말한다.[24]

큰 소리로 오래오래 '인간'을 찬송할수록 우리는 경외심을 잃는다. 자신을 향한 무한한 기대에 짓눌려 무너진다.

참자유를 들이마시고 싶다면 온 세상의 성도와 더불어 고전 찬송가를 불러 보자. 이 찬송가는 클리퍼드가 인간의 위대함을 노래하는 불경한 가사를 쓴 지 얼마 되지 않아 지어졌다.

주 하나님 지으신 모든 세계
내 마음속에 그리어 볼 때
하늘의 별 울려 퍼지는 뇌성
주님의 권능 우주에 찼네.

지금 발코니에서 이 가사를 입력하고 있는데, 별이 총총한 멕시코 하늘에 마침 불이 번쩍 하며 뇌성이 울려 퍼진다. 절로 경외하는 마음이 충만해진다!

주님의 높고 위대하심을
내 영혼이 찬양하네.

주님의 높고 위대하심을

내 영혼이 찬양하네.[25]

하나님 마음을 선택한 사람들

조니 에릭슨 타다는 작가이자 강사다. 국제적으로 장애인을 옹호하는 일에 앞장서고 있다. 사역 기관 '조니앤프렌즈'(joniandfriends.org)에서 장애인 가정을 지원하고 전 세계 교회를 훈련하는 다양한 프로그램을 제공한다. 자아 숭배교에 맞서는 이단자이기도 해서 **#내가 행복하면 된다**라는 계명을 당당히 어긴다. 다음은 그녀의 이야기다.

  "여호와 하나님이여 나는 누구이오며 내 집은 무엇이기에 나에게 이에 이르게 하셨나이까." 다윗이 역대상 17장 16절에서 했던 이 질문을 나도 근래에 되뇌곤 한다. "내가 누구기에 미국 전역에 송출되는 라디오 프로그램을 40년 동안이나 맡을 수 있었을까? 내가 누구기에 켄과 결혼하여 40년간 이토록 복되게 살아왔을까? 사지 마비 환자인 내가 무슨 힘으로 휠체어에서 55년이나 견뎌 냈을까?"

  사실 내게는 그런 힘이 없다. 지금도 나는 아침에 일어날 때마다 하나님이 없으면 안 된다. 다윗처럼 나도 자주 "나는 가난하고 궁핍하오나"라고 고백한다(시 40:17). 어쩌면 그래서 그분이 나를 이에 이르게 하셨는지도 모른다. 나로서는 알 길이 없다.

하지만 이것만은 분명히 안다. "여호와의 눈은 온 땅을 두루 감찰하사 전심으로 자기에게 향하는 자들을 위하여 능력을 베푸시나니"(대하 16:9). 하나님은 세상 도처에서 그분을 사랑하는 약한 자들을 찾아 그들에게 그분의 힘을 부어 주신다. 아마도 그것이 내 이야기겠지만, 내가 어떻게 여기까지 왔는지는 그분만이 아신다. 나는 그저 중요한 고비를 지날 때마다 나를 주관하시는 그분을 찬송할 따름이다.

수십 년간 그리스도의 귀한 일에 헌신한 내게 이보다 더 큰 기쁨은 없다. 사지 마비 환자로 살아온 지 55년째(게다가 두 차례의 암 투병, 중증 호흡기 질환, 코로나19, 만성 통증은 말할 것도 없고)인 지금도 나는 사도행전 20장 24절을 굳게 붙든다. "내가 달려갈 길과 주 예수께 받은 사명 곧 하나님의 은혜의 복음을 증언하는 일을 마치려 함에는 나의 생명조차 조금도 귀한 것으로 여기지 아니하노라."

오래전 목이 부러져 내 삶이 완전히 뒤집혔을 때 나는 몹시 우울하고 참담했다. 그런데 하나님이 내 마음과 태도를 변화시켜 주셨고, 삶에 걷기보다 더 중요한 것들이 있음을 보여 주셨다. 사지 마비에 노화까지 겹치면 온갖 어려움이 가중되겠지만, 그래도 그것이 나를 기죽이지는 못한다. 하나님의 도우심으로 나는 세상 모든 걸 살짝만 쥔다. 스러지기 쉬운 내 삶을 굳이 꽉 움켜쥐거나 과도히 애지중지하지 않는다. 늙어서 기력이 달리고 통증이 심해진다는 이유만으로 조니앤프렌즈에서 맡은 내 활동을 확 줄이지도 않는다. 오히려 자아에 대해 죽고 날마다 주 예수님을, 그리고 장애 정도가 나보다 훨씬 심한 전 세계 장애인을 섬기며 살 수 있어 말할 수 없이 큰 위로와 기쁨이 된다.

어려운 처지에 놓인 이들을 위해 소매를 걷어붙이고 기독교를 실천하는 것보다 무엇이 더 중요하겠는가? 몸과 마음이 지칠 때면 나는 예수님의 삶에서 감화를 얻는다. 십자가에 못 박혀 고통이 중할 때도 그분은 계속 다른 사람(옆에 매달린 강도, 자신의 어머니, 용서가 필요한 병사들)을 섬기셨다. 에베소서 5장 1절에 보면 그분을 본받으라고 했다. 그래서 나는 예수님을 높이고, 사람들을 섬기고, 달려갈 길과 은혜의 복음을 증언하는 일을 끝까지 힘써 마치기로 작정했다. 비록 이렇게 앉아 있지만 내 겉사람이 치유되지 않아 차라리 다행이고, 내 속사람이 치유되어(이기적 욕구와 소원에서 해방되어) 감사드린다.

• 조니 에릭슨 타다

자아 숭배에 맞서는 기도

사랑하는 하나님, 하나님은 약속을 지키시고, 시간과 공간에 매이지 않으시며, 스스로 계시는 분이십니다. 진정한 주권자시요, 온전한 만족을 주시는 분이십니다. 또한 하나님은 아름다움의 근원이시며, 은혜와 자비가 풍성하신 분, 모든 것을 아시는 분, 온통 사랑의 삼위일체십니다. 한결같으시고, 거룩하시며, 경외심으로 충만하고 싶은 제 영혼의 갈망을 다 채우시고도 남을 만큼 존엄하십니다.

저는 이 중 무엇과도 거리가 멉니다. 주님, 제 둔한 마음이 실재와 더 잘 조화되도록 도와주소서. 지극히 존엄하신 주님을 날로 더 경외하게 하소서. 예수님의 이름으로 기도합니다. 아멘.

자아 숭배에 맞서는 연습

2장으로 넘어가기 전에 다음 중 서너 가지를 실행하여 **#내가 행복하면 된다** 계명을 어기는 기술을 연마하라.

1. 하나님이 창조하신 자연의 세계로 나가라. 잠시 멈추어 사방

에 드러나 있는 창조주의 오묘한 솜씨를 관찰하며 거기에 푹 잠기라. 이로 인해 그분께 감사하라.

2. 찬송가를 부르라. 〈주 하나님 지으신 모든 세계〉, 〈만유의 주재〉, 〈거룩 거룩 거룩 전능하신 주님〉, 〈복의 근원 강림하사〉, 〈내 맘의 주여 소망 되소서〉 같은 옛 찬송가는 우리를 자기중심성에서 벗어나 감정을 새로이 하여 크고 영화로우신 하나님을 경외하게 한다. 하나님 중심의 이런 옛 찬송가로 플레이리스트를 만들어 수시로 들으라.

3. 모든 전자 기기를 끄고 방해 요소를 차단한 뒤 이사야 46장을 찬찬히 정독하라. 읽으면서 본문에 계시된 존엄하신 하나님의 모든 속성으로 말미암아 감사하라.

4. 하나님을 예배하는 모임에 참석하라. 당신에게 가창력이 있든 없든 함께 찬송을 부르라. 영적으로 뜨거워지겠다는 자기중심적 생각으로 부르지 말고, 순전하게 하나님에 대한 진리를 아름다운 음악에 담아 그분께 한목소리로 선포하라. C. S. 루이스의 말처럼 "교회 예배는 우리가 하나님께 집중하느라 예배 자체를 의식하지 않을수록 온전해진다."[26]

5. 시간을 내서 앞의 기도문에 열거한 하나님의 열두 가지 속성을 고백하며 기도하라. 이 기도 시간에는 자신과 자신의 필요는 일절 아뢰지 말고, 다만 하나님이 어떤 분이신지에만 감사해 보라. 그분의 다채로운 영광 앞에서 날로 더 경외심이 충만

하게 해 달라고 기도하라. 또 성경의 중심(BIBLE'S CENTER)이신 하나님을 아래에 영문 머리글자를 따서 간단히 설명해 놓았으니 도움이 된다면 이를 기도의 마중물로 삼아도 좋다.

성경의 중심(BIBLE'S CENTER)이신 하나님은 —————————

○ **성경에 계시되어 있다(Biblically revealed).** 우리가 하나님을 알 수 있음은 그분이 자신을 알려 주시기 때문이다. 그분은 친히 감화하신 성경 66권을 통해 자신이 어떤 분이신지를 알려 주셨다. **민수기 23장 19절, 디모데후서 3장 16-17절, 베드로후서 1장 21절 읽기.**

○ **나는 있느니라 / 스스로 계신다(I Am / self-existent).** 하나님은 인간이 주관적으로 투사한 신이 아니라 객관적으로 존재하신다. "나는 있느니라." 또 하나님은 스스로 계시므로 그 누구도, 그 무엇도 그분을 존재하게 해 줄 필요가 없다. **출애굽기 3장 14절, 시편 90편 2절, 사도행전 17장 24절 읽기.**

○ **시간을 초월하신다(Beyond time).** 하나님은 시간에 매이지 않으신다. 시간을 창조하시고 모든 시제를 똑같이 선명하게 보신다. 그러면서도 시간 안에서 행동하신다. 그분은 시간이 흘러도 발전하거나 변하지 않으시는데, 이는 그분이 완전하신 존재라서 그럴 필요가 없기 때문이다. **시편 102편 25-27절, 이사야 46장 9-10절, 요한계시록 1장 8절 읽기.**

만유의 주인이시다(Lord of everything). 하나님은 주권자로서 하나님의 영광을 위해 늘 하나님이 기뻐하시는 일을 기뻐하시는 방법으로 기뻐하시는 때에 기뻐하시는 대상에게 행하신다. **다니엘 4장 34-35절, 이사야 46장 8-10절, 에베소서 1장 11절 읽기.**

어디에나 계신다(Everywhere). 공간을 창조하신 하나님은 공간 자체가 아니시며 공간의 제약도 받지 않으신다. 무소부재하신 그분은 숨으실 수 있지만 아무도 그분을 피해서는 숨을 수 없다. **역대하 6장 18절, 시편 139편 7-10절, 예레미야 23장 23-24절 읽기.**

만족을 주신다(Satisfying). 하나님은 가장 깊은 기쁨을 안겨 주는 최고의 대상이시고, 인간의 모든 참되고 영원한 만족의 단 하나뿐인 무한한 원천이시며, 우리가 존재하는 궁극의 목적이시다. **시편 63편 1-5절, 전도서 1장 14절, 요한복음 10장 10절 읽기.**

창조주시다(Creative). 성경부터 저녁노을까지 만물을 창조하신 하나님은 최고의 예술가이자 건축가시다. 우주의 모든 참된 아름다움과 질서의 최종 근원이시다. **창세기 1장, 욥기 38-39장, 히브리서 1장 1-3, 10-12절 읽기.**

감정이 있으시다(Emotional). 하나님은 피조물이 반항할 때는 순수한 슬픔을, 피조물이 그분의 영광을 하찮게 여길 때는 분노를, 피조물이 거짓 신을 숭배할 때는 질투를, 피조물이 구원받고 순종할 때는 기쁨을 느끼신다. **창세기 6장 6절, 이사야 1장 11-14절, 스바냐 3장 17절 읽기.**

궁핍한 자를 구원하신다(Needy-saving). 은혜와 자비가 풍성하신 하나님은 스스로 구원할 수 없는 이들을 구원하시고, 죄를 용서하시며, 전혀 자격 없는 피조물에게 호의를 베푸신다. **에스겔 16장, 로마서 3장 24절, 에베소서 1장 3절-2장 18절 읽기.**

사고하신다(Thinking). 모든 진리의 근원이신 하나님은 모든 것을 아시므로 배우거나 깜짝 놀라실 일이 없다. 무한한 지성의 존재이신 그분을 인간의 유한한 사고로는 다 알 수 없다. **이사야 55장 8-9절, 시편 139편 1-4절, 로마서 11장 33절 읽기.**

사랑하신다(Engaged in love). 하나님은 한 분이시되 대등하고 서로 사랑하는 세 위격(성부와 성자와 성령)으로 영존하신다. 이 삼위일체 하나님은 사랑이시며 피조물을 지극히 사랑하신다. **이사야 43장 10절, 누가복음 3장 21-22절, 요한복음 17장 20-28절 읽기.**

의로우시다 / 거룩하시다(Righteous / holy). 하나님은 모든 선의 근원이자 기준이시다. 거룩하고 거룩하고 거룩하신 그분은 비할 데 없는 도덕적 광채를 발하시고, 모든 죄와 타락으로부터 떨어져 계시면서 그것을 정의롭게 심판하신다. **신명기 32장 1-4절, 이사야 6장 1-4절, 베드로전서 1장 16절 읽기.**

#okboomer

2

꼰대는 사절이다

절대 시대에 뒤처지지 말고
늘 최첨단을 달리라.

사탄교란 결국 자아를 숭배하는 것이다.
당신의 선악은 당신 소관이기 때문이다.
마릴린 맨슨 | 록 스타

에덴동산 때부터 자아의 신격화는
늘 인간의 첫째가는 가장 근본적인 죄였다.
사탄은 아담과 하와를 유혹하여
사탄을 숭배하게 한 게 아니라,
그들 자신(그들의 자유와 권리, 신이 될 잠재력)을 숭배하게 했다.
폴 히버트 | 인류학자

미국인이 24시간 동안 보고 듣는 광고 수는 평균 몇 개일까? 100개? 1,000개? 1990년대 말 어느 연구진은 그 수를 약 16,000개로 추산했다![1] 1년이면 거의 600만 개의 광고를 접하는 셈이다. SNS의 세계적 급증과 스마트폰 혁명이 있기 전인 1990년대 말에 이미 그 정도였다. 지금은 온라인으로 친구에게 메시지를 보내거나 솔리테어(주로 혼자 하는 카드놀이-옮긴이)만 한 번 하려 해도, 굳이 귀찮게 운동하지 않아도 올림픽 선수의 몸매가 되게 해 준다는 신비의 영양제 광고가 쏟아져 나온다.

수많은 마케팅 팀과 SNS 인플루언서가 자아 숭배를 혁신과 최첨단의 발전적 사고라고 선전하여 자기네 제품을 판다. 당신이 매일 보는 콘텐츠도 다분히 그들이 결정한다. 우리는 어느 순간부터 전통과 관습을 얕보도록 길들여졌다.

이렇게 과거를 멸시하는 풍조는 종종 해시태그로 표현된다. 구세대의 관점을 현실과 동떨어져 한물간 것으로 일축하는 #오케이부머(okboomer; 꼰대는 사절이다)가 그 예다. 또 더 근래에는 개비 래슨이라는 20대 여성의 신조어 #츄기(cheugy)가 무엇이든 유행이 지나 멋없고 오래된 것을 가리키는 말로 틱톡에서 Z세대의 인기를 끌었다. 하지만 사실 자아 숭배야말로 #츄기의 극한이다. 인류 역사상 가장 오래되고 닳아빠진 이념을 대변하기 때문이다. 자아를 숭배하면 극단적 전통주의로 퇴행할 수밖에 없다.

시작점에서 답을 찾다

자아 숭배가 얼마나 퇴행적 사고인지 알려면 창세기에 기록된 인류의 기원 이야기를 보면 된다. 우선 기원에 대해 잠깐 짚어 보자. 우리는 기원에 열광한다. 막대한 예산을 들인 인기 슈퍼 히어로의 기원 이야기에 몰려든다. 23앤드미(23andMe)나 앤세스트리(Ancestry) 같은 전문 업체에 의뢰하여 자신의 족보와 유전자 부호의 기원을 추적하기도 한다. 대다수 입양자는 언젠가는 생부모를 찾아 나선다. 태아의 초음파 사진, 첫걸음마와 첫 옹알이, 축구하다 넣은 첫 골의 동영상은 SNS 단골 게시물이다. 자녀의 모든 첫 순간을 꼼꼼히 자료로 남기는 것이다. 또 우리는 자신의 불안이 시작된 내막을 알고자 자주 심리 상담도 받는다. 천체 물리학자는 빅뱅 우주론과 씨름하고, 인류학자와 고고학자는 지구를 샅샅이 뒤져 문명의 출현을 파헤친다.

왜 우리는 모든 일의 유래에 대해 이처럼 난리법석을 떠는 걸까? 간단히 답하자면, 뭐든 어떻게 시작되는지가 중요하기 때문이다. 정말 중요하다. 기원을 알면 대상을 더 잘 이해하고 누릴 수 있다.

창세(創世)도 기원에 해당한다. 성경의 첫 책인 창세기를 보면 우주와 별과 바다, 아메바, 대왕고래, 치타, 수박, 카네이션, 벌새의 기원은 물론이고 인간인 우리의 기원 이야기도 나온다. 덕분에 현재의 인간이 어떤 존재인지를 알 수 있다. 아브라함 카이퍼는 "여태 당신의 관심을 불러일으키는 모든 것, 당신의 사사로운 일상을 둘러싼 모든 것, 당신의 마음속에 벌어지는 모든 일의 기원이 창세기에 밝혀져 있다"라고 말했다.[2]

인류의 기원 이야기에서 특히 당혹스러운 한 부분이 오늘날의 인간을 이해하는 데 지대한 통찰을 준다. 창세기 3장에 보면 아담과 하와의 에덴동산에 선악을 알게 하는 나무가 함께 등장한다. 뱀이 인류의 첫 부부를 무슨 말로 유혹하는지 잘 보라. 금단의 열매를 먹으면 아담과 하와도 "하나님과 같이 되어 선악을 알〔게〕 된다"고 했다(창 3:5). 그렇다면 하나님은 선악을 어떻게 아실까?[3] 이는 결코 사소한 질문이 아니다. 창세기 이야기의 전체 신비를 푸는 열쇠는 물론이고 21세기 삶의 가장 절박한 문제들과 나아가 자아를 찾으려는 당신의 추구를 푸는 열쇠도 거기에 있다.

제작자의 지식

"안다"라는 단어를 흔히 우리가 쓰는 식으로 쓰면 창세기의 원

뜻이 흐려진다. 이 단어가 창세기 3장의 고대 히브리어에 더 근접해지는 사례를 실생활에서 하나 찾아보자.

대학을 졸업한 후 나는 아파트에서 친구들과 함께 살았다. 그중 한 친구인 데이브는 린킨 파크 밴드의 창립 멤버였다. 그들의 데뷔 앨범 "하이브리드 이론"은 수백만 장이 팔렸다(허접한 아파트 선반에 그래미상 트로피들이 놓여 있으니 현실감이 없었다). 팬들에게 "피닉스"로 불리던 데이브가 밴드 멤버들과 함께 열심히 제작해 발매한 2집 앨범 "메테오라"는 무려 7 플래티넘 등급(700만 장 이상의 판매량)을 인증받았다.

날마다 데이브가 스튜디오에서 돌아오면 우리는 아직 다듬어지기 전인 구상 단계의 연주를 듣곤 했는데, 그 50여 곡 중 12곡만이 최종 편집을 통과했다. 나는 그에게 묻곤 했다. "여기에 어떤 효과음을 넣었어? 이 곡의 영감을 어디서 얻었어? 이 부분의 소리를 어떻게 증폭했어?"

그는 내 질문에 말문이 막힌 적이 없다. 데이브는 그 노래들을 알았다. 라디오에서 자꾸 듣거나 악보를 한마디씩 공부해서 안 게 아니라 자신이 제작했기에 알았다. 각 노래의 모든 요소를 그는 훤히 알았다. 그가 직접 일일이 정해서 만들었기 때문이다. 자신의 음악에 대한 그의 지식은 음악 평론가나 골수팬으로서는 결코 얻을 수 없는 깊이였다. 그에게는 제작자의 지식이 있었다. 창세기 3장에 나오는 바로 그 능력이다.

*

하나님도 자신의 우주를 제작자로서 아신다. 일일이 손수 정해서 만드셨기에 아신다.[4] 따라서 하나님이 선악을 아신다는 말은 무엇이 선이고 무엇이 악인지를 창조주이자 작가로서 그분이 규정하고 정의하신다는 뜻의 히브리어식 축약 표현이다.

선악을 알게 하는 나무가 대변하는 진리

우리는 "선악"을 도덕적 단어로 듣는 경향이 있다. 그러나 이는 창세기 3장의 고대 히브리어와 조화롭지 않다. 방금 보았듯이 여기서 "안다"라는 단어는 직접 만들었기에 안다는 뜻인데, 하나님은 악을 직접 만들지 않으신다. "그가 하신 일이 완전하고 그의 모든 길이 정의롭〔다〕"(신 32:4).

우리는 "선악"을 히브리어 관용구로 읽어야 한다. 고대 유대인은 이렇게 양극단을 거명해 중간의 모든 것을 포괄하는 식으로 말했다. "흑백"이라는 말로 모든 색을 가리키거나 "비틀즈와 크리드"라는 말로 모든 록 밴드를 지칭하는 거나 다름없다. 즉 "선악"은 "모든 것"을 뜻하는 히브리어 약어다.[5]

이렇듯 고대 히브리어를 제대로 해독하면 하나님으로서 모든 것의 의미를 규정하시는 그분을 볼 수 있다. 그분은 "만물을 지〔으신〕" 분(사 44:24), "땅의 기초를 놓〔으시고〕…… 그것의 도량법을 정하

〔신〕" 분(욥 38:4-5), "하늘의 궤도"를 아시고 "그 법칙을 땅에" 베푸신 분이다(33절). 하나님은 온 우주를 창시하고 규정하셨으며, 권위를 행사하여 선을 긋고 궁극적 의미를 창출하신다. 우리를 해방하는 이 모든 진리가 "선악을 알다"로 번역된 짤막한 히브리어 문구 속에 압축되어 있다.

그렇다면 선악을 알게 하는 그 나무는 대체 무엇일까? 그건 하나님이 신이시고 우리는 신이 아니라는 진리를 대변한다. 그분이 우주를 제작하여 훤히 아신다는 진리를 수목과 엽록소라는 은유로 보여 주신 것이다. 이 나무는 창조주와 피조물이 서로 분명하게 구별됨을 상징하는 지표로서 아담과 하와에게 그들이 '참됨과 선함과 아름다움'의 궁극적 기준이 아님을 일깨워 주었다. 열매를 먹지 말라는 명령은 신이신 하나님 앞에서 신이 아닌 자로서 진실하게 살라는 명령이었다.

이에 간교한 뱀은 하와에게 하나님이 은근히 두려워서 열매를 금하셨다고 뚱겼다. 인간의 잠재력에 그분이 위협을 느끼셨다는 것이다. 정서가 불안한 중학생처럼 그분은 남들이 자신에게 수모를 안겨 주리라는 생각만으로도 떨리셨고, 그리하여 자신의 간당간당한 자존심을 보호하려고 피조물을 멍청하고 고분고분한 상태로 두려 하셨다는 것이다.

물론 거짓말이다. 되레 사탄이 자신의 정서 불안을 하늘에 투사한 것이다. 하나님은 자신의 형상대로 지으신 첫 두 사람에게 창조력을 아낌없이 부어 주셨다. 그들을 시인으로 불러 모든 동물의 이름을 짓게 하셨고, 창조주를 닮은 문화 제작자로서 순수한 아름다움을 온 우주 가득히 퍼뜨리도록 명하셨다.

뱀의 거짓말에는 권력이 제로섬 게임[모든 사람의 득실을 합하면 늘 총합이 0이 되는 구조-옮긴이]이라는 기만이 똬리를 틀고 있다. 니체와 그의 이념적 후예들이 수천 년 후에 이 거짓말을 답습했다. 니체는 "이 세상은 강철만큼이나 단단히 굳어져 있어 더 커지거나 작아지지 않는다. 소모되지 않고 달라질 뿐이다. …… 여기서 증가하면 동시에 저기서는 감소한다"라고 말했다.[6] 다시 말해서 권력의 총량은 늘 일정하므로 예컨대 100만큼의 권력을 얻으려면 남의 권력을 100만큼 빼앗는 수밖에 없다는 것이다.

이는 틀리다 못해 해로운 논리다. 권력은 제로섬 게임이 아니다. 부모나 상사나 교사가 좋은 분이었거나 예수님이 발을 씻어 주시고 십자가를 견디신 의미를 공부했다면 이를 잘 알겠지만,[7] 권력은 다른 사람에게 나눠도 줄지 않는다. 오히려 나눠 준 사람이 더 진정한 권력자가 된다. 반대로 다른 사람을 힘으로 지배하는 권력 과시를 겪어 봤거나 네로와 히틀러와 무솔리니와 사담 후세인 같은 독재자의 말로를 눈여겨봤다면 알겠지만, 다른 사람의 권력을 빼앗으면 결국 비참하게 권력을 잃고 만다.

뱀은 제로섬 권력에 대한 이런 엉터리 논리로 아담과 하와를 꾀었다. "하나님은 절대 권력을 유지하시려고 너희를 완전히 무력한 상태로 두신다. 하나님이 너희를 청지기로 삼으신 광활한 과수원에 아름다움과 가능성이 무르익어 있고 생명을 살리는 맛이 넘쳐 나지만, 너희가 신경 쓸 것은 그게 아니다. 너희는 오로지 금단의 열매가 달린 이 나무만 봐야 한다. 진정한 권력을 원한다면 하나님께 굽히던 것을 멈추고 신이 돼야 한다. 이 열매가 그 최고의 자리에 오르게 해 줄 보증수표다. 그러니 어서 따서 먹으라. 신의 권력을 직접 맛보라. 우주의 압제자에게서 벗어나는 달콤한 해방을 맛보라. 천국의 지배 권력에 맞서 혁명 만세를 외치라!"

모든 유혹은 이 거짓말의 변형이다. 잘 들어 보면 여전히 옛 뱀이 혀를 날름거리며 속삭이는 소리가 들려온다. "전능한 창조주가 될 수 있는데 왜 미천한 피조물 수준에 안주하는가? 너 자신을 믿으라."[8]

그러나 뱀이 선전한 자유라는 열매는 결국 굴레라는 쓰디쓴 약으로 드러났다. 악의 결과물은 늘 약속과는 어긋난다. 그런 허위 광고는 도처에 넘쳐 난다. 코미디언 마즈 조브라니는 "마음을 따르라. …… 내 마음에 들거든 다른 사람의 말을 들을 것 없이 그대로 밀고 나가면 된다"라고 말했고,[9] 팝 디바 폴라 압둘도 "규칙을 깨고 홀로 서라. 머리일랑 무시하고 마음을 따르라"라고 말했다.[10] "커티 사크와 함께 마음 가는 대로"라는 근래 광고 문구처럼 이 블렌디드 스카치위스키는 "[자기] 마음을 따르는 사람들만"의 것이다.[11]

비디오게임 마인크래프트 광고는 아이들을 "**내**가 만드는 세상"

으로 초대한다.[12] 동일한 기만인데 구호가 입에 더 찰싹 달라붙는 데다 얇은 금박까지 입혀져 있다. 제러미 리프킨은 이렇게 표현했다. "이제 우리가 창조할 때다. 규칙도 우리가 정하고 실재의 틀도 우리가 짠다. 세상을 우리가 창조하기에 더는 외부 힘에 신세 지지 않는다. 이제 우주의 건설자는 우리니 더는 우리의 행동을 정당화할 필요도 없다. 나라와 권세와 영광이 영원히 우리에게 있으므로 외부의 그 누구에게도 책임지지 않는다."[13]

아담과 하와처럼 우리도 자신이 하나님의 형상대로 지어진 피조물이 아니라 창조주라는 낡은 거짓말을 따르다가 몰락한다.

옛 뱀의 진부한 퇴행적 교리대로 살기를 거부하다

실재를 직접 지으려는 시도는 인습에서 벗어나는 반항이나 첨단 같지만, 보다시피 전혀 그렇지 않다. 오히려 낯 뜨거울 정도로 케케묵었다. 오늘날 자아 숭배교에 맞서는 진정한 이단은 인류의 가장 오래된 거짓말을 배격한다. 그들은 전통주의자이길 거부하며, 하나님께 받은 지성으로 세상에 아름다움과 생명을 퍼뜨리되, 자신이 신이라는 망상 없이 그리한다.[14] 그들은 하나님이 신이시고 우리는 신이 아니라는 그 나무의 교훈을 받아들이며, 창조주와 피조물의 차이라는 엄연한 실재를 단단히 믿고 서 있다. 그리하여 겸손히 사고하고 학습하고 혁신한다. 아침저녁으로 변덕을 부리는 자신의 감정보다 하나님 말씀을 더 중요하게 대한다. 한마디로 이미 실패한 옛 뱀의 진부한 퇴행적 교리대로 살기를 거부한다.

덕분에 우리의 시각을 제대로 재조정할 수 있다. 헝클어진 갈색 머리칼에 가죽 바지 차림의 짐 모리슨을 떠올려 보라. 카리스마 넘치는 저음으로 현란한 록 그룹 도어즈의 싱어로 활동한 그는 니체에 열광했고, 자칭 "도마뱀 왕"[아메리카 원주민의 주술사를 본뜬 별명-옮긴이]이었고, 무대에서 빙빙 돌다가 바지를 내리기로 유명했다(또는 악명 높았다). 그뿐만 아니라 군중에게 음란한 욕설을 내뱉었고, 알쏭달쏭한 어두운 시를 읊으며 보헤미안처럼 살았다. 심지어 익명의 팬들과 동침했고, 엄청난 양의 술과 환각제와 헤로인을 흡입했다.

그런데 많은 사람이 이런 모리슨을 길들일 수 없는 난봉꾼이되, 비전을 제시한 사람으로 추모한다. 바지를 내리고 전통을 모독함으로써 우리의 의식 수준을 과감히 끌어올렸다는 것이다. 그러나 창세기 3장에 비추어 보면 사실 그는 자아 숭배교의 존재감 넘치는 극보수 신자에 가깝다. 뱀의 수천 년 묵은 율법과 훈계에 절대복종했다는 점에서 그는 자아 숭배교의 극단적 전통주의자였다.

민머리와 터틀넥 스웨터로 잘 알려진 프랑스의 지성 미셸 푸코도 살펴보자. 포스트모던 철학에 천착하며 성적 사디즘과 마조히즘을 탐색한 그는 청교도의 열정을 품고 자아 숭배의 낡은 교리에 빠져들었다. 버클 달린 검은색 순례자 모자와 단정한 흰색 옷깃이 그에게 잘 어울릴 뻔했다.

　유명한 '드래그 퀸' 루폴도 생각해 보라. 〈타임〉(Time)과의 인터 뷰에서 그는 "드래그(여장 남성이나 남장 여성이 성을 주제로 하는 공연)는 늘 유익을 끼쳤어요. 우리는 정체성을 비웃죠. 변신의 주역이니까 요. 우리는 드래그에서 신이에요. 사람들에게 이를 일깨우는 게 우 리의 역할입니다"라고 말했다.[15] 과연 그럴까? 의지력으로 변신하는 신이 되어 정체성을 새로 지을 수 있다는 약속이라니, 이거야말로 우주론에 따라 BC 6000년이나 BC 600만 년 때부터 있었던 게 아닌 가? 둘 중 어느 때로 보든 첨단과는 거리가 멀다.

　자아를 창조하는 우리 시대의 혁신가들은 너무 구식이라서 이 에 비하면 소위 꼰대 기질이 다분하다는 베이비부머(전쟁 후 태어난 사람들로 나라에 따라 연령대가 다르다. 미국의 경우 1946-1965년에 태어난 이 들을 부르는 말)는 차라리 전위파로 보일 정도다. 자아 숭배는 말 그대 로 가장 오래된 거짓말의 답습이다. 지극히 전통적이고 과도히 근 본주의적이라서 **#츄기**의 화신이라 할 만하다.

　2023년 그래미상 시상식에서 팝의 우상 마돈나는 여성 지배자 의 승마용 채찍을 들고 무대에 올라와 "새로운 길을 여는 모든 반항자 에게 감사를" 표했다. 이어 그녀의 소개로 샘 스미스와 킴 페트라스의 공연이 펼쳐졌는데 노래 제목은 〈Unholy〉(불경한, 사악한)였다.

　악마 이미지로 가득한 스미스와 페트라스 공연에 많은 사람이 충격을 받았다. 그러나 이 또한 혁신과는 거리가 멀다. 2021년에 래퍼 닐 나스 엑스는 별꼴 오각형〔주술이나 이교의 의미가 있다 - 옮긴이〕으로 장식하고 사람의 실제 핏방울이 섞인 신발 666켤레를 판매했고, 뮤직비디오에서는 사탄을 상대로 랩 댄스〔대개 여성이 남성의 무릎 위에 올라앉아서 추는 선정적인 춤 - 옮긴이〕를 추었다. 2022년에 데미 로바토는 새로 발매한 앨범 "Holy Fvck"〔심한 비속어 표현 - 옮긴이〕에서 "그 동산의 뱀처럼 …… 나는 금지된 열매지만 내 악을 숨기지 않아 …… 나는 섹소시스트〔성행위를 통해 악령을 쫓아내는 사람 - 옮긴이〕라네"라고 노래했다.

미국에서 사탄이 음악의 주제로 굳어진 지는 이미 오래되어, 악마에게 자신의 영혼을 판 로버트 존슨의 전설로까지 최소한 거슬러 올라간다. AC/DC는 1979년에 〈Highway to Hell〉(지옥으로 가는 길)을, 밴 헤일런은 1978년에 〈Runnin' with the Devil〉(악마와 함께 도망치자)을, 롤링 스톤스는 1968년에 〈Sympathy for the Devil〉(악마를 향한 동정)을 각각 발매했다.

그런데 〈이것이 스파이널 탭이다〉(This Is Spinal Tap)라는 영화는 1984년에 이미 이 모두를 유쾌하게 조롱했다. 토머스 모어가 500년 전에 말했듯이 "악마는 교만한 영이라서 조롱받는 걸 견디지 못한다." 그러니 그리스도께서 어둠을 이기셨음을 아는 우리도 마귀를 내세우는 노골적 표현을 접할 때면 심판 날을 예고하기보다 차라리 조롱하는 게 나을지도 모른다. 예수님이 십자가에서 이루신 일로 사탄과 그 졸개들은 이미 온 우주에서 철저하게 망신당했다(골

2:15).

공연 후에 페트라스는 "집에서 보는 아이들에게 감동을 주었으면 좋겠어요"라고 말했다. 집에서 보는 아이들에게 정확히 어떤 감동을 주어야 한다는 말인가? 스미스는 악마의 뿔이 달린 모자를 머리에 쓰고서 춤이 어우러진 숭배를 받았고, 페트라스는 여러 스트리퍼를 상대로 철창 안에서 다리를 벌리고 빙빙 돌았다. 아이들에게 퍽도 감동을 주겠다.

스미스와 페트라스가 전달하려던 메시지는 대체 뭐란 말인가? 그들은 둘 다 XY 염색체를 받은 생물학적 남성인데, 스미스는 젠더플루이드[성별이 유동적으로 전환되는 젠더-옮긴이]가 됐고 페트라스는 16세에 성기를 절제하고 여성으로 전환했다. 당연히 그들의 핵심 메시지는 우리의 욕망이 실재를 규정하므로 각자의 진리대로 살아야 한다는 것이다. 이는 실제 사탄 교회의 창시자 안톤 라베이의 메시지와 정확히 일치한다. 라베이에게 사탄은 모든 전통과 사회적 통념을 거스르고 자아의 욕망에 과감히 복종해야 한다는 은유였다. 그런 의미에서 〈Unholy〉 공연은 그야말로 사탄 숭배였다.

그러나 더 깊은 의미도 있다. 앞서 살펴본 성경적 의미다. 자아를 떠받드는 메시지는 마돈나가 말한 "새로운 길을 여는" 것과는 거리가 멀다. 사탄의 해묵은 유혹 즉 "하나님과 같이 되어 선악을 알[게 된다]"는 미끼를 답습할 뿐이다(창 3:5). 스미스와 페트라스는 인류 역사에서 그야말로 가장 오래된 거짓말을 잔뜩 부풀린다. 그들의 첨단은 고루하고 그들의 혁신은 절망적이리만치 구태의연하다.

페트라스는 그 공연 배후의 개인적 영감을 묻는 질문에 이렇게 답했다. "나는 자라면서 종교에 대한 호기심도 있었고 거기에 속하고 싶었어요. 그런데 그쪽에서 나를 받아 주지 않는다는 걸 점차 깨달았죠." 교회에서 배척당했다고 느껴져 자아를 떠받드는 메시지를 받아들인 그를 위시한 모든 사람에게 내가 사랑으로 해 주고 싶은 말이 있다.

당신이 종교를 버렸다고 해서 종교심까지 사라진 건 아니다. 무한한 창조주에서 유한한 피조물로 대상만 바뀌었다 뿐이지 당신은 여전히 뭔가를 숭배(예배)하고 있다. 분명히 말하지만 당신은 그 어떤 성 경험에서도 얻지 못할 사랑을 이미 받고 있다. 타락한 우주를 치유하고 구원하는 예수 운동에 우리는 당신도 속하기를 전적으로 바란다.

당신처럼 우리도 자아 숭배를 자랑했었다. 놀랍게도 예수님이 우리 모두에게 은혜를 베푸신다. 그분은 세상의 모든 인기와 명예보다도 무한히 더 큰 기쁨과 의미로 충만하시다. 우리의 근원적 정체성도 그분께 있다. 예수님이 죽고 부활하신 이후로 모든 게 달라졌다. 자화자찬 방식은 이미 퇴조다. 부디 미래에 역행하지 말라. 옛 뱀의 실패한 교리를 되풀이하느라 인생을 허비하지 말라. 회개하고 예수님 안에서 영원한 삶을 얻으라.

미래에 역행하는 길

　기성 예술 관념이나 형식을 부정하고 혁신적이고 첨단의 예술을 주창하는 오늘날의 전위파는 더 깊은 차원에서 봐도 시대에 뒤처져 있다. 그들은 미래에 역행한다. 설명하자면 이렇다. 신학자들이 원 복음(최초의 복음)이라 부르는 본문에서 하나님은 인류의 자아 숭배가 불러온 참담한 결과를 뒤집으실 분을 약속하셨다. 뱀의 머리를 상하게 하실 분을 약속하신 것이다(창 3:15). 아담과 하와는 스스로 주권적 신이 될 수 있다는 뱀의 미끼에 넘어가 이 우주와 후손을 사망과 부패의 시대로 몰아넣었다. 기독교 풍자 사이트 바빌론비(The Babylon Bee)의 예전 헤드라인처럼 "두 사람이 자신의 마음을 따른 결과 수십 억 명이 죽었다."

　성경은 죽음과 수고와 전쟁과 파멸과 불의와 상심의 이 시대를 "현시대"(히브리어로 "하-올람 하제")라 칭한다(개역개정에는 "이 시대", "이 세대" 등으로 번역되어 있다-옮긴이). 당신의 피를 끓게 하고 기쁨을 빼앗고 영혼을 고갈시키는 모든 뉴스가 곧 현시대의 특징이다(현시대의 온갖 비극을 인류사 그 어느 때보다 빠르고 훨씬 더 방대하게 우리 의식 속에 전달해 주는 각종 스마트 기기와 SNS의 심리적·영적 타격을 우리는 이제야 겨우 분석하기 시작했다).

　창세기 3장의 뱀은 "이 세상의 신"(고후 4:4), "이 세상의 임금"(요 14:30), "공중의 권세 잡은 자"(엡 2:2)가 됐다. 이 뱀은 자신의 어두운 나라를 확장하려고 인간을 속이고 더럽히고 비난하고 괴롭히고 눈 멀게 하고 속박하고 훔치고 죽이고 삼킨다(요 8:44; 10:10; 고후 4:4; 벧전 5:8). 단단히 작정한 이 사명을 원수 마귀는 어떤 식으로 수행할까? 아담과 하와에게 써먹었던 거짓말을 똑같이 되풀이한다. 모든 새로운 세대와 개인에게 우리 스스로가 주권자가 될 수 있다는 가짜 약속을 똑같이 내놓는다. 자신의 사악한 속셈을 이루려고 우리에게 자율을 약속하는 것이다. 우리가 자치를 주장하는 정도만큼 무의식 중에 그의 어두운 나라에 충성을 맹세함을 그가 잘 알기 때문이다. 자아 숭배는 자유로 위장됐을 뿐 실은 이 사탄에게 봉사하는 것에 불과하다.

예수님은 죽으시고 다시 살아나심으로써 옛 뱀의 두개골을 밟으시고 "오는〔장차 올〕 시대"(히브리어로 "호-올람 하-바")를 여셨다. 오는 시대란 무엇인가? 사탄의 나라에 맞서 침투하는 하나님 나라다. 샬롬과 다함없는 기쁨과 사랑과 평화의 시대다. 모든 위대한 이야기가 가리키고, 뛰어난 춤이 지향하며, 위대한 시가 동경하고, 나쁜 예술이 조롱하는 해피엔딩이다.

목련꽃을 가까이 들여다볼 때 우리는 잠깐 동안 이 오는 시대의 향기를 맡는다. 근사하고 정성스레 차려진 식사는 오는 시대에 대한 식욕을 돋우는 전채 요리다. 바다에 불타오르는 노을은 오는 시대의 작은 예고편이며, 사랑하는 이의 따뜻한 포옹에서도 그것이 느껴진다. 오는 시대의 소리는 친구들의 흥겨운 웃음소리나 회중을 사로잡는 예배 음악에서도 희미하게 들려온다. 이 오는 시대는 예수님의 부활로 시작되어 그분의 재림으로 완성된다.

우리는 현시대를 살고 있을까, 아니면 오는 시대를 살고 있을까? 이에 성경은 둘 다라고 답한다. 벤다이어그램으로 말하자면 우리는 두 시대의 원이 서로 겹쳐지는 교집합 부분에서 살고 있다. 그 둘이 동시에 우리 마음을 얻고자 치열하게 싸우며, 무한한 우주적 규모의 전쟁에서 매 순간 맞붙는다. 날마다 하루에도 수만 번씩 우리는 어느 시대에 마음을 두고 어느 나라와 어느 주군에게 충성을 맹세할지를 선택한다. 우리의 왕은 "복되시고 유일하신 주권자이시며 만왕의 왕이시며 만주의 주"(딤전 6:15)이신 예수님인가, 아니면 "공중의 권세 잡은 자"인가?

두 나라 중 하나에만 미래가 있다. 다른 하나는 이미 퇴조라서 마치 치명상을 입은 반군처럼 엉금엉금 기어 망각 속으로 사라질 것이다. 예수님은 죽으셨다가 무덤에서 걸어 나오심으로써 현시대의 규칙을 깨셨고(갈 1:4) 이에 대한 최종 소멸을 보증하셨다. 사망 자체에 치명타를 날리신 것이다. 더는 부패와 파멸이 최종 승자가 아니다. 그분의 십자가와 빈 무덤이 '참됨과 선함과 아름다움'과 정의의 승리를 확보했다. 예수님이 이기시고 뱀은 패한다.

결국 자아를 숭배하라는 뱀의 거짓말도 당연히 패한다는 뜻이다. 그리스도 중심이 아니라 자기중심적으로 자신에게 절하는 것은 미래에 역행하는 길이다. 이미 머리를 상해서 결국 유황불에 떨어져 파멸할 운명인 뱀의 편에 서는 것이다. 그러나 그리스도께서 왕으로 다스리신다는 그 실재를 받아들이면 우리는 그분의 승전국에 들어선다. 우주의 영광스러운 결말 쪽으로 전진하는 것이다. 자아 대신 그분을 예배할 때 비로소 우리는 미래와 발맞추어 나아간다.

하나님 마음을 선택한 사람들

오스카 나바로는 사역 기관 '리빙워터즈'(Living Waters)의 수석 부대표다. 켈리 나바로는 정신 건강과 특수 교육 분야에서 일한다. 둘 다 자아 숭배교에 맞서는 이단자이기도 해서 **#꼰대는 사절이다**라는 계명을 당당히 어긴다. 다음은 이 부부의 이야기다.

나는 아버지 없는 집에서 자랐다. 아버지는 술꾼에다 싸움꾼이었고 그 역시 아버지가 없었다고 한다. 중독으로 고생하던 10대 미혼모에게서 태어난 탓에 내 유년기는 모든 것이 불안정했다. 열세 살이 될 때까지 의붓아버지만 셋이었다. 한 사람은 성폭행을 했고, 다른 사람은 폭언과 구타를 일삼았다. 어린 나는 7년 동안 시도 때도 없이 성폭행에 시달렸고, 그다음에 온 사람은 어머니와 우리 형제들과 나를 때리고 욕하며 괴롭혔다. 나는 어머니의 두 번째 남편을 경찰에 신고했고 어머니는 나를 집에서 내쫓았다. 그때 내 나이 열세 살이었다.

나는 세 군데 중학교에서 쫓겨났는데 두 번은 싸움 때문이었다. 고등학교 때는 할머니의 단칸방에 살면서 소파에서

잤다. 하지만 2학년을 마친 뒤 할머니한테도 쫓겨나 혼자가 됐다. 이런 이야기는 대개 아이가 거리를 전전하며 마약에 찌드는 것으로 끝나는데, 나는 출세하기로 결심했다.

일찍부터 직업 운이 트여 큰돈을 벌었다. 내 마음을 따라 스스로 신이 되려다 보니 돈밖에 모르는 사람이 됐다. 종교는 따분해 보였고 나약한 자들에게나 필요해 보였다. 카를 마르크스의 말대로 "인민의 아편"이라 할까. 나한테는 그런 게 필요 없었다. 내 어리석은 눈으로 보기에 나는 그런 목발에 의지하기에는 너무 영리하고 강하고 독립적이었다. 게다가 하나님을 예배하려면 내가 최고 자리에서 내려와야 할 테니 생각만으로도 거슬렸다.

겉보기에는 잘 지냈지만 가까이 들여다보면 나는 정서 불안과 분노로 관계를 해치는 사람이었다. 돈만 풍족하면 새로운 유산을 창출할 줄 알았는데 성인이 되어서도 유년기의 죄와 고통은 모두 그대로였다.

그런 나를 하나님이 구원하셨다. 성령이 내 마음을 녹여 예수님의 은혜로운 사랑과 치유의 능력을 받아들이게 해 주셨다. 이제 나는 결혼하여 귀한 세 자녀를 두었다. 아내와 아이들과 함께 앉아 예배드리고 기도할 때마다 하나님이 이루신 구원을 되새긴다. 우리 세 아이는 하늘의 참아버지를 가리키는 아버지가 있으니, 아버지 없던 내 아버지의 전철을 밟지 않아도 된다. 신앙이란 '구태의연하고 따분해서 한 물간 것'인 줄만 알았는데, 하나님이 신이시고 나는 신이 아 니라는 사실이 얼마나 나를 해방시키는지 바로 신앙을 통해 배웠다.

• 오스카 나바로

12년 전의 나는 길을 잃고 한없이 망가지고 무력한 상 태였다. 시편 40편 2절에 "나를 기가 막힐 웅덩이와 수렁에 서 끌어올리시고 내 발을 반석 위에 두사 내 걸음을 견고하 게 하셨도다"라는 말씀이 있다. 싱글 맘이던 나는 깊은 웅덩 이와 수렁에 빠져 있어 딛고 설 반석이 절실히 필요했다. 내 정체성을 스스로 지키기는 고사하고 살아남는 것만도 죽도 록 힘들었다. 유일하게 나를 참으로 규정하실 수 있는 분이 나를 추적하고 계심을 그때는 몰랐다. 성령께서 나를 혼자 만의 미몽에서 깨어나게 하셔서 결국 나는 삶이 변화되려면 진지한 결단이 필요함을 깨달았다.

그때도 내가 하나님을 믿는 줄로 알았으나 말뿐이었다. 내가 알던 소수의 직설적인 기독교인은 너무 비판적인 것 같았다. 나는 교회의 도움에 마음이 끌리면서도 싱글 맘으 로서 남들에게 창피당하고 싶지는 않았다. 감사하게도 하나님은 우리가 깨끗해져야 비로소 우리를 구원하시는 분이 아니다. 우리 스스로는 구제 불능이지만 그분의 은혜는 능히 우리를 구원하신다.

주님은 내게 격려와 지원과 기도를 아끼지 않는 귀한 친구들을 보내 주셨다. 지금의 남편 오스카도 그중 한 사람이다.

내 안전은 영적 슈퍼스타나 대단한 아내나 팔방미인 엄마가 되는 능력에 있지 않다. 다 시도해 봤는데, (미리 산통을 깨서 미안하지만) 결과는 안 좋다.

내 정체성은 과거의 트라우마에 있지 않다. 그 또한 하나님이 쓰시긴 하지만 말이다. 내 정체성은 하나님의 깊고 순전한 사랑에 든든히 뿌리박혀 있다. 당신의 과거나 현재나 미래가 어떠하든 그분의 은혜로 족하다.

그리스도와 동행한다 해서 화사한 장밋빛 인생이 보장되는 건 아니지만 그보다 훨씬 좋은 게 보장된다. 바로 한없이 자비롭고 아름다우신 그분 자신이다. 그러니 감당할 수 없는 자아의 짐에 짓눌리지 말라. 예수님이 당신의 짐을 대신 져 주신다. 그분께 나아가라.

· 켈리 나바로

사랑하는 하나님, 하나님이 창조주시고 저는 피조물입니다. 주님은 의미를 창조하는 주권자로서 실재를 규정하십니다. 저를 주님의 형상대로 지어, 주님의 영광과 제 형통과 우주의 유익을 위해 엄청난 창조력을 발휘하게 하셨습니다. 그런데 아담과 하와처럼 저 또한 똑같은 거짓말에 속아 타락했습니다. 창조주와 피조물의 차이를 지우고 제 힘으로 왕위와 왕관을 취할 수 있다는 거짓말, 제 마음대로 주권자로 군림하며 최고 자리에서 우주의 의미를 창출할 수 있다는 거짓말에 속았어요.

저는 옛 뱀의 말을 듣고 신으로 행세했고, 그리하여 참됨과 선함과 아름다움을 이루어야 할 자리에 거짓과 불의와 추태를 쌓았습니다. 실재의 기본 질서에 맞서 부질없이 반항하며 자신을 해치는 저를 부디 용서하소서. 하나님만 신이시며 저는 신이 아니라는 진리 앞에서 진실하게 살아가도록 도와주소서. 예수님의 이름으로 기도합니다. 아멘.

자아 숭배에 맞서는 연습

3장으로 넘어가기 전에 다음 중 적어도 서너 가지를 실행하여 **#꼰대는 사절이다** 계명을 어기는 기술을 연마하라.

1. 자연으로 나가 걸으라. 사방의 정교한 아름다움과 얼개를 당신이 고안한 게 아니라는 데 주목하라. 창조주와 피조물의 분명한 차이를 마음 깊이 새기라. 하나님은 온 우주 만물을 당신의 도움 없이 지으셨으나 당신은 다음번 호흡과 걸음까지도 그분의 도움으로만 가능하다는 사실을 되새기며 천천히 걸어 보라.

2. 하나님을 본받아 창조력을 발휘할 만한 일을 세 가지만 꼽아 보라. 가서 그 일을 하되 세상의 칭찬을 듣기 위해서가 아니라, 창조주를 예배하며 닮으려는 마음으로 그리하라.

3. 당신의 삶에서 신으로 행세하려는 경향이 가장 강한 부분을 알려 달라고 하나님께 기도하라. 그 사실을 깨닫게 하시거든 그리스도께 있는 그대로 자백하라.

4. 모든 죄는 모양만 다를 뿐이지 신처럼 되라는 늘 똑같은 거짓말에 속는 것이다. 당신을 가장 힘들게 하는 죄를 세 가지만 떠올려 보라. 각각의 죄마다 깊이 들어가 보면 결국 신으로 행세하려는 시도다. 어째서 그런지 하나하나 분석해 보라. 잠시 그

모든 죄를 창조주께 자백하라. 그리스도 안에서 베푸시는 그분의 은혜가 당신의 자아 숭배의 죄를 다 덮고도 남는다는 사실을 신뢰하라.

5. 첨단인 듯 행세하지만 실은 창세기 3장을 답습하는 사람의 예로 짐 모리슨과 미셸 푸코와 루폴을 소개했다. 현재 살아 있는 사람 중에서 이처럼 무모한 자유와 자아 해방의 화신이라 할 만한 유명인 세 명을 떠올려 보라. 그들의 이름을 각각 부르며 중보기도하라.

#followyourheart

3

내 마음을 따른다

무슨 수를 써서라도
당신의 감정에 복종하라.

당신의 마음이 늘 답을 알 테니 그 마음을 따르라.
단 마음이 새끼 고양이를 목 졸라 죽이라든가
뭐 그런 걸 시키거든 더는 따르지 말라.
마음은 마음일 뿐이지 달라이 라마는 아니지 않은가?
에드워드 몽턴 | 작가 자일스 안드레아의 부캐

다들 네 마음을 따라야 한다지만
마음은 나를 내 생각에 가두었을 뿐……
그러나 모든 마음의 아버지……
그분을 나는 택했으니
그분을 따르려네.
리치 멀린스 | CCM 아티스트

픽사(Pixar) 회장을 거쳐 애플(Apple)을 공동 창업했고 검은색 터틀넥 스웨터를 즐겨 입던 스티브 잡스는 일찍이 "내 마음을 따르지 않을 이유가 없습니다"라고 말했다.[1] 첨단 기술의 귀재로서 스마트폰에 대해 심사숙고한 그가 이 진술에 대해서만큼은 충분히 생각하지 않았던 게 분명하다. 사실 자신의 마음을 따르지 않을 정당한 이유는 얼마든지 많다.

거의 인류사 내내 인간의 감정은 수용과 저항, 무시, 예찬, 억제, 묵살, 수련, 도전의 대상이었다. 우리 선조는 자신의 감정에 그토록 다양하게 반응했다. 그런데 우리 시대의 '자유'는 훨씬 제한적이다. 마음에 관한 한 선택 가능한 길은 오로지 하나뿐이니 곧 자신의 마음에 따라야 한다는 것이다.

'남성에게 브래드 피트나 톰 브레이디가 육체적으로 끌리거나 여성에게 마고 로비나 레이첼 맥아담스가 성적으로 매력 있어 보인다면, 절대로 그건 단순한 느낌이 아니다. 누구든 그냥 인정하고 넘어가면 되는 게 아니다. 말도 안 된다. 느낌에 권위를 부여해야 한다. 상대 남녀의 매력을 인정만 할 게 아니라 그 느낌에 복종하여 자신의 정체성 자체를 재규정하고 소위 동성애자나 양성애자나 범성애자로 커밍아웃해야 한다. 성적 매력에 대한 주관적 느낌에 온전히 복종하고 그대로 표출하지 않는다면, 이는 자아에 대한 용서받지 못할 죄다. 당신의 모든 느낌, 기분, 끌림을 중시하여 아예 거기에 신처럼 당신을 규정할 수 있는 절대 권력을 부여하라. 누구든 딴소리하는 사람은 편견이나 공포 또는 혐오에 사로잡혀 있든지 더 심하게는 꼴통 보수나 다름없다!'

무조건 감정에 복종한다는 것은 역사 속 인류로서는 상상도 못할 일이었다. 그들이 알았듯이 우리 마음이 틀릴 수 있다는 건 10초만 정직하게 생각해도 드러나는 사실이다. 그리하여 지난날 인류는 주변 세상을 자기 감정에 맞추는 대신 들쭉날쭉한 감정을 주변 세상에 맞추려 했다. 아리스토텔레스는 제자들에게 "감정의 절도"를 추구하게 했고, 아우구스티누스는 인간의 내면생활이 "사랑의 질서"와 조화로워야 한다고 가르쳤다. 대상에 대한 애정이 실제로 사랑할 만한 정도에 일치해야 한다는 뜻이다. 석가모니는 귀의자에게 애착심을 의심하고 초월하도록 설법했고, 이슬람교는 추종자를 내면의 과욕에 맞서 싸우는 "더 큰 성전(聖戰)"으로 불렀다. 초기 힌두교와 중국 전통에서는 이 과정을 각각 "사티아"(진리)와 "도"라 칭했고, 기독교에서는 "제자도" 또는 "성화"(聖化)라 한다.

우리처럼 선조들도 오류가 많았지만, 감정을 실재 최종 기준으로 보지 않은 것만은 그들이 옳았다. 인간의 감정은 타당할 수도 있고 그렇지 않을 수도 있다. 그 차이는 각 감정이 형이상학적·도덕적·미적 실재에 조응하는지 여부에 달려 있다. 현대를 사는 우리는 인류의 그 유구한 전통을 뒤집어 버렸다. 이제 삶의 관건은 내적 자아를 조율하여 '참됨과 선함과 아름다움'의 템포와 음조에 맞추는 게 아니라 나만의 곡조를 내면에서 찾아내 요란하게 연주하며 내 박자대로 행진하는 것이다. 주변 세상까지도 최대한 지휘하여 내 자율의 찬가를 협연하게 하는 것이다.

풀리처상을 수상한 작가 애너 퀸들런은 강당을 가득 메운 졸업생에게 "내면을 보세요. 마음에서 울리는 선율에 어울리는 춤은 바로 그곳에 있습니다"라고 단언했다.[2] 듣기에는 아주 후련하고 감동적이지만 실은 형편없는 조언이다. 그 말은 졸업 연설, 아카데미 수상 소감, 졸업 앨범의 축하 메시지, 대중가요 후렴구 등에 단골로 등장하는 진부한 실언이다. 마음을 따르다가 이혼 법정이나 해독 치료소나 교도소 마당으로 직행한 이들은 그런 혼미한 말을 하지 않는다.

사람의 마음은 무둔하다

스티브 잡스의 말과는 반대로 마음을 따르지 말아야 할 이유는 우선 우리 마음이 너무 우둔해서다. 모든 감정에 정당성을 부여하는 게 일단 처음에는 신나 보여도, 결국 우리는 자신의 정신적 구성 개념 안에 갇히고 만다.[3] 데이비드 포스터 월리스의 표현으로 "자신의 두개골 크기인 소국의 영주가 되어 그 세상의 중심에 홀로 남는"

것이다.[4] 마음속을 들여다봐서 얻는 것은 무한한 자유라기보다 지독한 폐소 공포증이다.

내 말을 오해하지는 말라. 사람의 마음이 오묘하다는 데는 의심의 여지가 없다. 그러나 아우구스티누스가 "바다처럼 한없이 넓고 커서 끝이 없는 존재"라 표현한 바로 그 하나님[5]의 마음에 비하면 우리 마음은 아무리 전율에 휩싸인다 해도 이끼 낀 어항에 불과하다. 무한한 매력과 창조력과 선과 지혜와 정의와 사랑과 능력과 기쁨의 존재이신 그분의 마음 대신 우리 마음을 따른다는 자체가 우리의 시야가 얼마나 어처구니없이 근시안인지를 보여 주는 확실한 증거다.

사람의 마음은 변덕스럽다

마음을 따를 수 없는 또 다른 이유는 내 마음처럼 당신의 마음 역시 우둔할 뿐 아니라 너무 변덕스럽기 때문이다. 우리 마음은 정처 없이 왔다 갔다 흔들리고 요동친다. 정체성을 떠받칠 견고한 반석이기보다 푹푹 꺼지는 모래와 같다. 자신에게 이렇게 물어보라.

"다음 목록에서 밑줄 친 강조한 부분 중 오늘 내가 느낀 감정이 있나?"

- 내 감정이 마치 죽은 물고기 같다. 거의 <u>아무런 느낌도 없다</u>.

- 내 정체성과 삶의 사명이 매우 <u>안정되게</u> 느껴진다.

- 나 자신에게 <u>확신이 없고</u> 어쩔 줄 모르겠다.

- 나에게 <u>화나</u> 있다.

- 서로 모순되는 말을 들어 속이 <u>혼란스럽고 뒤죽박죽이다</u>.

- 세상을 정복할 수 있을 것처럼 <u>자신감이 넘치고 낙관적인 마음</u>이 든다.

- 속수무책 <u>고갈된</u> 기분이다. 부글부글 화가 치밀어 끓는다.

- <u>내가 재미있고 매력 있게</u> 느껴진다. 다들 나를 곁에 두고 싶어 할 것 같다.

- <u>소외감과 외로움</u>을 느낀다. 사람과의 의미 있는 만남이 끊긴 지 너무 오래됐다.

- <u>사랑받고 존중받는 기분</u>이다. 주변 사람들이 나를 잘되게 응원해 주는 것 같다.

- 거의 온종일 나 자신에 대한 걱정으로 <u>불안하고 두렵다</u>.

- 푹 쉬고 난 듯 <u>평온하다</u>.

일주일이나 한 달, 또는 1년 후에 감정을 또다시 검사해 본다면 당신의 답변이 지금과 동일할 확률이 얼마나 될까? 사실 우리의 감정은 레이더망을 교란시킬 정도로 어지럽고 혼란스럽다. 그리스 철학자 헤라클레이토스는 물은 늘 흐르는지라 똑같은 강물에 두 번 들어갈 수 없다는 명언을 남겼다. 우리 마음도 이처럼 늘 출렁인다. 우기의 갠지스강처럼 휘몰아치며 흐르는 마음도 있고 추운 날의 당밀처럼 이동이 더딘 마음도 있겠지만, 마음이 이리저리 흔들리는 것만은 모든 사람이 똑같다.

마음이 말하는 우리의 실체를 들여다봤으니 이제 하나님이 말씀하시는 실상과 비교해 보자. 에베소서 1장에 나오는 바울이 강조한 한 문장에 집중할 것이다. 성경에서 가장 긴 문장으로, 바울이 숨을 멈추고 내쉬기까지 헬라어 원어로 무려 204개 단어가 이어진다. 이 빛나고 아름다운 만연체 문장에 따르면, 당신이 만일 자아 대신 그리스도를 신뢰한다면 당신은······

- ☑ 모든 신령한 복을 받았다.
- ☑ 창세전에 그리스도 안에서 택하심을 입었다.
- ☑ 그분 앞에서 거룩하고 흠이 없다.
- ☑ 예정되어 하나님의 소중한 아들딸로 입양됐다.
- ☑ 그리스도 안에서 하나님의 영광스러운 은혜를 복으로 누린다.
- ☑ 예수님의 피로 말미암아 속량됐다.
- ☑ 모든 죄를 용서받았다.
- ☑ 하나님의 은혜를 풍성히 받았다.
- ☑ 그리스도와 함께 상속자가 되어 그분이 얻으신 영원한 상을 넘치도록 받는다.

☑ 모든 일을 뜻대로 행하시는 전능하신 하나님께 상속받기로 예정돼 있다.

☑ 그분의 영광을 찬송한다.

☑ 약속의 성령으로 인 치심을 받았으니 성령은 우리의 영원한 기업을 보증하실 만큼 강하고 능하신 분이다.

이 엄숙한 열두 가지 진리가 오늘날 진리로 전부 다가오는가? 만일 그러하다면 더 바랄 게 없으니 그저 감사하라. 그러나 이 진리에 대한 감정이 종일토록 지속되지는 않았으리라. 우리는 에베소서 1장에 나오는 우리의 실상과 어긋나는 감정도 두루 경험한다. 어느 쪽 말을 당신의 실체라 믿겠는가? 변덕스러운 내 감정인가, 아니면 하나님의 말씀인가?

타락한 감정의 시시각각 변하는 말보다 하나님이 말씀하시는 당신의 실상이 실제로 더 영원토록 신빙성 있다. 영원히 정체성의 위기에 빠지고 싶지 않거든 더는 자신의 마음을 따르지 말고 그분의 마음을 따르라. 당신이 믿어야 할 것은 덧없는 감정이 아닌 하나님의 말씀이다. 당신에게 내리는 그분의 즐거운 판정은 반석처럼 견고하고 믿을 만하다.

사람의 마음은 나뉘어 있다

우리 마음은 하나님의 마음에 비할 수 없이 불안정하고 못 미더울 뿐 아니라 서로 모순되는 말로 가득하다. 마음을 따르라는 교리는 순진하게도 우리 마음이 합창단 같다고 전제한다. 각기 다른 감정이 다른 모든 감정과 조화를 이룬다는 것이다. 사실 마음은 합창단보다 악기점의 시연장에 더 가깝다. 고객 50명이 각기 다른 기타와 앰프로 일제히 서로 더 크게 연주하려는 것처럼 말이다.

《인간 폐지》(The Abolition of Man)에서 C. S. 루이스는 "본능"이란 단어를 써서 그 사실을 담아냈다. "본능에 복종하라는 말은 여러 사람에게 복종하라는 말과 같다. 사람의 말이 서로 다르듯이 본능의 말도 제각각이다. …… 잘 들어 보면 각각의 본능마다 다른 모든 본능을 제치고 제 뜻을 이루려 아우성이다."[6]

스티브 잡스가 제작을 승인한 영화 〈인크레더블〉(The Incredibles)에서 악당 중의 악당으로 나오는 버디 파인(일명 "신드롬")도 그 사실을 알았다. 파인은 자신의 우상이었던 미스터 인크레더블에게 "당신은 늘 자아에 충실하라고만 하지 자아의 어느 부분에 충실할지는 말해 주지 않네요!"라고 투덜댄다.[7] 파인이 선택한 만행과 폭력과 기만은 과연 자신의 일부에만 충실한 삶이었다.[8]

사람의 마음은 타락했다

마음에 복종하라는 말에는 인간의 마음이 타락하지 않았다는 전제가 깔려 있다. 그러나 끊으려 애쓰다가 도로 술에 손댄 중독자도 자신의 마음을 따른 것이다. 자신의 간과 사랑하는 이들을 망쳐 가면서까지 다시 한잔할 자격이 있다고 느낀다. 백인 우월주의자도 마음을 따른다. 피부색으로 인간의 가치를 따지는 게 언어도단인데도 피부 세포에 색소가 더 많은 이들보다 자신이 더 우수하다고 느낀다. 제국주의자 지휘관, 테러리스트, 사기꾼, 강도, 병적인 거짓말쟁이도 하나같이 자신의 마음을 따른다. 도대체 무슨 집단 최면에 걸렸기에 우리는 인간의 마음을 도덕 가치의 절대 기준으로 생각하는 걸까?

우리는 곧잘 자신이 옛날 사람들의 낡은 미신을 벗어나 발전했다고 생각하지만, 오히려 그들이 우리에게 아주 요긴한 현실 감각을 일깨워 준다. 유대인 선지자는 "만물보다 거짓되고 심히 부패한 것은 마음이라 누가 능히 이를 알리요"라고 했고(렘 17:9), 유대인 철학자는 "인생의 마음에는 악이 가득하여 그들의 평생에 미친 마음을 품고 있다"라고 했으며(전 9:3), 메시아는 "마음에서 나오는 것은 악한 생각과 살인과 간음과 음란과 도둑질과 거짓 증언과 비방이〔다〕"라고 말씀하셨다(마 15:19-20).

잠언 28장 26절에는 이를 단적으로 이렇게 요약했다. "자기의 마음을 믿는 자는 미련한 자요."

훨씬 더 솔깃하게 들리는 장 자크 루소의 교리를 받아들인 사람에게는 인간의 마음에 대한 이런 고발이 불쾌하고 진부하게 들릴 것이다. 루소와 오늘날의 많은 추종자가 보기에는 "인간의 마음에 본래 악이란 없다. …… 인간은 선하게 태어났다."[9] 우리는 인간의 "마음이 옳으며" 따라서 "일부러 잘못을 범하지는 않는다"라는 대형 교회 목사 조엘 오스틴의 말도 좋아한다.[10] "위대한 철학자" 셀린 디온이 "자신의 마음을 따르면 잘못될 일이 없어요"라고 말하면 우리 속에서 "아멘"이 절로 나온다.[11] 그렇다면 인간의 마음을 누가 더 잘 알까? 예레미야와 솔로몬과 예수님 같은 고대 유대인일까, 아니면 루소와 오스틴과 디온 같은 현대 문화의 선봉일까?

그 질문에 답하기 위해 프랑스의 계몽주의 시대로 거슬러 올라가 보자. 그때는 인간의 마음이 선하다고 널리 예찬되던 시대다. 노트르담대성당을 향해 행진하는 파리지앵 행렬에 섞여 우리도 센강의 강둑을 따라 걷는다. 건장한 프랑스 남자 몇이 열네 살의 여배우를 어깨 위로 높이 쳐들고 간다. 캉데유란 이름의 이 아가씨는 '이성의 여신'처럼 차려 입었다. 군중을 따라 성당 안으로 들어가 바둑판무늬 흑백 타일을 주춤주춤 가로질러 가 보니 그 10대 소녀가 높은 제단 위에서 포즈를 취하고 있다. 파리지앵은 일제히 우렁찬 소리로 새로운 여신을 위해 인본주의 찬가를 부른다. 때는 1792년, 성당 안팎은 앞날의 영광을 마음껏 꿈꾸는 흥분의 도가니로 변한다.

인류가 낡은 종교의 족쇄를 끊고 인간의 타락에 대한 음울한 교리를 버렸으니 말이다. 프랑스 혁명가 마르키 드 콩도르세가 그 새로운 낙관론을 이렇게 잘 요약했다. "인간의 선은 …… 다른 모든 역량처럼 끝없이 완전한 경지에 도달할 수 있다."[12]

이제 시계를 딱 몇 달만 나중으로 돌려 1793년으로 가 보자. 우리가 걷는 프랑스의 거리는 똑같은데 이번에는 발목까지 피에 젖는다. 환호하며 맞이한 이성의 시대가 몇 달 만에 단두대의 시대로 전락한 것이다. 단두대의 칼날은 프랑스 전역을 휩쓸었다. 인류의 도덕이 무한히 완전해질 수 있다고 그토록 낙관하며 칭송하던 콩도르세는 단두대에서 처형될 날을 앞두고 옥중에서 스스로 목숨을 끊었다. 그에게 사형이 선고된 것은 교회에 대항한 죄 때문이 아니라 동료 세속 인본주의자들에 맞서 그들의 새로운 권력을 제한하려 한 '배신' 죄 때문이었다.

모든 만행을 악한 세속주의자가 저질렀다고 주장하는 건 아니다. 종교인도 인류에게 몹쓸 짓을 많이 했다.[13] "마녀"를 화형에 처하고, 어린이를 십자군 전쟁에 내보내고, 침대보를 뒤집어쓴 채 흑인을 죽이는 등 '교회'의 지원으로 자행된 많은 불의가 예수님의 삶과 가르침에 근본적으로 어긋난다는 것은 굳이 신학 박사학위가 없어도 누구나 알 수 있다. 종교적 살육과 세속적 살육의 공통분모는 종교심이나 세속성이 아니라 사람이다. 우리는 온갖 모순되는 이념을 구실 삼아 마음의 광기를 도덕으로 포장하여 표출한다.

*

사람의 마음은 편향돼 있다

'미치광이와 폭력배는 어디에나 있지만 그들은 어쩌다 그리됐을 뿐이다. 루소의 말이 옳다. 대다수 인간은 본래 선하다'라고 생각하는 이들도 있을 것이다. 그런데 이 반론에는 거의 언제나 중요한 단서가 따라붙는다. '나는 미치광이와 폭력배 쪽이 아니라 본래 선한 무리 쪽이다.'

하지만 사회과학의 가장 탄탄한 검증 결과 중 하나가 우리를 가로막는다. 바로 "이기적 편향"이라는 현상이다. 심리학자 데이비드 마이어스는 이기적 편향을 이렇게 표현했다. "스크래블 게임〔알파벳 철자로 단어를 만들어 득점하는 보드게임-옮긴이〕에서 내가 이기면 내 단어 실력 때문이지만 내가 지면 '누구도 U자 없이 Q자만으로 단어를 만들 수 없기' 때문이다."[14]

대다수 미국인은 자신이 이웃과 동료보다 똑똑하고 윤리적이며 편견이 적다고 생각한다.[15] 대학교수의 94퍼센트는 자신이 웬만한 동료보다 우월하다고 믿는다.[16] 어느 대학입시위원회에서 829,000명의 고등학교 졸업반 학생에게 자신의 친화력에 등급을 매겨 보게 했다. "평균 이상"이라고 답한 비율이 100퍼센트, 상위 1퍼센트에 든다고 답한 비율이 25퍼센트였다.[17]

이 또한 과학이 드디어 성경을 따라잡은 사례다. "사람의 행위가 자기 보기에는 모두 정직하〔다〕"(잠 21:2). 이기적 편향은 마음을 따르라는 말이 실제로 미련한데도 우리에게 그래 보이지 않는 주된 이유 중 하나다. 당신의 마음이 본래 선하다면 스티브 잡스의 말마따나 마음을 따르지 않을 마땅한 이유가 없다.

그러나 증거는 우리에게 불리하다. 1961년 스탠리 밀그램이 예일대학교 지하실에서 실시한 실험은 역사상 가장 유명한 심리 실험 중 하나가 됐다. 모든 피험자는 반사회적 성격장애인이나 사형수가 아니라 평범한 시민이었다. 실험 결과, 권위 있는 누군가가 압력을 가했을 때 과반의 보통 사람은 낯선 타인의 몸에 기꺼이 치사량의 전기 충격을 가했다. 최소한의 압력만 가했는데도 그리했다(물론 전기 충격 피해자는 모두 배우였고 전기 충격 장치도 가짜였다).

10년 후 또 다른 논란의 스탠포드 감옥 실험이 이루어졌다. 필립 짐바르도는 전과가 없고 심리적으로 건강한 젊은 남자 24명을 선발해 2주 동안 가상 감옥 환경에서의 행동을 연구했다. 피험자를 '교도관'과 '수감자'로 구분했더니 금세 현장은 《파리대왕》(Lord of the Flies)〔무인도에서 점점 인간성을 잃고 야만인으로 변해 가는 아이들을 그린 소설 - 옮긴이〕을 방불케 했다.

수감자들을 가짜로 체포한 지 24시간도 안 되어 교도관들이 소화기를 분사하며 그들의 옷을 다 벗기고 매트리스를 빼앗은 것이다. 반항하면 독방에 가두기까지 했다. 이튿날 그들은 화장실을 사용할 수감자의 권한을 박탈하고 양동이로 대신하게 했다. 날이 갈수록 어찌나 더 잔혹해지던지 주최 측에서 개입하여 실험을 종료해야 했다. 이들 역시 괴짜나 범죄자가 아니라 당신과 나처럼 평범한 사람이었다.

인정하고 싶지 않아도 우리 인간은 얼마든지 포악해질 수 있다. 아직도 믿어지지 않거든 추수감사절 자정에 블랙 프라이데이 폭탄 세일 현장에 가 보라. 인간의 마음은 눈 깜짝할 사이에 감사에서 탐욕으로 홱 돌아설 수 있다. 그래도 미심쩍은가? 리얼리티 쇼 〈댄스 맘스〉(Dance Moms)를 한 회만 시청해 보라. 또는 교회에서 주최하는 부활절 달걀 찾기 행사에 참석해 보라. 아니면 이건 어떤가. 10초만 정직하게 자신의 속을 들여다보라. 성경에 "의인은 없나니 하나도 없으며"라고 명백히 나와 있다(롬 3:10). 우리는 생각보다 훨씬 타락했고 얼마든지 더 타락할 수 있다.

인간의 마음에 관한 한 누가 옳은가? 뜻밖의 인물이 그 답을 내놓았다. 골수 무신론자인 마이클 루스가 내린 결론이다.

나는 기독교의 원죄 개념이 옳다고 본다. 세상에서 가장 문명화되고 발전된 민족(베토벤과 괴테와 칸트의 민족)이 괴악한 히틀러를 선택하고 홀로코스트에 가담했으니 어찌 달리 생각할 수 있겠는가? 내 생각에 사도 바울과 위대한 기독교 철학자들이야말로 죄와 자유와 책임을 제대로 통찰했으며, 그래서 나는 이를 무시하기보다 오히려 발판으로 삼고 싶다.[18]

모래 같은 내 지각 VS 반석 같은 주님의 약속

이 책을 시작하며 소개한 내 딸 더치의 통찰을 떠올려 보라. "나는 내 마음을 따르고 싶지 않아요. 내 마음은 타락했거든요. 꼭 하나님의 마음을 따를래요!"

이제 우리도 그 지혜의 진가를 좀 더 잘 알아볼 수 있다. 우리 마음은 우둔하니 모든 존재하는 것 중 가장 현명하신 분을 따르는 게 낫다. 우리 마음은 변덕스러우니 우리를 향한 사랑과 헌신이 요지부동하신 분의 마음을 따르는 게 낫다. 우리 마음은 나뉘어 있으니 자신의 영광을 위한 열정과 우리의 유익을 위한 사명이 온전히 통합되어 있는 분의 마음을 따르는 게 낫다. 우리 마음은 타락했으니 전적으로 선하시고 거룩하셔서 도덕적으로 진정 믿을 만한 신의 마음을 따르는 게 낫다. 우리 마음은 편향돼 있으니 우리의 극악한 모습을 여과 없이 보시면서도 우리를 무한히 사랑하시는 분의 마음을 따르는 게 낫다.

모래 같은 당신의 지각을 믿지 말고 반석 같은 주님의 약속을 신뢰하라. 참자아를 찾고 싶다면 당신의 마음보다 당신을 지으신 분의 마음을 중요하게 대하라.

하나님 마음을 선택한 사람들

자말 밴디는 조지아주 콜럼버스 출신의 성경 교사이며 팟캐스트(Prescribed Truth)를 운영하고 있다. 자아 숭배교에 맞서는 이단자이기도 해서 **#내 마음을 따른다**라는 계명을 당당히 어긴다. 다음은 그의 이야기다.

　오랫동안 나는 잘 알지도 못하는 사람들 말대로 내 마음을 따라 살았다. 직접 겪어 봐서 증언하건대 이는 정말 형편없는 조언이다. 그 결과 나는 길을 잃고 수렁에 빠졌다. 딛고 설 참된 기초가 없다 보니 어디로 갈지 이리저리 헤매기만 했다.

　성장기에 내 아버지도 마음을 따르면 된다는 양육 철학으로 나를 길렀다. 내 마음에 끌리는 직업이면 어느 분야든 무조건 지원해 주었다. 처음에 나는 전문 뮤지션이 되려 했으나 그 열기가 금세 식어 건축가가 되고 싶어졌다. 매번 아버지는 필요한 장비도 사 주고 수강료도 주었다. 그러다 몇 달 후면 나는 더는 '느낌'이 사라져 진로를 바꾸곤 했다. 그런 식으로 낭비한 시간과 에너지와 돈만도 정말 어마어마하다!

　마음을 따라서 좋을 게 없기는 진로뿐 아니라 관계도 마찬가지였다. 이성과 연애할 때마다 상대를 향한 내 감정은 전혀 확실하지 않았다. 시시각각 마음이 변했다. 주변 여자들은 감정이라는 움직이는 과녁에 좌우되는 내게 상처를 받고 혼란스러워했다. 자기 마음을 따르다 다른 사람에게 입힐 수 있는 고통과 트라우마를 왜 우리는 잠시라도 고려하지 않을까? 도무지 내 마음이 종잡을 수 없는 데다 일시적 감정을 참사랑이라 착각하다 보니 과연 내가 누군가를 사랑할 수 있을지 의문이었다.

우정 사이에서 의미 있는 관계를 가꿀 때도 상황은 조금 나아지지 않았다. 어려움에 처한 친구를 돕고 싶다가도 조금 이따가 마음이 쉽게 달라졌다. 그러면 돕고 싶던 마음이 사라져 친구에게 전화가 와도 피하곤 했다. 마음을 따른 결과로 나는 미덥지 못한 사람이 됐고 많은 관계가 파국으로 치달았다.

진로와 관계의 낭패만으로는 모자라다는 듯 내 자아감마저 엉망이 됐다. 나 스스로가 수시로 달라 보인 것이다. 자신감 없던 마음에 어느새 확신이 생기다가도 그 확신이 금세 흔적도 없이 사라지곤 했다. 내 마음이 나에 대해 하는 말이 이처럼 모순투성이인데 어떻게 나를 제대로 안다 할 수 있을까?

그러던 어느 날 나는 놀랍고 기쁜 소식을 들었다. 어떤 능력도 없고 선하지도 않은 내가 예수 그리스도의 은혜로 구원받았다는 사실이다. 이 소식이 나를 뒤흔들면서 사랑에 대한 내 인식을 바꾸고 깊어지게 했다. 언제나 한결같고 온전하고 신실하신 하나님께 사랑받으면서 비로소 내 마음이 시종 얼마나 연약하고 무질서하고 못 미더웠는지를 깨달았다.

이제 내 정체성은 그리스도 안에서 확고하다. 그분이 내 기쁨과 만족의 가장 깊은 근원이시다. 변덕스럽고 이기적인 내 마음에 복종하지 않고 하나님께 순복하여 다른 사람을 섬기고 이웃 사랑에 힘쓰다 보니 관계도 활짝 피어났다. 내 불확실한 미래에 더는 연연하지 않는다. 전지하신 하나님이 창세전부터 내 발걸음을 정하셨음을 알기에 일이 계획대로 풀리지 않아도 좀체 확신이 흔들리지 않는다. 불완전한 당신의 마음과 달리 하나님은 틀림없이 당신을 온전히 인도하신다.

· 자말 밴디

자아 숭배에 맞서는 기도

사랑하는 하나님, 하나님의 마음은 감화하는 힘이 있고 흔들리지 않으며 통합돼 있고 선한 반면, 제 마음은 우둔하고 변덕스럽고 나뉘어 있습니다. 또한 타락했고 편향돼 있습니다. 주님의 마음 대신 제 마음을 따른다는 자체가 어처구니없는 일이지요. 그런데도 저는 굳이 주님의 약속보다 타락한 제 인식에 의지하며, 이처럼 미련하고 엉뚱하게 저를 신뢰하는 바람에 수시로 불안하고 우울합니다.

제 감정을 실재의 최종 기준으로 삼지 말고, 그릇된 시대정신을 물리치도록 도와주소서. 그렇다고 감정을 차단하는 건 옳지 않겠지요. 주님이 지으신 제가 아무것도 느낄 수 없는 뇌만은 아니니까요. 다만 제 마음을 주님이 주관해 주시기를 기도합니다. 제 감정을 영화롭게 하기보다 감정을 통해 주님을 영화롭게 하도록 제 정서를 바르게 고쳐 주소서. 예수님의 이름으로 기도합니다. 아멘.

자아 숭배에 맞서는 연습

4장으로 넘어가기 전에 다음 중 적어도 서너 가지를 실행하여 #내 마음을 따른다 계명을 어기는 기술을 연마하라.

1. 오늘 당신이 느낀 감정 중 거짓됐거나 착각에서 비롯했거나 내일이면 달라질 만한 감정을 최소한 세 가지만 꼽아 보라. 그중에서도 한참 빗나간 예를 한 가지 떠올리며 자신을 웃어넘기라.

2. 당신의 마음이 자신에 대해 하는 습관적 거짓말로, 종종 사실 같지만 틀림없는 거짓인 것 하나만 떠올려 보라. 성령께서 감화하신 성경에서 그 거짓말을 반박해 줄 본문을 최소한 세 군데 찾아보라. 검색 엔진이나 성구 사전을 활용해도 좋다.

3. 당신의 지인 중 격려가 필요한 사람에게 5분 동안 의미 있는 메시지를 써 보라. 쓰고 싶지 않을수록 더 써서 그 메시지를 보내라.

4. 누군가와 대화하면서 상대방의 삶에 대해 의미 있는 질문을 던지고 경청하라. 잠시라도 화제를 자신에게로 돌리지 말라.

5. 당신의 마음에 성령의 열매가 충만하게 해 달라고 성령께 기도하라. 사랑과 희락과 화평과 오래 참음과 자비와 양선과 충성과 온유와 절제의 아홉 가지 성령의 열매를 구하라.

#betruetoyourself

4

나에게 충실할 뿐이다

있는 힘껏 용기를 내
다른 사람들의 기대를 저버리라.

자신의 마음을 따르면
아무도 따를 필요가 없다.
딥티 라가브 | 볼리우드(인도 뭄바이 대규모 영화 산업) 영화 제작자

나는 나폴레옹이나 카이사르보다 더 철석같이
자신을 믿는 사람들에 대해 안다.
확신과 성공의 항성이 어디서 타오르는지도 안다.
그 초인들의 왕좌로 당신을 안내할 수 있다.
정말 자신을 믿는 사람들은 다 정신병원에 있다.
G. K. 체스터턴 | 영국 작가

내가 최초로 깨달은 철학적인 내용 중 하나는 거의 아무것도 모르던 열일곱 살에 찾아왔다. 인문학 담당 교사인 크리스 박사가 프리드리히 니체의 사상에 대한 단원을 마쳤을 때였다. 스스로 운명을 개척하지 않고 소 떼처럼 생각 없이 무리를 따르는 사람을 니체는 경멸했다. 니체의 우주에서 영웅인 "초인"은 타인의 도덕적 기대를 뻔뻔하게 저버린다. 용기와 의지력이 있어 독자 노선을 걷는다.

하지만 니체의 말대로 내가 나를 표현하는 일에 극단적으로 전념한다면 나는 이 죽은 독일인의 교리를 따르는 게 아닐까? 그거야말로 고분고분한 소처럼 나라는 존재를 다른 사람 지시에 맡기는 게 아닐까? 수업이 끝난 후 크리스 박사에게 물었다. "니체의 철학을 따르면 내 인생을 그의 관점대로 사는 거니까 초인과는 거리가 멀어지는 것 아닌가요?" 그는 눈빛으로 내게 "자네도 철학의 세계에 들어왔군. 수많은 모순 중 처음으로 하나를 찾아낸 걸 축하하네"라고 말했다. 그때는 미처 몰랐지만 25년이 지난 지금 우리 문화의 대다수 심각한 모순이 니체 사상의 이 딜레마로 설명된다.

하나님을 섬기거나, 마귀를 섬기거나

　그 인문학 과목을 함께 듣던 1997년에 나는 마이크라는 한 친구에게 예수 그리스도의 기쁜 소식 곧 복음을 설명하려 했다. 마이크는 존 밀턴의《실낙원》(*Paradise Lost*)에 나오는 루시퍼의 대사를 빌려 "나는 천국에서 섬기느니 차라리 지옥에서 다스리겠네!"라고 대응했다. 니체에 아주 열렬히 빠졌던 모양인지 자신 외에는 아무도 섬기지 않겠다는 것이었다.

　루시퍼와 니체를 따른다는 마이크의 자치(自治) 신조의 문제점이 내게 분명해진 것은 밥 딜런의 싱글 음반에 발표되어 그래미상을 수상한 〈Gotta Serve Somebody〉(누군가를 섬겨야 하리)를 몇 년 후에 듣고 나서였다. 그 노래에는 거물 정치가, 헤비급 챔피언, 록 스타, 지휘관, 재벌, 인맥 실세 등이 등장한다. 딜런이 열거하는 인물 중 다수는 현대의 이상인 자유의 화신이다. 권력과 재물이 있어 자신의 욕망이 뭐든 다 채울 수 있다. 그런데 딜런은 그만의 방식으로 이 현 상태를 전복하여 우리 모두를 의혹에 빠뜨린다. 서구 가치관의 번지르르한 포장을 찢어 그 속의 모순을 드러낸 것이다. "마귀나 주님 중에서 당신도 누군가를 섬겨야 하리." 군주도 딜런이 보기에는 영락없는 노예일 수 있다. 나 자신의 주인인 줄 아는 우리도 사실은 부지중에 어두운 나라의 종일 수 있다.[2]

　딜런의 통찰을 이렇게 생각해 보라. 온 세상이 대형 마트라 해 보자. 27종의 치약 중 하나를 고를 수 있고, 농축 수프는 74가지며, 오렌지 주스는 아홉 종류에, 사이즈도 각각 여덟 가지가 있다. 오락에도 개인의 취향을 반영한 대안이 넘쳐 난다. 의미의 추구나 쇼핑도 마찬가지다. "쇼핑"은 치약과 오렌지 주스의 구매 방식 말고도 삶의 방향 전체에도 딱 어울리는 단어다.[3]

제품마다 대개 숨겨진 성분이 있는데 아스파탐과 질산염과 MSG가 그 몇 가지 예다. 세계관도 마찬가지다. 자신이 선택한 의미 체계에 녹아든 사상의 일부는 거의 아무도 모른다. 딜런의 말마따나 우리가 선택할 수 있는 모든 상상 가능한 생활 규범에는 포장 겉면에 좀처럼 표시되지 않는 성분이 하나 있으니 곧 '섬김'이다. 시장에 나와 있는 세계관 중에서 스스로 정체성을 지어낼 수 있고 자신에게만 복종하면 되는 절대 자유가 (실제로) 함유된 것은 전무하다. 그런 성분은 치즈 버거와 감자튀김을 즐겨 먹으면서 왕 자 복근을 꿈꾸는 것만큼이나 망상이다.

나의 주인은 누구인가

자아에 충실하려는 무리 중 대다수는 자신의 세계관을 지어낸 이들의 이름조차 모를 것이다. 그러면서 그들의 교리를 따른다.

내가 만일 내 마음이 본래 선해서 선한 삶의 확실한 지표라고 믿는다면, 나도 모르게 웬만한 사람이 들어 본 적도 없는 펠라기우스와 루소와 조엘 오스틴 같은 이들에게 동조한 것이다.

내가 만일 모든 종교적 권위를 비웃으며 스스로 운명을 개척한다면, 나는 결코 생각처럼 반항자가 아니다. 바이런 경, 아르튀르 랭보, 볼테르 등에게 경의를 표한 것이다.

내가 만일 금기를 깨고 내 성욕을 양껏 표현할 의무가 있다고 믿는다면, 나는 결코 생각처럼 용감한 개척자가 아니다. 마르키 드 사드, 빌헬름 라이히, 알프레드 킨제이, 미셸 푸코, 프레디 머큐리 같은 목자를 따르는 양에 불과하다.

내가 만일 젠더를 스스로 정할 수 있다고 믿는다면, 나는 결코 생각처럼 자아를 규정하는 혁명가가 아니다. 존 머니 등 젠더 옹호자들의 교리에 충실한 근본주의자처럼 복창하는 것이다.

인생의 의미를 스스로 개척할 수 있다고 믿는 이들은 결코 운명의 선장이 아니라 니체호나 사르트르호나 훨씬 다채롭게 무지갯빛 돛을 단 루폴호에서 선미 갑판을 닦는 승무원일 뿐이다.

여기서 우리는 소위 "펑크 로커의 역설"에 부딪친다. 펑크 록은 본래 기성 질서의 면상에다 뱉는 침 같은 것이었고, 반골을 부르짖는 반란의 외침이었다. 펑크 록 콘서트에 가 보라. 거기서 만나는 군중은 어찌나 하나같이 반골인지 똑같은 검은색 복장에 염색한 머리, 금속 액세서리로 서로 구별이 어려울 정도다. 되레 "나는 워낙 독특해서 다른 모든 사람과 같다!"라고 외치는 셈이다. 전원 착실하게 핫 토픽[반문화 취향의 의류 브랜드-옮긴이]의 단체복 같은 복장으로 포즈를 취하는 그들 인파 속에서는 오히려 칼라를 다림질한 셔츠와 카키색 면바지 차림에 머리를 단정히 깎은 과감한 소신파만이 진정한 펑크 로커일 것이다.

밥 딜런의 말이 옳다. 당신은 누군가를 섬기게 되어 있다. 대상이 마귀와 그 대리자들일 수도, 주님일 수도 있으나 어쨌든 누군가를 섬겨야 한다.

머피의 딜레마

머피라는 북아일랜드 청소년이 1970년대에 벨파스트에서 성년이 된다고 하자. 하필 영국군이 북아일랜드 민권 시위대 총 열네 명의 목숨을 앗아 간 1972년 1월, "피의 일요일" 사건 이후에 말이다. 무조건 영국인을 공격하려는 욕구가 그의 심장 속에 힘차게 박동할 만도 하다. 이 시대적 상황에서 머피는 내면에서 답을 찾고 자신의 마음을 따라야 할까?

이제 머피를 오늘날의 미국 대학으로 데려와 보자. 그는 학교에서 소위 "해로운 남성성"의 위험에 대한 경고를 귀가 따갑게 듣는다. 한때 그는 직업군인의 길을 숭고한 모험의 삶으로 여겼으나 이에 맞서는 내면의 새로운 욕구에 눈을 떴다. 그의 마음이 창작 댄스의 길로 가기를 원하고, 젠더학 교수도 이런 욕구를 적극 지지한다. 머피는 그러한 자신에게 충실해야 할까?

벨파스트 거리든 젠더학과 강의실이든 두 경우 모두, 자신에게 충실하라는 조언은 말처럼 머피가 아무런 속박도 없이 스스로 자아를 규정하는 것과는 거리가 멀다. 그 조언을 따른다면 그는 모순의 단적인 사례가 되고 만다. 자유로이 활보하는 줄로 알지만 실은 다른 사람 북소리에 맞추어 행진하는 것이다.

10대 소녀에게 섹스를 마음껏 실험하려는 갈망과 섹스를 신성하게 여겨 결혼 후의 몫으로 남겨 두려는 갈망이 공존한다 하자. 이 소녀에게 마음을 따르라고 조언하는 이들이 둘 중 어느 갈망을 소녀의 진정한 마음으로 볼지는 뻔하다. 소녀는 자신이 사회적 제약에서 벗어나 자아에 충실한 줄로 믿겠지만 실은 알프레드 킨제이, 빌헬름 라이히, 헤르베르트 마르쿠제, 주디스 버틀러, 존 머니 등 자신이 들어 보지도 못한 옹호자들이 지어낸 성적 의제의 졸(卒)에 불과하다.[4]

아무도 진공 상태에서 자아에 충실할 수는 없다. 소위 참자아란 주변 문화 세력을 통해 규정된다. 무엇을 예찬하고 무엇을 금지해야 하는가에 대한 엘리트층의 발언으로 규정된다. 그리하여 자아에 충실하려면 거의 언제나 타인에게 충실할 수밖에 없다.

자아에 충실할 것을 요구하는 사람은 대개 클릭 수와 판매고를 최대한 높이려는 마케팅 팀, 추종자를 찾으려는 이념 옹호자, "좋아요"를 노리는 인플루언서, 존재감에 목마른 연예인 등이다. 그런데 당신은 왜 그들 요구에 복종하려는 것인가? 무조건 마음에 복종하는 풍조의 배후 세력을 무엇 때문에 당신의 친구로 생각하는가? 당신에게 자아에 충실하기를 바라는 이들이 털끝만큼이라도 당신의 유익을 염두한다는 무슨 신빙성 있는 증거라도 있는가?

열매를 보면 나무를 안다

예수님은 우리에게 "거짓 선지자들을 삼가라 양의 옷을 입고 너희에게 나아오나 속에는 노략질하는 이리라 그들의 열매로 그들을 알지니"라고 경고하셨다(마 7:15-16).

자아 숭배의 선지자들이 맺은 삶의 열매는 어떠할까? 자아에 충실해서 그들 말대로 된다면, 이 이념을 구축한 이들이야말로 즐거이 해방된 삶의 달콤한 열매를 누렸을 테고 우리도 그런 삶을 원할 것이다. 하지만 역사가 들려주는 이야기는 다르다.

네로(AD 37-68년)는 로마의 제5대 황제로, 자신의 자아 숭배를 로마제국의 신앙으로 공식화했다. 자신의 어머니인 소(小) 아그리피나와 첫 아내 옥타비아를 살해했고, 일부 기록에서는 두 번째 아내 포파이아 사비나까지 죽였다. 자신을 기리는 황금 궁전을 짓느라 로마의 자원을 탕진했고, 비판 세력을 잡아다 죽였으며, 인기가 시들해지자 서른 살에 자살했다.

장 자크 루소(1712-1778년)는 프랑스 대혁명의 불씨를 지폈고 성 혁명과 좌익 정치의 철학적 기초를 다져 놓았다.[5] 그는 "내가 할 일이라고는 내면을 들여다보는 것뿐이다"라고 밝혔고,[6] "삶의 모든 상황 속에서 내 내적 자아를 있는 그대로 표현하는" 게 그의 목표였다. 이로써 그는 의식의 흐름과 감정을 끊임없이 공개하는 자전적 블로그 및 SNS 활동의 조상이 됐다. 인간이 본래 선하다고 믿었고 모든 악을 사회 구조 탓으로 돌렸다. 자유롭게 자아를 표현하려고 다섯 명의 자녀를 모두 버리는 바람에 그들은 고아원에서 이른 나이에 죽었다.

프리드리히 니체(1844-1900년)는 사람들에게 (그의 표현으로) 온순한 기독교의 노예 도덕을 벗어나 굳센 의지의 "주인 도덕"(군주 도덕)을 수용할 것을 촉구했다. 그는 "군중"을 비웃었고 "가치 법전을 해체하는 자, 파괴자, 법률 위반자"[7], "놀이 삼아 새로운 가치를 창출하는" 사람을 예찬했다.[8] 그러나 그는 몹시 외롭게 살다가 마지막 10년을 정신병원에서 보냈다. 알려져 있다시피 나체로 춤추고, 공상 속에서 황제를 총살하고, 자신이 예수 그리스도와 나폴레옹과 석가모니 같은 역사 인물이라 믿었다.[9]

미셸 푸코(1926-1984년)는 니체 신봉자로서, 성 경험을 자화자찬의 길로 보면서 우리에게 "삶 전체를 섹스 자체 및 섹스의 진리와 주권과 맞바꿀 것"을 주문했다.[10] 게다가 성인기의 대부분을 자살 성

향과 싸웠다. 또한 성인과 아동의 "합의" 성관계를 주창하며 프랑스의
소아성애 합법화 운동을 벌였다.[11] 캘리포니아주 버클리로 이주해서
는 동성애의 사디즘과 마조히즘에 탐닉했다. 안타깝게도 그는 HIV/
에이즈에 걸렸으나 록 밴드 퀸의 프레디 머큐리처럼 감염 사실을 알
고도 계속해서 성욕을 채웠다. 결국 "섹스를 위해 죽어도 아깝지 않
다"[12]라던 자신의 말대로 됐고, 다른 순진한 사람들에게까지 동일한
영향을 미쳤다.

알리스터 크로울리(1875-1947년)는 자아 숭배에 오컬트적인 신
비 요소를 가미하여 "텔레마"('의지, 소원, 갈망'을 뜻하는 그리스어 명사)
라는 종교를 창시했다. 그리고 교리를 "당신의 의지대로 행하라"라
는 계명으로 압축하면서 "당신의 참의지는 본인만이 찾아낼 수 있
다. 어떤 신이나 인간이나 기관이나 국가도 자아에 대한 당신의 신
성한 권위를 능가하지 못한다"라고 설명했다. 전기 작가는 그를 "성
질 급하고 괴팍하고 독선적이며 아주 똑똑하고 오만하고 재치 있
고 부유하고 필요에 따라 잔인한" 사람으로 묘사했다.[13] 그는 "신체
적·정서적으로 엄청나게 잔인해질 수 있었다."[14] 의지대로 행하다
가 헤로인에 중독됐고, 남녀 연인들을 폭행했고, 여러 주제에서 극
히 반기독교적인 나치즘과 공산주의를 높이 평가했다.[15]

장 폴 사르트르(1905-1980년)는 프랑스 실존주의의 선구자 중
한 사람이다. 실존주의의 "제일 원리"는 "인간이란 자신이 만들어
내는 것에 불과하다"라는 것이다.[16] 우리는 신 없는 우주에 존재하

므로 자신의 실체를 직접 창조해야 한다. 사르트르가 만들어 낸 사르트르는 누구일까? 그는 자존심 덩어리에다 호색한으로 악명 높았다. 여자를 연신 갈아치우며 인간이라기보다 먹이 취급하기로 유명하다. 그에게 중요한 것은 "몸의 쾌락"이 아니라 "사디즘에 가깝게 타인을 정복하는 추적의 스릴이었다."[17] 그는 각종 약물을 하루 50알까지 복용했고, 암페타민(각성제)에 중독됐으며, 술에 취해 의식을 잃으려고 책들에 보드카를 숨겨 놓았고, 상상 속 방문객들과 대화하곤 했다.[18] 환호하는 젊은 세대에게 무한한 자유를 선전한 그가 자유의 화신으로 살기는커녕 이렇게 고백했다. "나는 시쳇말로 망령이 들었다. 제정신이긴 한데 속이 텅 비었다. …… 마음 설렐 일이 별로 없다."[19]

티머시 리어리(1920-1996년)는 하버드 교수이자 히피 세대의 전도사로서 샌프란시스코 골든게이트 공원에서 3만 명의 젊은이에게 "기성 질서에서 빠져나와 우리와 함께 마약의 환각에 취하자"라고 말한 것으로 유명하다.[20] 환각성 약물을 궁극적 자아실현의 관문으로 옹호했고, 미국의 상수도를 환각제로 오염시켜 물병자리 시대[조화와 쇄신의 시대-옮긴이]의 유토피아를 건설하자고 주창했다. 결국 그는 마약 복용의 여파로 총기를 잃었다. 말년 여러 인터뷰에서 분명히 드러나듯 비유컨대 불은 켜져 있는데 집에 아무도 없었다.

학교에서 내게 배운 토비라는 졸업생의 집이 캘리포니아주 라구나비치에 있었는데, 환각제 운동의 선두 주자 격인 리어리 일행이 자주 그의 집에서 묵었다. 토비는 리어리와 그의 많은 추종자가 환각제를 통한 자아실현이라는 이념에 짓눌려 무너지는 모습이 너무도 비참하더라고 눈물을 글썽이며 내게 말했다.

유독 안 좋은 사례만 내가 애써 골랐다는 생각이 들거든, 마르키 드 사드, 알프레드 킨제이, 짐 모리슨, L. 론 허버드, 빌헬름 라이히, 자크 데리다 등 자아 숭배교의 또 다른 성인의 개인사를 읽어 보라. 오늘날의 시대정신인 극한의 표현적 개인주의를 형성하는 데 일조한 사람이라면 다른 누구라도 좋다. 열매를 보면 나무를 아는 법이다. 이 사람들의 삶의 열매만으로도 우리에게 충분히 제동이 걸려야 한다. 자아에 충실하라는 그들의 조언을 덥석 받아들이기 전에 말이다.

이 모든 서글픈 이야기의 요지는 자아를 숭배하다 몰락한 이들의 불운을 조롱하며 우리끼리 통쾌해하자는 게 아니다. 망가진 그들도 모두 하나님의 형상대로 지어졌다. 자신이 위쪽이고 하나님은 아래쪽인 뒤집힌 수평선을 따라 삶을 항해하다가 처참히 실패한 위대한 지성들을 우리는 조소할 게 아니라 오히려 가슴 아파해야 한다.

이런 음울한 전기의 요지는 모든 영향력 있는 그리스도인의 삶이 모범적이었다는 인상을 풍기려는 것도 아니다. 그렇지 않은 사람도 많다.

우리가 주목할 것은 오직 예수 그리스도다. 그분은 우리를 불러 우리의 어설픈 자아가 아니라 그분처럼 하늘 아버지께 충실하게 하신다. 예수님은 경쟁자를 살해하거나, 사람을 성 노리개 취급하거나, 사디즘이나 자살 충동에 빠지거나, 마약으로 뇌세포를 망가뜨리거나, 살상도 마다하지 않는 정치 이념을 추진하거나, 걸핏하면 심기가 틀어지는 자기중심적 편집증을 보이신 적이 없다. 인류 역사에 그분처럼 선한 분은 단 한 사람도 없었다. 앞서 보았듯이 우리 인간은 누군가를 섬기게 되어 있다. 그렇다면 나는 자기네에게 충실하기를 바라는 비참한 오합지졸을 섬기기보다는 그리스도께 충실하겠다.

잘못된 믿음의 대변자들

1980년대 말에 남성 듀오 웸 출신의 조지 마이클은 "내게 믿음, 믿음, 믿음이 있어야 하네"라고 노래했다. 이 가사에는 그가 아마도 의도한 것 이상으로 더 깊은 의미가 있다. 헬라어에서 "믿음"이라는 단어 "피스티스"는 단순히 '신뢰'를 뜻한다. 10년째 무신론자들을 가르치면서 내게 분명해진 사실이 있다. 믿음을 잃는 사람은 없다는 사실이다. 단지 다른 대상으로 믿음을 옮길 뿐이다.

예수님을 신뢰하라는 초대가 자결권을 위협한다고 보는 많은 이들 역시 믿음이 없지 않다. 다만 정치 이념, 연애, 내면의 목소리, 전에 탐색했던 인플루언서의 교리 등 다른 것을 믿을 뿐이다.[21] 그런데 믿음의 새로운 대상을 이전 대상처럼 꼼꼼히 따져 보는 경우는 거의 없다. 따져 본다면 자신이 흔들리는 배에서 나와 발을 디딘 곳이 반석이 아니라, 소용돌이치는 바다였음을 많은 이가 알게 되리라. 예수님의 이름으로 자신에게 행해진 악 때문에 믿음을 등지는 이들 중 일부는 다행히 이후에 계속 믿음을 꼼꼼히 따져 보고 결국 되돌아와 진짜 예수님의 사랑과 치유와 은혜를 만난다. 나도 그런 두 사람에게 양육됐다.

내 친구 여럿이 믿음을 크게 상실한 것도 바로 잘못된 믿음의 대변자들 때문이다. 기독교를 저버린 한 친구는 1박 2일 행사 중 자신이 믿던 학생부 리더에게 성폭행을 당했다. 존경받던 기독교 언론 인사가 소속 사역 기관에서 수백만 달러를 횡령했음을 알게 된 친구도 있다. 어떤 이는 솔직한 질문을 던지니 교회 지도자가 영원한 지옥을 들먹이거나 의심 마귀를 쫓아내려 드는 통에 교회를 떠났다. 그리스도를 대변한다는 사람이 신뢰를 깨고 그분의 이름으로 불의를 저지르는 건 결코 작은 문제가 아니다. 그 깨진 신뢰가 많은 사람을 실족케 한다. 나만 하더라도 책임자가 만일 예수님의 진짜 대변자라면 예수님을 상대하기도 싫은 그런 사역 기관을 몇 군데 겪었다.

그러나 하비 와인스틴이 성범죄자라 해서 다시는 영화를 보지 않을 것까지야 없지 않은가. 음반 프로듀서 필 스펙터가 살인자라 해서 영영 비틀스 음반을 안 듣거나 서브웨이 전 대변인 제러드가 소아성애자라 해서 다시는 샌드위치를 먹지 않는다면 그게 합리적이겠는가. 이렇듯 우리는 평소에 빈대 잡으려고 초가삼간까지 다 태우지는 않는다. 그런데 왠지 신앙만은 예외다.

그리스도를 대변하는(사실은 잘못 대변하는) 이들은 그리스도가 아니다. 실제 예수님은 고통에 찌든 세상 가운데로 스스로 원해서 인간의 육신을 입고 오셨다. 온갖 유혹과 쓰라린 공개 수모와 종교 지도층의 광분을 잘 견뎌 내셨다. 땀이 핏방울이 되도록 고뇌하셨다. 뾰족한 가시가 그분의 관자놀이를 찌르고, 채찍 맞은 등에 무겁고 거칠고 깔끄러운 가로대가 지워졌으며, 대못으로 손목과 발목이 패이고, 창끝이 흉곽을 쑤시고 들어갔다. 그 찌릿찌릿한 충격이 신경 저 끝까지 전해졌고, 그렇게 그분은 로마의 십자가에서 숨을 거두셨다. 당신에게 상처를 입힌 사람은 이 예수님이 아니다. 이 예수님은 당신이 헤아릴 수 없이 당신을 사랑하신다. 이 예수님은 당신을 결코 속이지도 학대하지도 않으시며 사기 치고 배신하며 인간성을 짓밟으실 분이 아니다.

'그분을 믿는 것'과 '그분의 이름으로 당신을 해친 사람'을 믿는 건 천지 차이다. 그들은 그분의 가르침을 어기고 당신을 욕되게 했다. 그들 때문에 그분을 믿다 마는 것은 최선의 길이 아니다. 이리와 사기꾼과 변태와 위선자는 어느 세계관에나 다 있게 마련이다. 기본적으로 기독교란 인간이 만든 세계관에 머리로 동의하는 게 아니라 부활하신 실존 인물과 관계를 맺는 것이다.

온 세상을 다니며 여러 스승에게 배워 보고, 가장 배울 게 많은 팟캐스트 말도 다 들어 보라. 예수님만큼 도발적이고 매혹적이고 예측을 불허하고 명실상부하고 덕까지 갖춘 사람은 없다. 그분은 그 누구와도 다르게 당신의 사고와 영혼을 깨우치고 넓혀 주실 수 있다. 자아에 충실하는 것이라는 미명하에 다른 사람 자아에 충실하기보다 예수님께 충실하려 힘쓰는 편이 훨씬 더 사람을 살린다.

진정한 초인이신 분을 따라

소와 초인(슈퍼맨) 중 당신은 어느 쪽이 되고 싶은가? 소로 살면 서두르지 않고 느릿느릿 마음껏 되새김질하며 언덕을 바라보고 서늘한 바람에 몸을 식힐 시간이 많다. 열차 선로 위의 소녀나 침몰하는 버스 속 학생들이 당신의 시간을 요구할 일도 없다. 하지만 소가 된 당신의 자아는 발사된 총알보다 더디고, 기관차의 위력에 한참 못 미치며, 고층 건물을 단걸음에 뛰어 오르지도 못한다. 아마 자신이 소인 줄도 모를 것이다.

무덤 속 니체가 틱톡은 물론이고 오늘날의 서구 세계를 다분히 지배한다 해도 과언은 아니다. 다작을 남긴 이 독일 무신론자는 인간의 건강한 생활 터전인 '객관적 도덕 구조'라는 개념을 인습 타파의 망치로 깨부수었다. 겸손과 이타심 같은 기독교 고유의 덕목을 해체한 것이다. 그가 보기에 그런 덕목은 인류를 소처럼 고분고분하게 만드는 군중 도덕이었다. 《선악의 저편》(*Beyond Good and Evil*)이라는 책에서 니체는 "귀인은 가치를 스스로 규정한다. …… 자신의 모든 부분을 아는 대로 떠받든다. 이것이 자화자찬의 도덕이다"라고 단언했다.[22]

《차라투스트라는 이렇게 말했다》(*Thus Spake Zarathustra*)에서는 "정신의 3단계 변신"을 말했다. 우선 여기서 우리는 낙타로 시작한다. 전통 도덕의 요구에 눌려 허덕이는 "짐꾼 정신"이다. 그다음 우리는 사자가 되어 도덕을 잡아먹고 "의무를 신성하게 거부한다." 니체에게 마지막이자 이상적 단계는 "어린아이"가 되어 "놀이 삼아 새로운 가치를 창출하는" 것이다.[23] 그렇게 진짜 초인이 되어 간다는 것이다. "모든 것의 가치를 당신이 새로 규정하라!"라는 니체의 주문과 우리 문화에 만연한 "자아에 충실하라"라는 거짓 복음은 겨우 종이 한 장 차이다.

인플루언서들이 종을 뛰어넘어 고양이와 개로서의 정체성까지 자랑하는 탈기독교의 틱톡 세계를 기웃거려 보라. 아이들의 흉내놀이가 성인기까지 이어지고 있음을 어렵지 않게 볼 수 있다. 정체성 창출이라는 창조주 급의 일을 피조물 어깨에 지우는 게 이제 대세가 됐다. 그래서 드는 의문이 있다. "자화자찬으로 가치를 창출하는 초인이 21세기에 새로운 군중을 이룰 만큼 많아졌는가?" 니체 시대에는 전통 도덕의 기대를 저버리려면 상당한 의지력으로 문화를 거슬러야 했다. 그러나 오늘날에는 전통 도덕을 등지고 스스로 가치를 창출하는 게 별로 위험하지도 않고 문화에 반하지도 않는다. 오히려 군중 속으로 따뜻하게 환영받는 일 아닌가.

19세기 초인이 21세기에도 계속 자신이 규정한 가치를 옹호하려면 초인의 망토를 벗고 소의 워낭을 달아야 한다. 이제는 자화자찬으로 떠미는 군중에게 저항하는 데 오히려 니체가 예찬했던 바로 그 전복적 의지의 위업이 필요하다. 19세기의 소가 21세기의 초인으로 둔갑한 셈이다.

그렇다면 우리 그리스도인은 어떻게 군중을 뛰어넘는 세대가 되어 그들에게 워낭을 망토로 바꾸도록 손짓할 텐가? 우리는 자아와 달리 실제로 예배받기에 합당하신 하나님을 예배한다. 우리는 초월적 참됨과 선함과 아름다움과 정의에 자신을 맞춤으로써 문화를 거스른다. 우리는 불완전한 감정을 진리의 신성한 기준으로 삼는 군중을 소처럼 따라가지 않는다. 우리는 네로와 루소와 니체, 푸코, 크로울리, 사르트르, 리어리의 철학을 따라 자아를 떠받드는 게 얼마나 속 빈 강정이며 파탄과 영혼의 파멸을 낳는지를 폭로한다. 우리는 초자연적 도움을 구해 우리의 타락한 마음을 하나님의 마음에 맞춘다.

하나님, 우리가 그리스도를 경외하는 마음에 흠뻑 젖도록 도와주소서. 그리하여 다른 사람들도 거기에 이끌려 소 같은 실존을 버리고 모든 초인 중에 최고의 초인이신 주님을 따르게 하소서!

✱

하나님 마음을 선택한 사람들

J. P. 모어랜드는 〈타임〉에서 선정한 현존하는 최고의 철학자 100인 중 한 사람이다. 탈봇신학교의 철학 석좌교수로 재직 중이다. 자아 숭배교에 맞서는 이단자이기도 해서 **#나에게 충실할 뿐이다**라는 계명을 당당히 어긴다. 다음은 그의 이야기다.

나는 1968년 11월에 기독교인이 됐다. 그 뒤로 예수님을 내 주님이자 친구로 가까이하여 외로움에서 벗어났고, 힘든 시기를 지날 때는 성경에 나온 대로 감사를 실천하여 안정을 찾았다. 아내 호프도 나와 같이 그리스도께 헌신한 사람이다. 45년을 넘어선 우리 결혼 생활의 기초는 우리보다 크신 그분께 있으며, 덕분에 숱한 풍랑을 헤쳐 나올 수 있었다.

2014년 8월부터 3년 동안 나는 세 종류의 암으로 열 번이나 되는 수술을 받았다. 죽음이 임박했을 가능성이 아주 높았지만 그 기간 내내 정말이지 이전 어느 때와도 다른 기쁨과 행복과 평안을 누렸다. 두려운 게 당연한 환경임에도 하나님의 임재를 경험한 것이다. 내 소원과 욕망을 따라 살았다면 무너져 내렸으리라. 지식으로나 체험으로나 철석같이 확신하거니와 그리스도께서 우리에게 제시하시는 길이야말로 단연 인간 본연의 모습에 이르는 가장 심오한 길이다.

고달픈 삶 속에서 참자아가 되려 하는 우리 인간이기에 모두가 답해야만 하는 절실한 질문이 있다. 인간 본연의 모습이라는 게 과연 존재할까? 생뚱맞은 추상적 질문 같겠지만 여기에 어떻게 답하느냐에 따라 당신이 잘될 수도 망가질 수도 있다. 설명하자면 이렇다. 본연의 모습 즉 본성이 존재한다면 그게 무엇이든 그 정해진 선 안에서만 형통하게 되어 있다. 그 선을 무시하면 해를 입는다. 예컨대 개는 개의 본성대로 살아야만 활짝 피어난다. 개를 늘 작은 우리에 가둬 놓거나 쓰레기를 먹이거나 생전 쓰다듬어 주지도 않고 억지로 물속에서 살게 하면 결과가 좋을 리가 없다.

인간에게도 본연의 모습이 존재하며, 여기서 "자유"란 우리가 본래 하도록 지어진 일을 하는 능력을 뜻한다. 본성이 없는 것처럼 살면 "자유"는 뭐든 우리 마음대로 할 권리로 전락한다. 본성을 배제한 이 새로운 "자유"는 속박의 다른 이름일 뿐이며 결과는 그야말로 재앙이다. 해마다 심각한 불안 장애나 우울증을 호소하는 미국인이 4,000만 명에 달한다. 청소년 자살률은 사상 최고에 달했고 특히 여자 쪽이 더 높다. 온갖 중독이 만연하고 남자들은 갈수록 연애보다 포르노를 더 선호한다.

재앙은 그 밖에도 많다. 이런 신기록 수치에서 보듯 정체성을 스스로 창출하는 **#나에게 충실할 뿐이다**라는 개념은 하나님이 우리를 기쁘고 형통하게 하시려고 인간 본연의 모습 속에 그어 두신 사랑의 선을 벗어난다.

끝으로 철학 교수로서 경고하고 싶다. 어리석게 자신의 정체성을 무(無)에서부터 짓느라 인생을 허비하지 말라. 이 계명대로 사는 즉 창조주를 배격하고 자신의 창조된 본성을 무시하는 이들은 이 계명 때문에 죽는다는 점을 잊지 말라. 예수님을 따른 지 54년째인 내가 기탄없이 말할 수 있거니와 그리스도께 충실한 삶이 독자적인 삶보다 훨씬 낫다. 1968년에 내가 그랬듯이 오늘 그분께 우리 자신을 새롭게 드리자. 무시되고 배신당하기 일쑤인 우리의 본성이 고마워할 것이다.

· J. P. 모어랜드

사랑하는 하나님, 저는 누군가를 섬기게 되어 있습니다. 난데 없이 실재와 정체성과 의미를 저 스스로 만들 수 있다는 생각은 망상입니다. 자아에 충실하려 할 때마다 저는 으레 다른 누군가의 자아에 충실한 것이며, 각자의 자아에 충실하려다 삶이 엉망이 되어 버린 그들에게 복종을 맹세하는 셈이지요.

제가 자아에 충실하기를 바라는 이들이 정녕 제 행복과 형통에 실제로 마음 쓰고 있다고 확신할 만한 이유는 딱히 없습니다. 하지만 오, 주님, 주님은 분명히 저를 돌보십니다. 저보다 더 제 유익에 한없이 마음을 쓰십니다. 제게 구원과 생명을 주시려고 주님은 성육신과 십자가의 죽음과 부활…… 그 무엇도 마다하지 않으셨습니다. 주님이 저를 잘되게 하시려고 친히 감수하신 일에 비하면 여태 그 근처에라도 온 철학자나 자기 계발 전도사, 유명인, 광고 전략가는 아무도 없습니다. 저를 저보다 더 사랑하시는 주님께 충실하도록 도와주소서. 예수님의 이름으로 기도합니다. 아멘.

자아 숭배에 맞서는 연습

5장으로 넘어가기 전에 다음 중 적어도 서너 가지를 실행하여 **#나에게 충실할 뿐이다** 계명을 어기는 기술을 연마하라.

1. 사복음서(마태복음, 마가복음, 누가복음, 요한복음) 중 하나를 고른 뒤 예수님의 말씀이 빨간색으로 인쇄된 성경책을 구하라. 한 시간쯤 시간을 내서 그 복음서의 빨간색 글씨 부분만 전부 읽으라. 읽고 나서 이렇게 자신에게 물어보라. "예수님의 마음에 충실하게 산다는 건 어떤 의미일까? 내 삶에 대한 그분의 비전이 어떻게 내 비전보다 나은가?"
2. 당신의 마음을 정결하게 해 주시고 감정을 예수님의 감정에 맞추어 재조정해 달라고 하나님께 기도하라.
3. 당신의 마음에 끌리는 옳지 않은 행동을 하나만 찾아내라. 그 행동의 반대가 무엇일지 생각해 보고 가서 그대로 행하라.
4. 당신에게 의미 있고 소중한 물건을 다른 사람에게 거저 주되 그것을 더 의미 있고 더 소중히 여길 사람에게 주라.
5. 가족 중 한 사람에게 친절을 베풀되, 당신이 별로 마음에 내키지 않지만 상대방은 좋아하는 행위로 베풀어 보라.

#youdoyou

5

내 인생은 내 것이다

당신은 당신의 진리대로 살고
다른 사람들은 그들의 진리대로 살게 놔두라.

자신이 '진리'라는 주장은 내게 약간 마피아처럼 들린다.
사람마다 사는 방식이 다르지 않은가.
마이크 던트 | 록 밴드 그린 데이의 베이스 주자

새로운 반항자는 회의론자다. ……
그런데 그는 〔도덕 기준까지 포함해서〕 모든 것을 의심하다 보니
무엇 하나만 비판하려 해도 그 의심에 가로막힌다.
모든 비판에는 도덕 기준이 전제되기 때문이다. ……
그러므로 현대인의 모든 저항은 사실상 무의미하다.
도덕 기준까지 버림으로써
무엇 하나에라도 저항할 근거를 잃었기 때문이다.
G. K. 체스터턴 | 영국 작가

"누구나 뭔가가 필요하지 않나요? 예수님이든 사탄이든 술이든 음악이든 무엇이든 말이죠." 과연 각 개인이 자신의 의미를 창출하는 신이라면 뉴메탈 밴드 드라우닝 풀의 리드 보컬 데이브 윌리엄스의 그 말이 옳다.

이 "무엇이든"의 세계관은 #내 인생은 내 것이다 같은 해시태그와 "네 진리대로 살아라", "당신에게 진리일지 몰라도 내게는 아니다", "절대로 다른 사람을 비판하지 말라", "십인십색"(十人十色) 같은 진부한 유행어에 다 녹아 있다. 철학적 성격의 이런 정중한 구호를 믿는 이들에게는 뭔가를 죄라 칭하는 그것만이 유일한 죄다. 이 논리라면 사람마다 자신의 진리대로 살지 못할 까닭이 뭐란 말인가?

비너스를 암살하려는 시도

주권적 자아의 교리가 어떻게 이런 관용적인 듯한 **'무엇이든주의'**를 유행처럼 퍼뜨리는지 이해하기 위해, 우선 티치아노의 500년 된 그림부터 보자. 이탈리아의 거장 티치아노가 다른 예술가의 창작 활동을 그린 회화인데, 그 예술가는 바로 류트로 노래를 작곡하는 음악가다. 젊은 음악가가 오른쪽 어깨 너머로 바라보는 여자는 장신구를 제외하고는 거의 알몸으로 비스듬히 누워 있다. 음악가들이 여성 누드를 응시하는 무슨 이상한 풍습이라도 있었단 말인가? 아니다. 그보다 깊은 뜻이 있다. 르네상스 예술가들은 고대 그리스와 로마 신화의 여러 신과 여신을 소환하여, 화폭에 담아내고 싶은 모든 무형의 실재에 대한 가시적 상징물로 이를 활용했다.

자유 같은 추상적 가치를 그림으로 한번 그려 보라. 아주 난감할 것이다. 차라리 뿔이 달린 왕관을 쓰고 횃불을 든 여신상을 그리는 게 더 쉽다. 로맨틱한 사랑에 대해서도 스케치해 보라. 활과 화살을 든 날개 달린 아기가 도움이 되리라. 아름다움의 '개념'을 그리기보다 비스듬히 누워 있는 비너스 여신의 누드화로 대신하는 게 훨씬 간단하고 쉽다. 제목도 딱인 〈비너스와 류트 연주자〉에서 티치아노가 한 일이 바로 그거다.

티치아노에게 진정한 예술가란 자아 너머의 아름다움에 매료된 사람, 자아에 매몰되지 않고 객관적 아름다움에서 창작의 영감을 얻는 사람이다. 네덜란드의 미술 평론가 한스 로크마커는 "티치아노의 세계는 아름다움이나 사랑 같은 개념의 실재를 논할 수 있는 세계였고, 그런 실재는 인간 외부에 존재했다. …… 사랑과 아름다움은 그저 인간의 감정이나 주관적 취향이 아니라 실제로 존재했다. 인간이 그것을 따르지 않는다면 결과는 미움과 추함일 것이다"라고 말했다.[2]

◐ 비너스와 류트 연주자
Venus and the Lute Player

    로크마커의 통찰 덕분에 이 티치아노 그림의 의미가 우리 앞에
제대로 열린다. 그림 속 예술가는 그저 음향의 위력으로 자신의 격
한 감정을 소비자에게 광고하는 21세기의 팝 스타가 아니다. 오늘
날의 우리에게 티치아노는 우리도 그 류트 연주자처럼 자아 너머를
바라봐야 함을 일깨워 준다. 아름다움과 진리와 사랑과 정의는 우
리가 지어내는 게 아니라 발견하는 것이다. 그것들은 우리가 태어
나기 오래전부터 있었고 내일 우리가 다 죽어도 여전히 존재할 것이

다. 우리 삶을 이런 실재의 리듬에 맞추지 않으면 우리는 세상을 더 망가뜨리는 것이다.

대서특필되지는 않았지만 20세기의 가장 의미심장한 사건 중 하나는 비너스를 살해하려는 시도였다.[3] 실제로 지난 세기에 반복된 암살 기도 대상에는 비너스(아름다움) 말고도 흰옷 입은 순결한 베리타스(진리), 활을 든 날개 달린 큐피드(사랑), 눈을 가리고 저울을 든 테미스(정의)도 있다. 일부 불행한 암살자들을 앞 장에서 살펴보았거니와 그들은 아름다움에 대해 "아름다움의 선험적 가치 기준이란 존재하지 않는다"라고 말한다.[4] 진리란 "동료들이 …… 반박하지 않는 우리의 발언에 불과"하고,[5] 사랑은 "2분 52초간의 마찰 소리"로 전락하며,[6] 윤리는 "유전자에 속은 우리의 망상"이다.[7] 정의에 대해서라면 "자유 국민의 결정을 평가할 만한 기준은 신에게조차 없다."[8]

자아 숭배에 빠져드는 정도만큼 우리는 비너스와 베리타스와 큐피드와 테미스를 죽이려는 공모자가 된다. 초월적 아름다움과 진리와 사랑과 정의는 그 존재 자체로 우리를 불편하게 하고, 그 지속되는 생명력으로 우리를 불러 자아 위를 올려다보게 한다. 진정한 자아 숭배자는 위를 올려다보다 목 근육에 경련이 일거나 무릎을 꿇다가 슬개골이 조금이라도 멍드는 위험을 감수하지 않는다. 차라리 자기 내면을 보는 게 훨씬 쉽다.

비너스와 베리타스와 큐피드와 테미스를 매장하려는 문화가 자아도취의 화신 나르키소스와 권력의 신 크라토스를 대신 부활시키는 건 시간문제일 뿐이다. 그리하여 개인 영역에서는 자화자찬에 빠지고 정치 영역에서는 권력을 위한 권력을 좇는 것이 우리를 몰아가는 궁극적 동인이 된다. 그리고 결과는 대혼란이다.

상대주의의 만행에 동조하지 말라

아름다움과 진리와 사랑과 정의를 죽이려는 시도에 적합한 호칭은 "상대주의"다. 나르키소스를 따를 경우 자아(자율적 개인)가 스스로 실재를 구축한다(himself, herself, zirself, hirself, eirself, perssself, themselves 중 각자의 자아감에 가장 잘 맞는 대명사를 고르는 것도 거기에 포함되며, 미국 연방 정부 기금으로 운영되는 기관 '포지'에서 친절하게 이를 표로 제시해 놓았다[9]). 크라토스를 따를 경우 '나' 혼자 실재를 구축하는 게 아니라 누가 됐든 '우리'라는 집단이 권력을 쟁취한다.

전능한 '나'가 실재를 규정한다는 개인 상대주의와 가장 전능한 '우리'가 실재를 규정한다는 문화상대주의, 이 둘에 대한 통렬한 논박이 여럿 있었다.[10] 여기서 그런 논증을 재탕하지는 않겠다. 대신 단도직입적으로 당신이라는 인간의 존엄성에 호소하고 싶다. 만난 적은 없지만 나는 당신이 잘됐으면 좋겠다. 당신이 최대한 강건하고 충만하고 영광스러운 사람, 하나님의 설계대로 위엄과 광채를 반사하는 사람이었으면 좋겠다. 그것이 내 바람이다. **#내 인생은 내 것이다**라는 우리 시대의 상대주의에 동조한다면 솔직히 당신은 참자아의 세 가지 필수 요소인 '용기'와 '진실성'과 '그리스도'를 강탈당하는 것이다.

용기를 빼앗고 비겁한 사람으로 만들다

상대주의는 도덕적 신념을 아이스크림의 좋아하는 맛 수준으로 전락시키곤 한다. 어느 하버드 졸업생은 개탄하며 "우리 시대의 자유란 마음대로 아무 가치에나 몰두할 수 있는 자유다. 단 조건이 있는데 그 가치를 진리로 믿어서는 안 된다"라고 단언했다. '민트 초콜릿 칩 맛을 최고의 아이스크림으로 치는 것까지야 좋지만, 레인보우 셔벗이나 로키 로드나 모카 아몬드 퍼지 맛을 좋아하는 모든 사람을 구박하지는 말라.' 유일한 진리는 망상이고 누구에게나 각자의 진리가 있다는 것이다.

여기서 알파벳 소문자로 시작되는 '진리들'(truths)과 대문자로 시작되는 '진리'(Truth)의 차이를 생각해 보면 도움이 된다. 내슈빌 시내에서 해티 B가 최고의 치킨 가게라는 게 내게는 진리(truths)다. 목숨을 걸 만한 신념인가? 물론 아니다. 누군가 "아니지, 프린스 치킨 가게의 치킨이 훨씬 맛있지!"라고 말하다면 나는 어깨를 으쓱하며 "당신한테는 그게 진리겠지만 나한테는 아니에요"라고 말할 것이다. 어떤 진리(truths)는 이처럼 소문자로 시작하는 것이 제격이다. 정말 사견에 불과하기 때문이다.

하지만 상대주의와 대비되는 절대 진리(Truth)라는 것도 엄연히 존재한다. 탈주한 노예이자 미국의 위대한 노예제 폐지 운동가인 프레더릭 더글러스 말에서 이를 볼 수 있다. "그리스도의 기독교는 순수하고 평화를 사랑하고 편견이 없어서 좋은데, 이 나라〔미국〕의 기독교는 타락해서 노예를 소유하고 여자를 때리고 요람을 강탈하며 편견과 위선에 찌들어 있어서 싫다. …… 노예 경매인의 종과 교회에서 울리는 종이 서로 한통속이니 비통한 노예의 쓰라린 절규는 독실한 노예주의 종교적 함성에 파묻힌다."[11]

반면 상대주의자는 그런 식으로 말하지 않는다. 오히려 "인류가 직접 창조한 똑같이 정당한 생활 방식이 공존한다"라며 으스댄다.[12] 더글러스는 남자를 훔치고 여자를 때리고 요람을 빼앗는 이들을 대면할 때, "똑같이 정당한 생활 방식" 따위의 허울 좋은 상투어에 굴하지 않았다. 문화상대주의의 허튼소리를 일절 용납하지 않았다.[13] 이란의 인권 운동가 시린 에바디는 문화상대주의를 "인권 침해의 구실일 뿐"이라고 콕 집어 정의했다.[14] 더글러스가 "이 나라의 기독교"의 악을 과감히 폭로한 것은 지배 문화를 그 문화보다 더 높은 기준에 대 보았기 때문이다. 그 기준을 그는 "그리스도의 기독교"라 칭했다.[15]

자신의 감정에 권위를 부여해 과시하지 않고 자아보다 높은 권위에 의지한 그는 회고록 말미에 본인을 이렇게 묘사했다. "내 부족한 노력에서나마 성공하고자 진리와 사랑과 정의의 위력에 성심껏 의지했고, 그 신성한 대의를 위해 힘쓸 것을 다시금 엄숙히 다짐했다."[16] 티치아노의 류트 연주자처럼 더글러스도 자아 너머의 더 큰 존재를 바라보았다.

히틀러의 제3제국을 "악한 독재 정권"[17]이요, "영원히 궤멸되어야 할 …… 무력의 제국주의 이념"[18]이라 폭로한 조피 숄과 그녀가 속한 백장미단(바이세 로제; 나치 정권에 맞선 비폭력 저항 단체-옮긴이)도 내면에서 답을 찾아 주관적 진리대로 살았던 게 아니다. 그들은 실존하는 보편 선악을 믿었다.

영국의 위대한 노예제 폐지 운동가 윌리엄 윌버포스는 "진심으로 믿기만 하면 무엇을 믿든 상관없다"라고 말하는 이들과 그중에서도 특히 기독교인들에게 "얼마나 터무니없는 소리인가!"라고 단호히 일갈했다.[19] 상대주의자가 아닌 클래펌파(1790-1830년경의 영국의 성공회 복음주의 집단으로, 노예제도 폐지나 국내외 선교 활동의 확장 등을 주창했다) 같은 동지들의 도움으로 그는 결국 "거대하고 …… 무시무시한 …… 노예무역의 악"을 종식시켰다.[20]

거듭 말하거니와 #내 인생은 내 것이다라는 상대주의 이념을 옹호하는 이들은 그런 식으로 말하지 않는다. 그들 세계관에서는 그런 말이 논리적 자살 행위라서 아예 불가능하다.[21] 식후에 배 속 가스가 배출되는 소리와 베토벤의 소나타가 서로 어울리지 않듯, 주관적 자기주장을 독려하는 그들의 말도 정의를 추구한 위인들의 말과는 상극을 이룬다. 더글러스와 숄과 윌버포스처럼 용감한 사람이 우리 세대에 무수히 더 많이 필요하다. 우리를 자아보다 더 높은 진리 쪽으로 불러 줄 그들의 용기가 요긴하다.[22]

상대주의가 진리라면(이 말 자체가 모순이다), 자아에 충실했을 뿐인 노예무역상이나 게슈타포(나치 독일 정권의 비밀 국가 경찰)를 누군들 비난할 수 있겠는가? 사르트르의 말마따나 "신이 존재하지 않는다면 허용되지 못할 일이 없다."[23] "세상에 인간밖에 없으니" 말이다.[24]

이 세상 너머에 아무것도 없다면 더 나은 세상을 위해 노력할 수 없다. "더 낫다"라는 말에는 이 세상보다 높은 기준이 발전의 지향점으로 전제되기 때문이다. 그러므로 상대주의자가 신념을 품고 셀마 행진(인권 운동가들이 흑인 참정권을 요구하며 앨라배마주 셀마에서 몽고메리까지 걸었던 세 차례의 시위 행진-옮긴이)에 가담하거나 백장미단 비밀 결사를 조직하거나 벨벳 혁명을 주도하여 체코슬로바키아의 공산당을 축출했을 리는 만무하다. 상대주의는 우리의 용기를 앗아간다.

진실성을 강탈하고 위선자로 만들다

상대주의는 우리의 진실성도 앗아 간다. 어느 날 나는 로스앤젤레스에서 버밍햄으로 향하는 보잉 737기의 창가 자리에 앉아 헬라어 신약성경을 해독하려 씨름 중이었다. 옆 좌석의 여자("미미"라하자)가 이를 보고는 통화 중이던 친구에게 말했다. "그만 끊어야겠어! 내 옆에 앉은 남자가 성경책을 읽고 있거든. 요즘도 이런 사람이 있다니…… 재미있는 비행이 되겠는걸!" 전화를 끊은 미미는 내게 기독교에 대한 불만을 표출했다. 그녀의 논지는 점점 세졌고 나는 잠자코 들었다. 마침내 결정타가 나왔다. "제일 역겨운 건 기독교인이 자기네만 옳고 다른 사람은 다 틀렸다고 믿는 그 오만이에요. 그거야말로 **틀린** 거잖아요!"

나는 미미가 아이러니를 간파하기를 바라며 그 말의 요점을 되풀이해 주었다. "기독교인들이 기독교가 아닌 다른 사람들은 다 틀렸다고 보는 게 문제라는거군요. 오히려 그게 **틀렸다**는 말이죠?" 그녀는 "바로 그거예요"라고 확언했다. 이에 다른 승객들이 웃음을 참느라 어깨를 들썩였다. "수많은 그리스도인이 수많은 다른 사람을 보며 틀렸다고 하는 게 오히려 틀렸다는 거죠?" 내가 다시 반복하자 그녀는 "그렇다니까요. 어쩌면 그리 독선적일 수 있느냐는……"까지 말하다 흠칫 멈추었다.

마침내 깨달음이 온 것이다. "아……." 다행히도 미미는 자신이 질색하던 기독교인들의 잘못을 자신도 똑같이 그들에게 범하고 있는 오류를 솔직히 인정했다. 그때부터 미미와 나는 초록색, 베이지색, 고동색이 조각보처럼 뒤섞인 미국 중부 평원의 12,000미터 상공에서 나란히 앉아 활기찬 대화를 나누었다.

이 이야기의 교훈은 생각처럼 관용적인 상대주의자란 아무도 없다는 것이다. 관용을 모든 시대 모든 사람의 도덕적 이상으로 옹호한다면, 그 사람은 이미 상대주의자 자격을 박탈당하기에 충분하다. 인간을 존엄하게 대하고 존중해야 한다고 믿는다면 우리는 다 속으로는 도덕적 절대주의자다.

이전에 일반 대학교에서 윤리학을 가르칠 때 나는 "여러분 중에 미국에 뭔가 문제가 있어 지금보다 나아져야 한다고 믿는 사람이 얼마나 될까요?"라고 묻곤 했다. 어김없이 전원 손을 들었다. 그러면 나는 이마를 훔치며 신파조로 "휴! 다행히 여러분 중에 도덕적 상대주의자는 아무도 없군요!"라고 공표했다.

진정한 상대주의자란 신화적 존재다. 설인이나 요정처럼 실체가 없다. 독일의 국수주의와 반유대주의를 비판한 니체는 상대주의와는 거리가 멀었다. 알제리에서 자행된 식민국 프랑스의 "인종 학살"에 반대한 사르트르도 상대주의와는 거리가 멀었다.

팝 슈퍼스타인 마돈나와 브리트니 스피어스, 크리스티나 아길레라는 2003년 MTV 시상식에서 〈Like a Virgin〉(처녀처럼)과 〈Hollywood〉(할리우드)의 메들리 공연 중에 서로 키스하고 나서 "옳고 그름의 개념은 지겨워"라고 노래했다. 하지만 그들도 안티 팬에게 모욕당하거나 자기 노래를 표절당하고 낯선 정신 이상자에게 살해 협박을 받으면 분명 옳고 그름의 개념이 덜 지겨워질 것이다. 거짓말과 도둑질과 살인을 금한 성경의 십계명이 갑자기 훨씬 더 흥미로워질 것이다.

나한테 편할 때나 특히 다른 사람과 부딪치기 싫을 때는 상대주의자로 살기가 쉽다. 하지만 누가 내 차 앞으로 끼어들거나 대기줄에서 새치기하거나 내 온라인 계정을 해킹하거나 차를 부수고 물건을 훔쳐 가거나 뒤에서 나를 모함하거나 택배 배송이 너무 오래걸리면, 다른 사람을 비판하지 말고 각자의 진리대로 살게 해야 한다던 모든 신성한 구호는 순식간에 내 도덕적 분노의 열기에 녹아사라져 버린다.

지난 세월 나는 자칭 상대주의자를 많이 만났으나 실제 상대주의자는 한 사람도 보지 못했다. 당신도 그런 사람을 본 적이 없으리라. 행여 그런 듯 보이는 사람을 만나거든 상대의 정강이를 걷어차거나 지갑을 낚아채면서 그 사람의 상대주의가 실생활에서 얼마나오래 버티는지 보라. 물론 기독교인인 내가 용납할 수 있는 방법은아니다. 그러면 그 대신 도널드 트럼프나 낙태 문제, 이슬람교에 대한 견해를 물어보라. 도덕적 절대주의자와 도덕적 상대주의자를 가르는 선이 애초에 존재하지 않았음을 알게 될 것이다. 자신이 도덕적 절대주의자라고 솔직히 인정하는 사람과 도덕적 절대주의자면서 그렇지 않은 척하는 사람이 있을 뿐이다.

그리스도를 상담 토크쇼 진행자로 전락시키다

상대주의는 당신에게서 용기와 진실성을 앗아 갈 뿐 아니라, 당신을 '다 헤아릴 수 없을 만큼 소중한' 그분과 떼어 놓으려 한다. 상대주의가 진리라면 선악은 인간을 구성하는 개념에 불과하다. 절대적 선(Good)이나 절대적 악(Evil)이 존재하지 않는다면 예수님은 진정 절대적 구주일 수 없다. 상대주의자의 세계에서는 예수님이 당신을 타락한 상태에서 구원받은 상태로 변화시키실 수 없다. 감상적인 자기 계발 전도사처럼 당신의 사적인 꿈을 이루도록 도울 수 있을 뿐이다.

이렇게 인생 코치처럼 박수 치고 응원해 주는 예수는 절대주의자이신 실제 예수 그리스도와는 수억 광년에 이를 만큼 거리가 있다. 예수님은 우리의 모든 감정과 일시적 기분을 인정하고 축하해 주러 오신 게 아니다. 그러기에는 우리를 너무도 사랑하신다. 실제 예수님은 자신의 사명을 이렇게 명백히 밝히셨다.

- 예수님은 자신이 "가난한 자에게 복음을 전하[러]" 오셨다고 말씀하셨다(눅 4:18). 이 말씀이 성립되려면 "복" 즉 "선한" 것이

존재해야만 한다.

- 예수님은 "인자가 온 것은 잃어버린 자를 찾아 구원하려 함이니라"라고 말씀하셨다(눅 19:10). 우리의 주관적 방랑만 있고 종착지가 없다면 그분은 시간만 낭비하신 셈이다.
- 예수님은 "나를 보내신 이의 뜻을 행하려(고)" 오셨다 말씀하셨다(요 6:38). 인간의 뜻(의지)이 도덕과 의미의 최고 기준이라면 이 사명은 이루어질 수 없다.
- 예수님은 "내가 심판하러 이 세상에 왔(다)"라고 말씀하셨다(요 9:39). 절대 비판하지 말라는 상대주의자의 원칙에 정면으로 위배된다.
- 예수님은 "내가 이를 위하여 태어났으며 이를 위하여 세상에 왔나니 곧 진리에 대하여 증언하려 함이(다)"라고 말씀하셨다(요 18:37). 유일한 진리가 없고 당신의 진리와 내 진리만 있다면 이 사명은 무의미해진다.
- 사도 바울은 "그리스도 예수께서 죄인을 구원하시려고 세상에 임하셨다"라고 말했다(딤전 1:15). 죄가 인간을 구성하는 개념에 불과하다면 예수님은 헛수고하신 셈이다.

당신을 인정하고 두둔하고 달래고 정체시키고 치켜세우려고 예수님이 이 땅에 오신 게 아니다. 예수님은 당신을 사랑하고 용서하고 구원하고 속량하고 변화시키려고 오셨다. 그분은 우리를 부르사, 우리 자신을 주장하며 우리 마음을 따르는 삶을 멈추게 하신다. 그 대신 우리 자신을 부인하고 그분을 따르게 하신다.

#내 인생은 내 것이다라는 상대주의에나 요구되는 만만한 그리스도에 안주하지 말라. 티치아노의 류트 연주자처럼 자아 밖에서 진정한 영감을 얻으라. 그분을 바라보라. 그분이야말로 실존하시는 비너스와 베리타스와 큐피드와 테미스다. 그리스도가 곧 아름다움이요, 진리이며, 사랑이고, 정의다.

예수님은 당신의 상상을 초월하신다. 그분은 비범한 창조력으로 우주를 지으셨고, 실제 시간과 공간의 역사 속에서 실제 인간의 몸으로 나셨다. 우리의 모든 실패 영역에서 도덕적으로 승리하셨으며, 십자가에서 우리의 완전한 대속물이 되셨다. 유령이나 홀로그램이나 감동적 관념이 아닌 몸으로 다시 살아나셨고, 승천하여 왕위에 앉아 온 우주 만물을 다스리신다.

우리는 폐가 정상적으로 기능해 자유로이 호흡하고, 맥박이 정상적으로 뛰는 것으로 인해 예수님께 감사해야 한다. 바로 그 예수님께 당신이나 내가 가히 상상할 수 없는 구원의 능력이 넘쳐 난다. 그 구원의 능력을 구하라.

하나님 마음을 선택한 사람들

조시 맥도웰은 지금까지 128개 언어로 번역된 150여 권의 책을 써서(일부는 공저) 139개국과 1,200여 개 대학의 무수히 많은 사람에게 기독교가 진리라는 증거를 전했다. 무엇보다 그는 가정에 헌신적이고 예수님을 사랑하는 사람이다. 자아 숭배교에 맞서는 이단자이기도 해서 **#내 인생은 내 것이다**라는 계명을 당당히 어긴다. 다음은 그의 이야기다.

나는 역기능 가정에서 자랐다. 아버지는 폭력을 일삼는 알코올중독자였고, 어머니는 우울증과 비만에서 헤어나지 못했으며, 우리 집의 농장 노동자 웨인은 나를 여섯 살 때부터 성희롱했다. 어머니가 집에 없으면 늘 웨인이 나를 찾아왔다. 어머니에게 이를 두 번 알렸으나 어머니는 내 말을 믿지 않았다. 눈앞이 캄캄했다.

정서적 상처와 원한과 깊은 수치심으로 죽고만 싶었다. '세상에 사랑은 없어. 살아갈 목적도 없고 하나님도 없어'라고 생각하던 기억이 난다. 열한 살 때는 하나님을 실제로 저주했다. 어머니를 비롯해 우리 집 어느 누구도 내게 피부로 와닿는 애정을 표현한 적이 없다. 나는 사랑 대신 분노가 치밀었다. 아버지와 웨인과 하나님 중 내가 누구를 더 증오했는지는 잘 모르겠다.

아버지는 술만 마셨다 하면 치졸해졌다. 어머니를 때려 죽일 뻔한 적도 여러 번이다. 복수하려고 아버지를 묶어 몇 시간씩 헛간에 둔 날도 여러 날이다. 어머니는 피범벅이 되어 때로 헛간의 가축 똥을 덮어쓰고도 아버지의 폭력을 두둔했다. 어머니가 죽은 원인은 분명 화병이었으리라.

대학에 들어가서는 어이없는 절대 도덕을 내세우는 캠퍼스의 그리스도인을 조롱하는 게 내 큰 낙이었다. 하루는 그중 몇몇이 내게 예수 그리스도의 부활을 반박할 증거를 대 보라고 도전하기에 나도 그러자고 했다. 로스쿨 예비 단계를 밟던 중이라 연구하는 법을 알았던 나는 성경의 역사적 근거가 없음을 입증해서 부활을 논박할 작정이었다. 그해 여름에 유럽 도처의 이름난 박물관과 도서관에 소장된 저명한 회의론자들의 저작을 들여다봤다. 회의론자였다가 기독교인이 된 학자들의 저작도 학문적 공정성을 기하는 차원에서 함께 공부했다. 내가 발견한 모든 증거가 달갑지 않은 하나의 결론을 가리켰다. 그리스도의 사역과 십자가 처형과 부활을 포함해 실제로 있었던 사건들이 성경에 정확히 기록돼 있다는 것이었다.

알고 보니 그리스도가 정말 부활했다면 하나님도 존재

할 수밖에 없었다. 이미 밝혀진 여러 사실을 무시할 수는 없었다. 밤잠을 못 이뤘고 급기야 성적도 떨어졌다. 그리하여 내가 설교에 이의를 제기하곤 했던 로건 목사를 찾아갔다. 그날 저녁 그의 말이 내 관심을 끌었다. 그가 예수님을 구주로 영접하는 절차를 설명하는 동안 이마에 땀이 맺힐 정도로 긴장됐다. 하나님을 신뢰하고 싶은데 그러려면 믿음의 일대 도약이 필요해 보였다. 친구들이 이를 지적 자살 행위라 말할까 봐 두렵기까지 했다. 그런데 그때 항거할 수 없는 사랑으로 하나님이 나를 압도하셨다. 그리하여 진심으로 나는 그리스도를 신뢰하기로 결단했다.

그때부터 하나님은 나를 증오에서 벗어나 아버지를 용서하도록 도우셨다. "아버지, 사랑해요"라고 진심으로 말한 게 바로 몇 달 뒤였다. 그때 알았다! 기독교가 진짜임을……. 이제 웨인을 용서할 차례였다. 힘겹고 고통스러워도 멈추지 않았다. 웨인이 자기 집 문을 열자마자 내가 불쑥 들이밀었다. "웨인, 그리스도께서 나를 위해 죽으신 것만큼이나 당신을 위해서도 죽으셨습니다. 그래서 당신을 용서합니다." 마음이 그렇게 평안으로 충만해지기는 난생처음이었다.

하나님이 나를 통해 아버지를 그리스도께로 인도하실 줄은 상상도 못 했다. 음주 운전자가 내 차를 뒤에서 들이

받는 바람에 나는 몇 주 동안 병원에 누워 있어야 했다. 퇴원해서 집에 올 때에 술에 취해 있을 줄 알았던 아버지가 맨정신으로 울고 있었다. 내게로 몸을 기울인 아버지에게서 눈물이 떨어졌다. "아들, 어떻게 나 같은 아비를 용서할 수 있니?" 내가 눈물을 훔치며 "예수님이 아버지를 사랑하시고 아버지와 관계 맺기를 원하시니까요"라고 말하자 "예수님이 네 삶 속에서 하시는 일을 내 눈으로 똑똑히 봤다. 내 삶 속에서도 그래 주실 수 있다면 나도 그분을 알고 싶구나"라고 대답했다.

아버지가 겸손히 기도한 뒤로 하나님은 30년이나 된 아버지의 알코올중독을 초자연적으로 고쳐 주셨다. 그의 변화가 어찌나 극적이었던지 우리 고향의 많은 사람이 그리스도를 따르기로 결단했다!

한때 나는 내가 불량품이라고만 생각했다. 하지만 하나님은 늘 그분의 계획대로 내 지적 호기심과 심지어 고통까지도 그분의 영광을 위해 전부 쓰셨다. 당신에게도 똑같이 그러신다. #내 인생은 내 것이다가 아니고, '예수님'만이 당신을 새사람이 되게 해 주신다.

· 조시 맥도웰

자아 숭배에 맞서는 기도

　사랑하는 하나님, 하나님은 분명 살아 계시며 아름다움과 진리와 사랑과 정의의 기준이십니다. 티치아노의 류트 연주자처럼 저도 자아 너머에서 궁극의 답을 얻게 하소서. 주님과 주님의 말씀을 바라보게 하소서. 더 용감하고, 더 진실하게, 더 그리스도 중심으로 제 내면보다 위를 바라보게 하소서.

　주님, 저를 도와주소서. 우리 문화는 죄라는 개념 자체에 눈살을 찌푸립니다. 당장의 사회적 불편을 감수해야 한다고 해도 제가 계속해서 사람들을 사랑하게 하소서. 회개하고 예수님을 믿되 구원의 여러 길 중 하나가 아닌 유일한 길로 믿도록 그들을 초대하게 하소서. 그리고 저도 그 진리를 실천하여 삶의 모든 영역에서 예수님의 지고한 주권을 따라 살도록 도와주소서. 예수님의 이름으로 기도합니다. 아멘.

자아 숭배에 맞서는 연습

6장으로 넘어가기 전에 다음 중 적어도 서너 가지를 실행하여 **#내 인생은 내 것이다** 계명을 어기는 기술을 연마하라.

1. 사사기 21장 25절에 보면 "그때에 이스라엘에 왕이 없으므로 사람이 각기 자기의 소견에 옳은 대로 행하였더라"라는 말씀이 있다. 사사기의 마지막 몇 장을 깊이 정독하면서 사람이 각기 자기의 소견에 옳은 대로 행할 때 어떤 참상이 초래됐는지 곰곰이 생각해 보라. 우리 시대에 대해서도 똑같이 해 보라.

2. 20분 정도 자연 속을 거닐어 보라. 우리가 지어낸 게 아닌 발견하는 아름다움이 얼마나 많은지 세어 보라. 그 아름다움의 근원이 누구인지(무엇인지가 아니라) 생각해 보라.

3. 이 세상은 정의를 추구할 때조차 냉방 시설이 잘 갖춰진 실내에서 커피를 홀짝이며 비교적 안전한 SNS에 자신의 정의감만 과시하는 곳이다. 평소 일상생활을 하다가 접하는 사람들을 돕기 위해 당신이 사이버 공간이 아닌 실생활에서 할 수 있는 일은 무엇인가? 가서 그대로 행하라.

4. 하나님이 혹시 당신을 세상의 특히 망가진 어느 한 곳에 긍정적인 영향을 미치도록 부르고 계신지 여쭤라. 자원하는 마음으로 숨김없이 기도하라. 그분이 부르시면 어디든 참여하려는

*

자세로 자신을 온전히 내드리라.

5. 당신이 속해 있는 이 세대의 문화를 생각해 보라. 문화란 우리
   가 날마다 그 속에서 헤엄치는 물과도 같다. 그 문화 가운데 인
   간의 형통에 대한 하나님의 관점에 어긋나는 부분에 주목해 보
   라. 예수님의 관점이 그 문화의 관점보다 어떻게 우월한지 세
   가지만 찾아보라. 오늘 당신이 그리스도를 높이는 방식으로
   문화를 거스를 수 있는 행위를 한 가지로 좁혀 보라.

#yolo

6

인생은 한 번뿐이다

무제한의 경험 욕구를 충족하라.

마치 새로운 사회가 출현하는 것 같다.
장차 그 사회는 가치의 위계, 지적 권위,
사회적 또는 종교적 전통을 전혀 인정하지 않고
순전히 감각의 혼돈 속에서
순간 단위로 살아갈 것이다.

크리스토퍼 도슨 | 영국 철학자

이 땅에서 우리가 할 일이 ……
아무런 제약도 없이 일상생활을 즐기는 것일 수는 없다. ……
우리가 할 일은 엄숙한 영속적 의무의 수행이어야 한다.
그래야 인생길에서 도덕적 성장을 경험할 수 있고,
삶에 들어설 때보다 삶을 떠날 때 더 나은 사람이 될 수 있다. ……
인간의 영혼은 오늘날의 잡다한 생활 습관이 주는 것들보다
더 고결하고 따뜻하고 순수한 것들을 동경한다.

알렉산드르 솔제니친 | 러시아 소설가

지금까지 보았듯이 자화자찬은 우리에게서 경외심을 빼앗는다. 우리를 옛 뱀의 교리대로 살 수밖에 없는 극단적 전통주의자로 만든다. 우리를 속여 자아의 우둔하고 변덕스럽고 나뉘어 있고 타락했고 편향돼 있는 마음을 따르게 한다. 고분고분한 소를 대하듯, 우리의 유익일랑 한 줌의 관심도 없는 고약한 옹호자들 쪽으로 우리를 유인한다. 우리를 상대주의에 빠뜨려 용기와 진실성과 그리스도를 강탈한다.

이상의 논증 중 어느 하나만으로도 자기중심적 삶의 나락에서 벗어날 이유가 충분한데, 놀랍게도 그럴 이유가 또 있다. 자아 숭배는 모험의 짜릿한 도취감과 고삐 풀린 흥분의 체험을 약속한다. 그것이 종종 **#인생은 한 번뿐이다**라는 구호로 선전된다.[1]

'진짜 모험'의 실종

"인생은 한 번뿐이다"(You Only Live Once)의 앞 글자를 딴 "욜로"(YOLO)는 1993년에 작은 스포츠 용품 회사의 상표로 처음 등장했다. 1996년에는 캘리포니아주 소노마에 있는 록 밴드 그레이트

풀 데드의 드럼 주자의 농장 이름으로 쓰였고, 2004년에 〈애버리지 조〉(Average Joe)라는 리얼리티 쇼에서 최초로 전파를 타 전국에 알려졌다.

그러나 이 약어가 널리 쓰인 건 힙합 분야의 대스타 드레이크가 2011년의 히트송 〈The Motto〉(더 모토)에 이를 구호로 쓰면서부터였다. 2012-2013년에 미국 전역을 휩쓴 이 모토는 점차 25세 넘은 사람이 쓰면 낯간지러운 표현으로 바뀌었고, 지금은 빈정대는 의미로 쓰이거나 현실을 잘 모르는 청소년부 리더들이 아는 척할 때 쓰인다. 이전 세대의 "카르페 디엠"(carpe diem; 현재를 잡으라) 같은 문구처럼 욜로도 한창때는 그 위력이 대단했다. 다만 카르페 디엠의 호소력이 후자만 못한 이유들은 분명하다.

#인생은 한 번뿐이다라는 구호는 이제 그 멋을 잃었지만, 거기에 담긴 인생관은 건재하며 어떤 의미에서는 늘 건재할 것이다. 인간은 누구나 어느 정도의 모험을 동경하기 때문이다. 흥분과 희망을 안겨 주는 예측 불허의 모험 말이다. 《반지의 제왕》(The Lord of the Rings) 시리즈의 회색의 마법사 간달프는 이를 이렇게 표현했다. "문을 나선다는 건 위험한 일이야, 프로도. 조심하지 않으면 길에 발을 내딛는 순간 어디로 휩쓸려 갈지 모르거든."

어떤 이는 모험에 휩쓸리고 싶어 이국적인 곳으로 자주 여행을 떠나는가 하면, 좋아하는 스포츠 팀의 유니폼과 페이스 페인팅을 과시하며 철 따라 야구나 아이스하키나 풋볼 경기장을 순례하는 이도 있고, 소파에 앉아 가슴에 감자칩 가루를 흘려 가며 텔레비전 속 영웅을 보며 간접 모험을 즐기는 이도 있다.

비디오게임도 많은 이의 가려운 데를 긁어 준다. 게임 속에서 우리는 '슈퍼 마리오'(Super Mario)의 이탈리아 배관공이 돼 악한 바우저에게서 공주를 구출하고, '컬 오브 듀티'(Call of Duty)의 병사로서 나치 당원을 저격하며, '던전 앤 드래곤'(Dungeons & Dragons)의 가슴 풍만한 요정 여신으로 돌연변이 용을 죽인다. 이렇듯 우리 인간은 웅장하고 큰 영웅 이야기를 동경한다. 그런 이야기 속에서 중요한 변화를 이끌어 내는 인물이 되고 싶은 것이다.

어렸을 때 나는 몇 시간이고 뒷마당에서 활과 화살을 가지고 놀면서, 부하를 거느린 로빈 후드가 돼 악한 왕 존의 폭정에 대항했다. 이튿날에는 〈스타워즈〉(Star Wars)의 루크 스카이워커로서 플라스틱 검을 허공에 휘둘러 은하 제국을 정복했다. 얼마나 많은 아이가 아직도 막대기를 들고 《해리 포터》(Harry Potter)의 덤블도어 군대에 합류하여 "이름을 말해서는 안 되는 그자"(볼드모트)와 싸우고 있는가?

그런데 여기서 자아 숭배자에게 문제가 생긴다. 내가 신으로서 도덕을 스스로 지어낸다면 남들도 다 나처럼 각자의 도덕을 지어내는 신이다. 그렇다면 자아에 충실했을 뿐인 〈로빈 후드〉(Robin Hood) 속 존 왕이나 〈스타워즈〉 속 은하 제국 팰퍼틴 황제나 《해리 포터》 속 볼드모트를 누군들 비난할 수 있단 말인가? 자아 숭배의 교리대로라면 로빈 후드의 부하들을 해산하고, 〈스타워즈〉의 반란을 철회하고, 《해리 포터》의 호그와트 마법학교를 폐교해야 마땅하리라.

모든 위대한 모험은 박진감 넘치는 여러 층위의 도덕 지형에서 전개되는데, 자아 숭배는 그 지형을 허물어 평지로 만든다. 진정한 모험에는 영광의 정점이 있다. 그 대망의 순간에 《반지의 제왕》에서는 가운데땅이 자유를 되찾고, 《나니아 연대기》(The Chronicles of Narnia)에서는 아슬란의 나라가 승리하며, 〈스타워즈〉에서는 광활한 은하가 제국으로부터 해방된다. 또 《해리 포터》에서는 대량 학살을 꾀하는 마법사나 흥을 깨서 만인의 세상을 망치려는 괴물 없이 마법사와 일반인이 세상에 평화롭게 공존한다. 위험과 절망의 골짜기가 실존하고, 악당과 시련과 유혹이 실존하며, 갖추어야 할 미덕과 버려야 할 악덕이 실존한다. 그런데 자아를 숭배하면 이 모든 게 불가능해진다.

J. R. R. 톨킨의 소설 《반지의 제왕》 시리즈의 《두 개의 탑》(The Two Towers)을 각색한 영화에 결정적 장면이 나온다. 전쟁으로 폐허가 된 오스길리아스의 잔해 더미 위에서 프로도와 샘이 주고받는 대화다.

프로도 ⌐ 우리가 붙들고 있는 건 뭐지, 샘?

샘 ⌐ 이 세상에 선이 있다는 겁니다, 주인님. 그 선을 위해 싸울 가치가 있고요.

모든 진정한 모험의 필수 요소가 샘의 말에 다 담겨 있다. 싸울 가치가 있는 선이 세상에 엄연히 존재한다는 것이다. 자아 숭배자라면 이 똑같은 장면을 어떻게 처리할까?

> 프로도 / 우리가 붙들고 있는 건 뭐지, 샘?
> 샘 / 이 세상에 초월적 선이란 없다는 겁니다, 주인님. 텅 빈
> 우주에 우리의 주관적 선을 투사할 뿐이지요. 그러니까
> 모르도르로 가려는 우리의 사명도 반지를 되찾으려는
> 사우론의 사명이나 다시 인육을 먹으려는 우르크하이의
> 사명보다 근본적으로 나을 게 없어요.

우리 스스로 선의 기준이 되면 삶의 진정한 모험이 깡그리 사라져 버린다. 선배 탐험가들은 모험가에게 머나먼 여정 가운데 힘들게 터득한 지혜를 전수해 주어야 한다. 반면 자아 숭배자에게는 일을 맡기고 이끌어 줄 간달프나 오비완이나 덤블도어가 필요 없다. 자기 자신의 내적 충동만 있으면 된다. 자아 숭배는 삶 전체를 끝없는 평지로 밀어 버리고 굳게 하는 거대한 수단이다. 올라야 할 봉우리도, 위험을 무릅써야 할 골짜기도, 고결하고 숭고한 목표를 이루고자 지친 몸으로 통과해야 할 험지도 없다.

자아를 숭배하면 왜 땅이 평지로 변할까? 당신이 의미와 도덕의 기준이라면 당신보다 높은 대망의 지향점이란 없다. "상향"이란 말은 제 의미를 잃는다. 매 순간 당신이 곧 고지요, 정점이요, 북극성이자 영원한 행복이다. 그러면 당신은 《반지의 제왕》의 아라곤과 아르웬, 《해리 포터》의 해리와 헤르미온느, 〈스타워즈〉의 루크와 레아와 달리 도덕에서 객관적 진보를 이룰 수 없다. 목덜미만 움직여서는 땅에서 발을 뗄 수 없는 만큼이나 그 또한 불가능한 일이다. 당신은 지금과 달라질 뿐이지 깊은 의미에서 결코 더 나아질 수 없다. 스스로 신이 되면 수직 모험과 상향 이동은 불가능하고 수평 모험과 측면 이동만 남는다. 이 얼마나 단조로운가.

'자아 숭배'의 평지만 헤매는 인생

그런 수평 모험의 시도가 1968년에 발간된 톰 울프의 책 *The Electric Kool-Aid Acid Test*(짜릿한 쿨에이드 마약 시식회)에 잘 포착돼 있다. 이 책은 컬트의 리더 격이자 반문화의 우상이었던 켄 키지에 대한 논픽션 기록물이다. 그는 일단의 "즐거운 장난꾸러기"(키지의 추종자를 부르던 명칭-옮긴이)와 함께 버스로 국토를 횡단하면서 마음껏 환각제에 취했다. 버스 외장은 현란한 원색으로 칠했다. 행선지 표시판에는 도시 이름 대신 "더 멀리"라고만 적었다. 울프는 이 즐거운 장난꾸러기들이 단순히 지리상 더 멀리 캘리포니아에서 뉴욕으로 가려고만 한 게 아니라, 인간의 의식 속으로 더 깊이 들어가려 했다고 말한다. 그리하여 엄청난 양의 환각제와 각성제, 대마초를 흡입했다. 가는 곳마다 그들은 환각제를 섞은 쿨 에이드로 '마약 시식회'를 개최했고, 춤과 불빛 쇼와 라이브 음악(종종 그레이트풀 데드가 제공했다)을 곁들여 모든 방문객의 흥을 돋우었다.

이후 대마초 소지 죄로 수배된 그들이 도주하다 멕시코로 넘어가면서부터 마약 시식회는 흐지부지됐다. 결국 일행은 미국으로 되돌아왔고, 어느새 반문화의 유명 인사로 부상한 키지는 끝내 체포됐다. 당국은 그를 잠시 풀어 주어 '마약 시식회 폐막식'을 진행하게 함으로써, 마약 기운 없이도 그와 추종자들의 의식이 고양될 수 있음을 입증해 보였다. 그 재미없는 저녁 시간이 지난 후 키지는 노동 형을 선고받고 복역했다.

울프의 책은 이 수평적 모험이 얼마나 허망한지를 여실히 보여준다. 그러니 그건 진정한 모험이랄 수도 없다. 즐거운 장난꾸러기들은 유한한 자아로만 시작했기에 유한한 자아로만 끝났다. 하나님이 없으니 더 멀리는 갔을지언정 결코 더 위로는 갈 수 없었다.

이와는 대조적으로 프로도와 샘은 운명의 산의 가파른 화성암 용암을 기어올라가 가운데땅을 해방시킨다. 〈매트릭스〉(The Matrix)의 네오와 트리니티는 로고스 배를 타고 기계 도시로 저어 올라가 시온을 구한다. 아이언 맨은 하늘 문 너머로 날아 올라가 치타우리

모선(母船)에 핵폭탄을 던져 뉴욕을 구한다.

그냥 더 멀리만 간 켄 키지와 그 추종자들의 이야기를 더 높이 올라간 C. S. 루이스의 《나니아 연대기》 시리즈의 모험담과 비교해 보라. 그중 《마지막 전투》(The Last Battle) 결말부에 이런 말이 나온다. "굽이굽이 골짜기를 지나 가파른 산등성이 오른 그들은 더 빠르게 반대쪽으로 내려가 강을 따르기도 하고 건너기도 하면서 마치 살아 있는 쾌속정인 양 산의 호수를 미끄러져 지났다. …… 유니콘이 '더 위로, 더 안으로!'라고 호령하자 아무도 뒤로 물러서지 않았다."[2]

결국 이 탐험대는 모든 역경을 딛고 아슬란의 나라 황금 문에 들어선다. 루시의 첫 나니아 친구인 파우누스 종족 톰누스가 "더 위로, 더 안으로 갈수록 모든 것이 더 커져요"라고 말하자 루시는 "그렇군요. 여기도 나니아이긴 한데 아래쪽 나니아보다 더 생생하고 더 아름다워요"라고 대답한다.[3] 이어 루이스는 전 7권의 웅장한 모험담을 이렇게 끝맺는다.

> 우리가 진심으로 할 수 있는 말이라고는 그들 모두가 영원히 행복하게 살았다는 것뿐이다. 그러나 그들에게는 이것이 진짜 이야기의 시작일 뿐이다. 우리 세상에서 보냈던 그들의 삶과 나니아에서의 모든 모험은 책 겉장에 적혀 있는 제목에 지나지 않는다. 이제 그들은 드디어 지구상 어느 누구도 읽지 못한 위대한 이야기의 첫 장을 펼치는 중이다. 그 이야기는 영원히 계속될

것이며, 새로운 장이 열릴 때마다 이전 장보다 더 좋아질 것이다.[4]

　　#인생은 한 번뿐이다라는 자아 숭배교의 교리는 우리 어휘에서 "위"와 "영원한 행복"을 앗아 간다. 더 위로는 없고 더 멀리만 있을 뿐이다. 자아보다 높은 게 아무것도 없다. 수평의 중독성 도취감이 우리의 신경 세포와 간을 상하게 하고, 양심에 화인을 찍고, 가정을 결딴낼 따름이다.

　　진정한 상향 모험과 비교해 보면 **#인생은 한 번뿐이다**의 의미는 전혀 달라진다. 이 구호는 우리를 신 없는 밋밋한 우주로 떠민다. 당신은 만료일이 임박한 태양계의 죽어 가는 행성에 살고 있으며, 태양계를 품고 팽창하는 우주는 열사(熱死)를 향해 치닫고 있다.[5] 당신의 감정 바깥에는 진리가 존재하지 않고, 선도 당신이 지어냈을 뿐이며, 당신의 망막 너머에는 아름다움이 없다. 약탈자에게서 지켜야 할 것도, 위해서 살거나 죽을 대상도 없다. 당신이 헤매는 사이버 공간은 영리 기업들이 당신의 지친 뇌를 도파민으로 한껏 흥분시키려고 꾸며 놓은 디지털 세계다.

　　#인생은 한 번뿐이다의 교리를 따라 번지점프, 암벽 등반, 나체 수영, 마약 복용 등 각종 스릴을 좇아 살아도 그 도취감은 점점 시들해진다. 자아 숭배의 교리대로 홀딱 반하거나 사랑에 빠져도, 하나님만이 채워 주실 수 있는 당신의 기대를 연인이 저버리면 그 달콤한 흥분도 오래가지 못한다. 초월 명상, 수정 구슬 운세 등 서구를

휩쓰는 온갖 동양 사조를 기웃거려도 결국 마약중독자처럼 당신은 잡힐 듯 잡히지 않는 황홀경의 노예가 된다. 속으로는 실존적 두려움이 떠나지 않는다. 왠지 삶이 주려는 걸 놓치고 있다는 비참한 심정이 든다. 서서히 당신은 노년의 티머시 리어리처럼 머릿속이 텅 비거나 장 폴 사르트르처럼 "망령"이 들거나 켄 키지처럼 구금당한 신세가 된다. 그러다 죽어서 이내 구더기 밥이 된다. 그야말로 한 번만 사는 것이다.

스릴을 좇는 낭만주의자와 보헤미안은 #인생은 한 번뿐이다가 짜릿하다지만, 결국 이 구호는 매력을 잃고 만다. 오히려 그것은 자아 숭배의 평지에서는 결코 얻지 못할 절정의 도취감을 좇아다니느라 허송세월한 패자의 탄식으로 변한다.

참으로 웅장하고 위대한 모험

다행히 당신은 한 번만 살지 않는다. 누구라도 마찬가지다. 우리는 다 영원한 존재다. C. S. 루이스가 말했듯 "당신은 한낱 유한한 인간과 대화한 적이 한 번도 없다. 국가와 문화와 예술과 문명은 다 끝이 있으며, 그것들의 삶은 우리 삶에 비하면 하루살이에 지나지 않는다."[6] 싫든 좋든 당신은 영존한다. 영원히 존재하도록 설계돼 있다.

우리에게 영원을 사모하는 마음을 주신 바로 그 창조주께서 우리를 우주적 규모의 모험으로 초대하신다.

"우리의 싸우는 무기는 육신에 속한 것이 아니요 오직 어떤 견고한 진도 무너뜨리는 하나님의 능력이라"(고후 10:4).

"우리의 씨름은 혈과 육을 상대하는 것이 아니요 통치자들과 권세들과 이 어둠의 세상 주관자들과 하늘에 있는 악의 영들을 상대함이라"(엡 6:12).

부활하신 예수님은 유다 지파의 사자로서 옛 뱀을 멸하셨고 어린양으로서 십자가에 달려 사망을 이기셨다. 우리는 바로 그분의 사명에 합류하여 땅끝까지 기쁜 소식을 전하도록 초대됐다. 온 세상을 구원하시려는 그분의 사명에 동참하여 사람들을 흑암의 권세에서 그분의 빛의 나라로 옮기도록 위임받았다(골 1:13). 평강의 하나님이 역사의 최대 악당인 사탄을 우리 발아래서 상하게 하실 때까지(롬 16:20) 우리는 어그러지고 거스르는 세대 가운데서 빛을 발하면서(빌 2:15) 선으로 악을 이기도록 부름받았다(롬 12:21).

이 실생활의 모험은 어디서 끝이 날까? 성경에 보면 하나님이 우리를 위해 예비하신 모든 것은 사람의 마음으로 생각지도 못한 것이라 했다(고전 2:9). 그분이 계획하신 당신의 해피엔딩이 무엇이든지 그것이 당신의 허황한 꿈보다 나으며, 해시태그(기업들이 팔찌와 운동화를 팔려고 써먹는 구호)대로 살아서 얻을 수 있는 모든 것보다 당연히 더 낫다.

평범한 일상도 그 모험의 일부다

그리스도 중심으로 사는 그 위대한 모험을 생각만 해도 당신의 심장 박동이 빨라질 수 있다. 그러나 하나님이 모험으로 부르셨다 해서 당신이 덩굴을 타고 피라냐가 득실거리는 아마존강을 건너 아나콘다를 걷어차고 독화살을 피해 오지의 부족에게 갓 번역된 성경책을 가져다준다는 뜻은 아니다.

아무리 위대한 모험에도 평범한 순간은 있게 마련이다. 만일 피터 잭슨 감독이 등장인물마다 낮잠을 자거나 한담을 나누거나 감자가 익기를 기다리거나 몰래 숲속에 들어가 용변을 보는 시간까지 다 영화에 넣었다면, 〈반지의 제왕〉 3부작 영화의 총 상영 시간을 지금의 11시간 20분에서 수년으로 늘려도 모자랐으리라. 역사상 가장 위대한 모험의 주역이신 예수님은 신인(神人)이신데도 고장 난 의자에 망치질을 하셨고, 아침 식사를 준비하셨고, 낮잠을 주무셨으며, 중동의 뙤약볕 아래서 땀을 흘리셨다. 그러나 그분의 평범한 일과는 사복음서에 거의 기록되지 않았다.

예수님은 요한복음 8장 29절에 말씀하시기를 자신이 항상 아버지께서 기뻐하시는 일을 행한다고 하셨다. 모든 소소한 일도 거기에 포함된다. 그리스도인의 삶은 우리가 바랄 수 있는 최고의 모험이지만, 십자가 모양의 소소해 보이는 숱한 행위로 이루어진다. 예수님이 장차 양과 염소를 구분하실 때(마 25장) 자신의 양의 확실한 표지로 삼으시는 건 세상을 깜짝 놀라게 할 만큼 거창한 위업이 아니다. 목마른 사람에게 냉수를 대접하고, 추운 사람에게 옷을 내주고, 외로운 사람을 찾아가는 것, 그것이 예수님을 따르는 이들의 표지다.

성경에서 하나님이 우리에게 주시려는 모험은 밤낮없이 환각제에 취한 상태와는 전혀 다르다.[7] 예수님을 따르는 삶을 그런 식으로 선전한다면 우리가 전하는 것은 실제 예수님이 아닌 흰옷을 입고 가짜 수염을 단 채 다시 환각제를 권하는 켄 키지다.

그분은 우리를 그보다 훨씬 나은 모험으로 부르신다. 일상생활의 단조로운 현실을 늘 피하려 드는 마약중독자처럼 되게 하지 않으신다. 오히려 그분은 몸으로 죽으시고 몸으로 부활하여 영혼과 육체까지 우리의 모든 것을 구원하신다. 우리를 세상에서 데려가시는 게 아니라 친히 우리 일상생활 속으로 들어오신다.

우리가 잘 알아차리지 못할 뿐이지 그분은 평범한 삶에 의미를 부여하신다. 우리가 사회적 위험을 무릅쓰고 이웃에게 그분에 대해 말해 줄 때 그분이 어둠의 세력을 퇴각시키신다. 우리가 가구를 옮기고, 기저귀를 갈고, 설거지하고, 모욕을 견디고, 불편한 아웃사이더를 반기고, 때맞는 농담으로 답답한 분위기를 깨고, 음식점 종업원을 음식이라는 목적의 수단 이상으로 대할 때도 마찬가지다.

데이비드 포스터 월리스의 표현으로 "소소하고 멋없는 수많은 방식으로 다른 사람을 위해 희생하고 또 희생할" 때, 우리는 영원을 건 모험에 오른다.[8] 말로 복음을 전하고 매일의 행실로 그대로 실천할 때 우리는 프로도와 샘처럼 운명의 산에 반지를 던지고, 루크 스카이워커처럼 데스 스타의 배기구 속으로 양자 어뢰를 발사하고, 해리 포터 일행처럼 호크룩스를 파괴한다.

일상생활에 영원한 의미가 깃들어 있다. 우리는 영원한 존재이기에 영원히 계속되는 진정한 모험에 합류할 수 있다.

하나님 마음을 선택한 사람들

알리사 포블레티는 작가이며 남편 크리스와 세 자녀와 함께 캘리포니아주 랜초 산타 마가리타에 교회를 개척했다. 자아 숭배교에 맞서는 이단자이기 도 해서 **#인생은 한 번뿐이다**라는 계명을 당당히 어긴다. 다음은 그녀의 이야 기다.

지난 7년간 나는 무려 2,866일 연속으로 아기 기저귀를 수도 없이 갈았다. 스물세 살 때의 내 마음은 꿈으로 부풀 어 있었는데 그중 어떤 꿈에도 매일 기저귀 갈기 임무는 없 었다. 건너뛸 수도 없는 이 기저귀 갈기는 불가피한 의식(儀 式)처럼 끊임없이 나의 하루하루를 지배한다. 내 손길을 (종 종 가장 부적절한 순간에) 요구하는 종교 행위인 셈이다. 번번 이 내 발목을 잡고 일과에 우회로와 장애물을 가중할 뿐이 지 깔끔하게 짜 놓은 일정에 들어맞는 일은 좀처럼 없다.

게다가 이 일은 지극히 평범하다 못해 처량할 정도다. 찔끔 눈물이 새 나온 적이 한두 번이 아니다. 한 아이에게 수유하는 동안 다른 아이가 내 얼굴에 오줌을 쌌을 때도 그 랬고, 아들이 자기 기저귀를 직접 갈려다가 유아용 침대를 공포 영화의 한 장면처럼 만들어 놓았을 때도 그랬다. 다시 똥 기저귀가 한 보따리 나오거나 배변 훈련 중에 대참사가 벌어질 때면, 의미 있고 보람차게 살고 싶던 내 젊은 날의 꿈이 못내 아쉬워지곤 한다.

이게 전부라면 이 얼마나 시시한가. **#인생은 한 번뿐이다**가 내 일과의 구호라면 이거야말로 정말 불행한 이야기다. 하지만 이 일은 날마다 꼭 해야 할 일이다. 옛말에도 있듯이 혁명은 누구나 원하지만 설거지는 모두가 기피한다.

그리스도 안에서는 평범한 일과 비범한 일이 서로 맞물려 있다. 온갖 허드렛일에서 우리는 영원한 변화를 낳을 웅장하고 큰 이야기 속으로 떠밀린다. 기저귀 갈기처럼 무의미해 보이는 일상사도 하나님의 계획에서는 중요하다. 아무리 작아 보이는 투자도 하나님 나라의 목표를 진척시킨다. 마리아도 아기의 밑을 닦아 주어야 했고, 그 아기가 자라서 세상을 변화시키셨다.

시시한 인생사에서 놓여나 아무런 제약도 없이 하루하루를 살아간다면 나는 눈앞의 일에 함축된 비범한 의미를 놓칠 것이다. 우리 아이의 자라나는 심장을 놓칠 것이다. 엄마에게 사랑과 은혜를 받아 누린 것이 우리 아이의 첫 기억이 되지도 못할 것이다. 수많은 작은 행위에서 가꾸어진 희생과 사랑의 가풍 속에서 자연스럽게 하나님을 사랑하고 싶어질 우리 아이의 모습을 가까이서 지켜보는 기쁨을 나는 놓칠 것이다.

기저귀를 잘 갈아 주며 아이와 시간을 보낼 때 아이의 마음이 더 건강하게 자랄 수도 있고, 그 건강한 삶으로 세상을 변화시킬 수도 있다. 그런데 눈에 보이지 않는 모든 순간에 우리는 이 평범한 일에 함축된 어마어마한 하나님 나라의 의미를 놓치기 쉽다. 우리 모두 일상을 최대한 선용하여 수많은 작은 행위에서 이생과 영원에 위대한 변화를 이루었으면 좋겠다.

· 알리사 포블레타

자아 숭배에 맞서는 기도

사랑하는 하나님, 하나님은 저를 '저'라는 존재 너머로 불러 악의 견고한 진을 무너뜨리게 하시고, 이 어둠의 세상 주관자들과 싸우게 하시고, 선으로 악을 이기게 하시며, 열방에 생명의 복음을 전하게 하시고, 사탄을 제 발아래에 궤멸하게 하십니다. 그것이 자아의 내면을 들여다보는 것보다 훨씬 더 모험다운 모험입니다.

제 한복판에서 벌어지는 우주적 전투에 오늘도 더욱 민감하게 하소서. 악을 물리치고 그리스도의 성품을 닮아 가게 하소서. 긴 긴 골짜기를 지날 때 초자연적 인내를 더해 주시고, 잡초가 무성한 삶의 평원에서도 끝까지 충실하게 하소서. 그리하여 마침내 제가 정상에 올라설 때 주님께서 모든 영광을 받으소서. 죽으시고 부활하신 예수님의 복음이 제 삶 전체에 배어들게 하소서. 한 번만 사는 게 아니라는 사실을 늘 염두에 두고 영원을 내다보며 살게 하소서. 예수님의 이름으로 기도합니다. 아멘.

자아 숭배에 맞서는 연습

7장으로 넘어가기 전에 다음 중 서너 가지를 실행하여 #인생은 한 번뿐이다 계명을 어기는 기술을 연마하라.

1. 온 우주의 악한 영적 세력이 하나님의 영광과 우리의 기쁨을 빼앗으려 싸우고 있건만, 이 중요한 사실이 오늘날 심각하게 무시되고 있다. 지금도 어둠을 다스리는 통치자들이 당신과 당신이 사랑하는 이들을 공격하는 중일 수 있다. 그 모든 세력을 주권적으로(십자가에서 다 이루신 예수님의 죽음과 부활의 능력으로) 저지해 달라고 하나님께 5분 이상 기도하라.

2. 오늘 다른 사람을 어떻게 섬길 수 있을지를 세 가지만 생각해 보고 가서 그대로 행하라.

3. 당신이 하나님의 구원 사명에 동참할 수 있음은 순전히 '그리스도 안에서' 새로운 정체성을 받았기 때문이다. 잠시 시간을 내서 그분과 단둘이 교제하라. 십자가에서 당신 대신 진노를 당하시고 자신의 의를 당신에게 전가해 주신 예수님께 감사하라. 죽음에서 부활하여 당신의 삶을 영원히 의미 있게 해 주신 그분을 찬양하라.

4. 예수님을 따르는 삶은 예측을 불허하는 모험이다. 곤경에 처한 사람에게 돈이나 시간을 당신의 형편에 지나도록 베풀어 그 점을 새삼 실감해 보라.

5. 온 우주의 악을 멸하시는 하나님의 싸움에서 당신만의 역할이 무엇인지 명확히 알려 달라고 기도하라. 자신을 기꺼이 온전히 내드려 그 모험에 힘껏 뛰어들라.

✳

#theanswersarewithin

7

답은 내면에 있다

당신 자신을 믿고,
아무도 한물간 '죄인' 개념으로
당신을 억압하지 못하게 하라.

마음은 자기가 하고 싶은 것을 원한다.

우디 앨런 | 영화감독, 연인 미아 패로우의 양녀와
자신의 불륜 관계를 설명하면서

인간의 마음은 정신 질환에 걸린 신처럼
자기가 하고 싶은 것을 원한다고 우겨
모든 논의를 끝내 버린다.

코넬리우스 플랜팅가 | 조직신학자

팝 스타 크리스티나 아길레라가 21세에 작사한 피아노 위주의 발라드 곡 〈The Voice Within〉(내면의 목소리)은 여러 나라에서 각종 순위 차트를 석권했다. "네 안을 들여다봐. …… 내면의 목소리만 믿으면 돼"라고 노래하는 이 곡에 비평가들은 "환상적이다", "감동적이다", "힘이 넘친다"라는 찬사를 쏟아 냈다. 연예 웹사이트 웻페인트(Wetpaint)의 레이첼 맥레이디는 "들을 때마다 그냥 눈물이 난다"라고 평했다.[1] 이 히트곡 가사대로 살면 정말 눈물을 흘릴 수밖에 없는데, 그 이유는 맥레이디가 말하는 것과는 다르다.

〈뉴욕 타임스〉(New York Times) 베스트셀러인 조너선 하이트와 그레그 루키아노프의 책 《나쁜 교육》(The Coddling of the American Mind)을 보면 소위 감동적 발라드라는 이 곡의 비극성이 실감 나게 와닿는다. 이 책은 인간 내면에서 벌어지는 가장 보편적인 인지 왜곡 중 아홉 가지를 상술한다. 당신은 그중 몇 가지에 속아 왔는지 머릿속으로 점검해 보라.

1. 감정적 추론: 실재를 감정에 이끌려 해석한다.
2. 파국적 사고: 최악의 결과를 예상한다.
3. 지나친 일반화: 하나의 사건만 보고 전체를 부정적으로 인식한다.

4. 이분법 사고: 사람이나 사건을 모 아니면 도로 본다.

5. 독심술: 충분한 증거도 없이 타인의 생각을 안다고 단정한다.

6. 낙인찍기: 자신이나 타인의 부정적 요소를 전체인 양 규정한다.

7. 부정 편향: 부정적인 면에만 거의 전적으로 집중하고 긍정적인 면에는 별로 주목하지 않는다.

8. 긍정 축소: 자신이나 타인의 긍정적 행위를 사소하게 여긴다.

9. 책임 전가: 타인을 자신의 부정적 감정의 원인으로 볼 뿐 스스로 변화될 책임을 거부한다.[2]

나는 이 아홉 가지 인지 왜곡을 다 경험해 봤다(달인에 가까우리만치 아예 몸에 밴 것도 몇 가지 있다). 여기서 당신이 가장 범하기 쉬운 인지 왜곡을 두세 가지만 꼽아 보라.

다행히 우리 사고는 이 아홉 가지 인지 왜곡의 파괴력에서 어느 정도 벗어날 수 있다. 그러나 자기 내면에서 답을 찾으려 한다면, 이미 시험으로 검증된 회복과 치유의 길이 아니라 정반대 방향으로 가게 된다.

1960년대에 정신과 의사 에런 벡이 창시한 "인지행동치료"는 이미 심리 치료 세계에서 믿고 쓰는 방법이 됐다. 헤아릴 수 없이 많은 증거가 뒷받침해 주듯 이 치료법은 우울과 불안뿐만 아니라 신경성 식욕부진증, 신경성 폭식증, 강박 장애, 분노, 부부간 불화, 스트레스 관련 장애 등과 싸우는 데도 효과가 좋다.[3] 그렇다면 인지행동치료란 무엇인가? 간단히 정의하자면 이렇다.

우리 마음을 따라 내면에서 답을 찾는 것의 정반대.

인지행동치료에 따르면, 우리는 자신의 마음에 이의를 제기해야 한다. 감정에 의문을 품어야 한다. 의지적으로 부정적인 감정의 정체를 드러내고 더 나은 감정으로 대체하라. 자신의 마음보다 높은 진리가 있음을 겸손히 인정하라. 복잡한 감정에 맞추어 실재를 왜곡하지 말고 자신의 마음을 실재에 힘써 맞추라.

대중 도덕가 크리스티나 아길레라의 말대로 "내면의 목소리만 믿는다"면, 그 목소리가 "곧 망하게 생겼으니 겁에 질려야지!"라든지 "사태가 악화될 뿐이니 절망하라!"라고 말할 때는 어찌할 텐가? 내면의 목소리가 파국적 사고, 지나친 일반화, 부정 편향, 책임 전가 등을 외칠 때는 어찌하려는가?

구약에 나온 인지행동치료

인지행동치료는 과학이 점차 성경을 따라잡고 있는 또 다른 사례다. 시편 42편은 에런 벡이 연구 결과를 발표하여 현대 심리 치료의 지형을 바꾸어 놓은 때로부터 거의 3,000년 전에 기록됐는데, 이

시가 성경적 인지행동치료의 전형적인 예다. 시편 기자의 내면을 들여다보니 상태가 썩 좋지 못했다. 그는 밤낮으로 눈물을 흘렸고(3절), 영혼이 낙심했으며(5절), 하나님의 파도에 휩쓸린다고 느꼈고(7절), 원수에게 압제당하며 창조주께 잊힌 심정이었다(9절). 한마디로 그 속이 "불안"했다(11절). 하이트와 루키아노프가 열거한 아홉 가지 인지 왜곡을 시편 42편에서 전부 볼 수 있다.

그런데 이 시편 기자가 그다음에 한 일은 정신 건강의 한 지표가 된다. 자신의 감정을 따지고 든 것이다. "내 영혼아 네가 어찌하여 낙심하며 어찌하여 내 속에서 불안해하는가"(5절).[4] 그는 세 가지 논리로 내면의 냉소에 맞선다. 각각 과거와 현재와 미래에 근거한 논증이다.

우선 시편 기자는 예루살렘 성전에서 무리와 동행하여 기쁘게 예배하던 더 좋은 시절을 떠올린다(4절). 변함없이 선하신 하나님을 만났던 구체적인 장소 요단 땅과 헤르몬과 미살산(6절)을 거명하여 기억을 되살린다. "내 영혼이 내 속에서 낙심이 되(는)" 상황에서(6절) 그는 내면으로 더 깊이 파고드는 게 아니라 위를 올려다본다. "주를 기억하나이다"(6절). 다시 현재로 돌아와 그는 밤낮으로 돌보시는 하나님께 주목한다. "낮에는 여호와께서 그의 인자하심을 베푸시고 밤에는 그의 찬송이 내게 있어"(8절). 끝으로 하나님의 검증된 성품에 기초하여 소망을 품고 미래를 내다보며 고백한다. "너는 하나님께 소망을 두라 나는 그가 나타나 도우심으로 말미암아 내 하나님을 여전히 찬송하리로다"(11절).

어느 작가의 말마따나 "마음이 새끼 고양이를 목 졸라 죽이라든가 뭐 그런 걸 시키거든 더는 따르지 말라. 마음은 마음일 뿐이지 달라이 라마는 아니지 않은가?"[5] 이 말의 의미를 성경적으로 더 확대할 수 있다. 마음이 말하기를 당신이 하나님께 버림받은 한심하고 쓸모없는 존재이며 영원히 정죄받아 끝없이 어두운 영혼의 밤에 떨어질 거라고 하거든, 더는 마음을 따르지 말라.

당신의 감정은 복음의 진리가 아니다. 당신의 마음은 여호와가 아니다. 당신에 대한 그분의 말씀이 한없이 더 믿을 만하고 희망적이다. 하나님께는 인지 왜곡이 조금도 없다. 그러니 당신의 마음보다 그분을 훨씬 더 중요하게 여기라. 하나님의 말씀은 영원한 반면, 우울하고 불안한 당신의 감정은 그렇지 않다.

성경적 인지행동치료 실습해 보기

어떻게 하면 어리석게 자기 내면에서 답을 찾지 않고 성경적 인지행동치료를 실천할 수 있을까? 시편 1편이 여기에 큰 도움이 된다.

[1] 복 있는 사람은

악인들의 꾀를 따르지 아니하며

죄인들의 길에 서지 아니하며

오만한 자들의 자리에 앉지 아니하고

² 오직 여호와의 율법을 즐거워하여

그의 율법을 주야로 묵상하는도다

³ 그는 시냇가에 심은 나무가

철을 따라 열매를 맺으며

그 잎사귀가 마르지 아니함 같으니

그가 하는 모든 일이 다 형통하리로다

⁴ 악인들은 그렇지 아니함이여

오직 바람에 나는 겨와 같도다

⁵ 그러므로 악인들은 심판을 견디지 못하며

죄인들이 의인들의 모임에 들지 못하리로다

⁶ 무릇 의인들의 길은 여호와께서 인정하시나

악인들의 길은 망하리로다.

이 여섯 구절 속에 21세기의 대다수 독자가 놓치는 문학적 기법이 있다. 바로 학자들이 말하는 "교차 대구법"(chiasmus)이다. "chi"로 음역된 그리스어 자음은 영어의 X와 똑같이 생겼다. 그래서 교차 대구법이란 단순히 문장을 배열한 구성이 X자 모양이라는 뜻이다. 이런 X자형 구조를 성경 도처에서 볼 수 있다. 개념 A로 시작된 본문에 개념 B와 개념 C가 차례로 이어지다가 역순으로 C′-B′-A′가 반복되면서 X자형을 이룬다(논리학에서 A의 반대는 A′로 표시된다).

시편 1편에 쓰인 교차 대구법을 구체적으로 살펴보자. 이 시의 첫 단어는 형통이 무수히 배가되는 삶을 히브리어 복수로 표현한 "복 있는"이고(1절) 마지막 단어는 "복 있는"의 반대인 "망하리로다"이다(6절). 이것이 A와 A′의 대비다.

두 번째 개념은 복 있는 사람이 악인과 죄인과 오만한 자와 함께 따르거나 "서거나" 앉지 않는다는 것이고(1절), 이 시편의 끝에서 두 번째 개념은 망하는 악인이 심판을 견디지 못하고 의인의 모임에 들지〔히브리어 원문과 저자가 사용하는 ESV 역본에는 1절의 "서다"와 같은 단어를 썼다-옮긴이〕 못한다는 것이다(5절). 이것이 B와 B′의 대비다.

세 번째 큰 개념은 복 있는 사람이 뿌리 깊은 나무처럼 열매를 맺는다는 자연의 은유이며(3절), 곧바로 이어지는 끝에서 세 번째 큰 개념도 망하는 악인이 하찮고 영양가 없는 겨와 같다는 자연의 은유다(4절). 이 C와 C′의 대비가 X의 한가운데 지점이다.

도식으로 나타내 보면 다음과 같다.

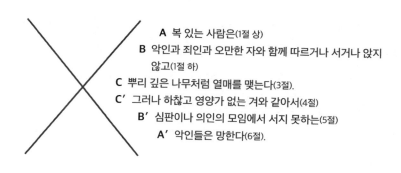

A 복 있는 사람은(1절 상)
B 악인과 죄인과 오만한 자와 함께 따르거나 서거나 앉지 않고(1절 하)
C 뿌리 깊은 나무처럼 열매를 맺는다(3절).
C′ 그러나 하찮고 영양가 없는 겨와 같아서(4절)
B′ 심판이나 의인의 모임에서 서지 못하는(5절)
A′ 악인들은 망한다(6절).

여기서 빠진 부분이 눈에 띌 것이다. 1절 첫머리의 복과 6절의 멸망이 짝을 이루고, 1절 나머지와 5절의 선다는 표현이 짝을 이루고, 3절과 4절의 자연의 은유가 짝을 이루는 것까지는 좋다. 그런데 2절은 어떻게 되는가? 바로 이것이 이 시가 교차 대구법으로 절묘하게 불러일으키려는 의문이다. X의 아래쪽에는 2절에 상응하는 대구가 없다. 시 전체가 가분수처럼 돼 있어 첫 세 구절에는 있는데 다음 세 구절에는 없는 부분이 있다. 복과 멸망을 가르는 중대한 분기점이 바로 2절에 나온다.

**오직 여호와의 율법을 즐거워하여
그의 율법을 주야로 묵상하는도다.**

참으로 형통하고 잘되는 사람은 자기 내면에서 답을 찾지 않는다. 하나님의 율법에서 기쁨을 얻고 수시로 율법을 묵상한다. "묵상하는도다"의 히브리어 원어는 가부좌를 틀고 앉아 엄지를 검지에 붙이고 "옴"[힌두교 등의 주문-옮긴이]을 외우는 것과는 하등 무관하다. 이는 생각을 비우는 동양의 명상이 아니라 옛 유대교에서 오히려 생각을 가득 채우던 활동이다. 어근의 의미는 '혼자 읊조린다, 소가 여물을 되새기듯 되새긴다, 하나님의 생각이 내 것이 될 때까지 그분이 말씀하신 진리를 숙고한다'는 것이다.

당신의 뇌가 거대한 도로망이라 하자. 어떤 사고는 하도 왕래가 잦아 뇌수 속에서 10차선도 넘는 고속도로로 변한다. 예컨대 당신의 생각이 으레 '나는 사랑받을 존재가 못 돼'라는 고속도로로 다닌다 하자. 자신에게 그처럼 거짓말하는 기간이 길어질수록 도로는 더 넓어진다. 자신을 회의하는 교통량이 많다 보니 이를 감당하려고 당신의 신경 경로에 차선이 자꾸 더해지는 것이다.

성경적 묵상도 그와 비슷하다. 하나님의 말씀을 펴서 보라. 예컨대 예수님이 처형당하기 전날 밤에 드리신 요한복음 17장의 기도를 읽으라. 그분은 사도들의 말로 그분을 믿게 될 모든 시대의 모든 사람을 위해 기도하신다. 당신이 예수님을 믿는 신자라면 그분이 하신 기도에 당신도 포함돼 있다. 23절에 예수님이 전하는 뜻밖의 말씀이 나온다. 바로 아버지 하나님이 아들 예수님을 사랑하심같이 당신도 사랑하신다는 것이다.

이 말씀을 잠시 깊이 생각해 보라. 당신의 머릿속에 조금이나마 땅이 새로 일궈지고 다져진다. 더 오래 묵상해 보라. "아버지 하나님이 아들 예수님을 사랑하심같이 나도 사랑하신다. 와!" 이제 흙 길의 형태가 실제로 드러난다. 자기혐오라는 고속도로에서 빠져나오는 좁은 출구다.

정신을 모아 잠잠히 좀 더 묵상하라. 삼위일체 하나님 사이에서 아버지는 아들을 어떻게 사랑하시는가? 완전하신 신성을 모두 실어 일편단심 흔들림 없이 무한히 사랑하신다. 그렇다면 나는 어떠한 사랑을 받고 있는가? 아버지께서 나도 완전하신 신성을 모두 실어 일편단심 흔들림 없이 무한히 사랑하신다!

이 말씀을 충분히 오랫동안 곱씹으면 '나는 사랑받을 존재가 못돼'라는 기존 고속도로는 점점 더 교통량이 줄어든 채 점차 황량해진다. 이내 흙먼지와 잡풀에 뒤덮인다. 대신 당신의 머릿속에 새로운 길이 생겨난다. "아버지 하나님이 아들 예수님을 사랑하심같이 나도 사랑하신다"라는 길이다.

자신에 대한 당신의 생각이 서서히 하나님의 생각과 같아진다. 다른 사람, 심지어 당신이 자신을 어떻게 생각하는지가 이제 덜 중요해진다. 각종 인지 왜곡이 더는 당신을 규정하지 못한다. 감정적 추론, 파국적 사고, 지나친 일반화, 이분법 사고, 독심술, 낙인찍기, 부정 편향, 긍정 축소, 책임 전가는 당신의 사고를 지배하지 못하고 배제된다.[6]

당신의 기준이 새롭게 바뀌어 이제 "무엇에든지 참되며 무엇에든지 경건하며 무엇에든지 옳으며 무엇에든지 정결하며 무엇에든지 사랑받을 만하며 무엇에든지 칭찬받을 만〔한 것들〕"이(빌 4:8) 생각의 기본값이 된다. 이렇듯 답을 자기 내면이 아닌 위에서 즉 하나님의 말씀에서 찾을 때 비로소 당신은 진정으로 당신다워진다.[7]

옛 사람을 죽이라

인지 왜곡만 봐도 #답은 내면에 있다를 믿지 말아야 할 이유가 충분하지만 그것 말고도 다른 이유가 또 있다. 인간은 머리와 가슴만 있지 않다. 우리는 인지적·정서적 존재면서 도덕적 존재이기도 하다. 지식과 감정처럼 우리의 의지도 실재를 왜곡한다.[8] 내면을 들여다본다는 주제를 충분히 논하려면 우리가 흔히 속아 넘어가는 여러 도덕적 왜곡을 빼놓을 수 없다. 다음은 그중 아홉 가지다.

1. 우상숭배: 자신의 정체성을 유한한 것에서 찾는다.

2. 교만: 하나님보다 자신을 더 떠받든다.

3. 앙심과 원한: 다른 사람을 용서하지 않고 미움을 품는다.

4. 정욕과 외도: 사람을 자신의 성욕을 채울 육체로만 본다. 신성한 혼인 서약을 지키지 않는다.

5. 기만: 약속을 지키지 않는다. 자신에게 유리하도록 사실을 왜곡하거나 아예 지어낸다.

6. 냉담과 나태: 불의를 보고도 외면한다. 이웃을 돕기보다
   머릿속에서 아예 지워 버린다.

7. 방종: 식욕과 음주를 절제하지 않고 거기에 지배당한다.

8. 절도: 자신의 소유가 아닌 것을 취한다.

9. 탐욕과 배은망덕: 자신에게 없는 것에만 집착할 뿐 정작 있는
   것은 나누지 않는다.

성경에는 우리 마음속에서 벌어지는 이런 도덕적 왜곡의 출처를 지칭하는 단어가 있다. "육신"이나 "죄성"으로 번역되는 헬라어 단어 "사르크스"다. 하나님을 대적하여 결국 삶을 망가뜨리는 우리 내면의 성향이 신약성경에 그렇게 표현돼 있다. "사르크스"는 우리 영혼을 거슬러 싸우고(벧전 2:11; 약 4:1) "죄의 법으로 나를 사로잡는(다)"(롬 7:23). 바울은 그것을 "옛 사람"으로 의인화하기도 했다(엡 4:22).

답을 자기 내면에서 찾으려 하면 거기서 만나는 건 우리의 "옛 사람"이다. 그 옛 사람은 권력 추구에 관한 한 살벌한 독재자고, 쾌락 추구에 관한 한 몸을 부들부들 떨면서도 마약을 더 맞으려는 향락주의자며, 뻔히 잘못한 일에도 허접한 합리화를 줄줄이 늘어놓는 불량 변호사다. 병적으로 자기밖에 모르는 사기꾼이고, 우상숭배와 절도와 험담과 불평을 일삼는 탐욕스러운 변태다.

답을 자기 내면에서 찾는 이들은 대개 우리 내면의 고질적 죄

성이 그냥 존재하지 않거나 다른 사람에게만 존재하는 척 행세한다. 이기적 편향의 위력은 대단하다. 내적 자아의 이런 불편한 진실을 우리는 다른 사람에게도 감추고 자신에게도 숨긴다. 하지만 어떤 전투든 적이 존재하지 않는 척 행세해서는 이긴 전례가 없다. 그리스도인의 삶은 바로 이와 같은 전투다. 우리는 걸어 다니는 내전이다. 우리 안에서 성령과 육신이 서로 대적하고, 하나님을 따르려는 부분과 그분을 피하려는 부분이 맞서 싸운다.

성경은 우리를 전투로 부른다. "빛의 갑옷을 입자 …… 오직 주예수 그리스도로 옷 입고 정욕을 위하여 육신의 일을 도모하지 말라"(롬 13:12,14). 우리의 죄성을 "십자가에 못 박[아야]" 한다(갈 5:16-24). "너희가 육신대로 살면 반드시 죽을 것이로되 영으로써 몸의 행실을 죽이면 살리니"(롬 8:13).[9]

죄를 죽이는 7단계

바울이 말한 바 죄를 죽이는 일은 7단계 과정을 거쳐 이루어진다. 당신이 어느 단계에 와 있는지 알아보라.

1단계: 죄는 한물간 미신이다. 나는 사르크스와 싸우고 있는 게 아니며, 죄성대로 산다고 사망에 이르는 것도 아니다.

2단계: 사르크스는 과연 존재하며 자멸을 부른다. 내게도 대책이 필요하다. 하지만 죄성은 정체불명의 막연한 문제다.

3단계: 사르크스가 내 삶에서 구체적으로 어떤 모습으로 나타나는지 이제야 비로소 알겠다. 몇 가지 자기 계발 대책만 있으면 그런 죄의 행동을 죽일 수 있다.

4단계: 문제가 생각보다 훨씬 깊다. 내 행동이 고쳐지지 않는다. 죄의 행동 이면에 죄의 마음 상태가 있는 게 분명하다. 그것부터 달라져야 한다.

5단계: 자기 계발 노력은 여전히 제자리걸음이다. 내 마음속에 숨겨 둔 죄를 공동체 앞에 털어놓아야겠다. 믿을 만한 친구들을 이 전투의 동지로 삼자.

6단계: 아직도 내 죄를 죽이지 못했다. 죄를 죽이려면 초자연적 능력이 필요하다. 지속적인 기도로 성령의 거룩한 공중 엄호를 요청하여 내면의 악을 박살 내자.

7단계: 그동안 기도로 하나님의 능력을 의지하는 가운데 죄를 죽이려 애쓴 결과 실제로 죄가 죽고 있다. 내 마음을 변화시켜 주신 주권자 하나님께 모든 찬송과 감사를 올려드린다!

당신은 이 7단계 가운데 지금 어느 단계를 지나는 중인가? 어디에 있든 바로 거기서부터 전진하라. 존 오웬이 우리에게 일깨워 주듯 "죄를 죽이지 않으면 죄가 당신을 죽인다."[10] 죄가 폭탄을 터뜨

려 하나님 안에서 누리는 당신의 기쁨을 빼앗지 못하게 성령의 초자
연적 능력으로 역공을 취하라. 답을 자기 내면에서 찾지 말고 위에
서 찾으며 성령께 부르짖으라.

하나님 마음을 선택한 사람들

트레버 라이트는 성경을 공부하고 체력 단련에 힘쓰는 사랑 많은 남편이자 아버지고 형제다. 그의 턱수염은 일품이다. 자아 숭배교에 맞서는 이단자이기도 해서 **#답은 내면에 있다** 계명을 당당히 어긴다. 다음은 그의 이야기다.

한 달에 한 번쯤 나는 꼭 말없이 울다 잠이 들곤 한다. 그럴 때는 외롭기 그지없다. 2015년에 아내 셔릴과 결혼해 3년 후 둘째 아이 출산을 앞두었을 무렵 나는 대장암 3기 중기 진단을 받았다. 그즈음 다닌 지 10년 된 교회 생활도 모진 모함으로 끝이 났다.

응급 수술을 받고 생활 방식을 완전히 뜯어고치고 난 뒤에는 감사하게도 암 없이 2년 반 동안 즐겁게 살았다. 앞날이 밝아 보였다. 2020년을 맞이할 때만 해도 희망에 부풀어 있었는데 그해 12월 23일, 다시 대장암 4기 진단을 받고 말았다. 다음 달에 셋째 아이가 태어날 예정이었다. 앞으로 살 날이 길어야 5-6년이라는 의료진 말에 나는 오로지 치료법을 찾고 가족을 부양하는 일에만 집중했다.

2021년 1월 11일, 드디어 우리 부부의 셋째 아이이자 첫

딸인 귀여운 제인이 태어났다! 그런데 5개월 후 제인이 유전성 희소병 진단을 받았다. 성장에 심각한 영향을 미친다던 그 병은 아직까지는 딸의 행복에 아무런 영향도 미치지 못하고 있다.

잠들기 직전의 외롭고 잠잠한 순간마다 내 몸속 암세포가 자라나 내가 사랑하는 모든 걸 앗아 갈지도 모른다는 생각이 엄습한다. 가족에게 온 정성을 다하고 싶은 '최선의 나'는 어찌지 못하는 상황 때문에 종종 숨이 막힐 것만 같다. 분노와 쓰라림, 허무함과 슬픔이 온통 내 속에서 어지러이 날뛰는데 어떻게 내 존재가 가족에게 복일 수 있을까?

하나님의 진리에 힘입어 나는 이 타락한 세상의 예측하기 힘든 가혹한 삶에 대처해 왔다. 진리의 유익은 무수히 많지만 그중 두 가지만 간략히 나누려 한다. 첫째, 하나님의 주권 덕분에 나는 감정을 느끼되 감정을 최종 기준으로 삼지는 않는다. 그분의 주권이 내 감정을 길들인다. 감정이 나를 안으로 끌어들일 때, 하나님의 진리는 감정이 전부가 아니며 내가 더 좋은 이야기에 속해 있음을 일깨워 준다.

비록 고난이 있지만 생각만큼 외롭지는 않다. 영적으로 버림받았다고 느껴질 때면 나는 그리스도를 기억하고 실재쪽으로 돌아선다. 하나님에 대한 진리를 붙들고, 그리하여나에 대한 진리도 붙든다. 모든 감정적 '증거'가 그에 어긋날

지라도 말이다. 결국 내 감정은 하나님이 선하시다는 실재에 다시 맞추어지며, 그 근거는 그리스도의 삶과 죽음과 부활과 통치와 재림이라는 기쁜 소식이다.

둘째, 하나님의 진리를 제멋대로인 내 감정보다 더 중요하게 여기면 J. R. R. 톨킨이 말한 "즐거운 파국"(eucatastrophe)을 경험할 수 있다. 톨킨의 이 신조어는 뜻밖에 발생하는 좋은 일, "기적 같은 돌연한 은혜", "잠시나마 슬픔만큼 사무치게 맛보는 세상 너머의 기쁨"을 가리키는 표현이다.[11] 선하신 창조주께서 인도하시는 대로 따라가면 가장 아닐 것 같은 데서도 진리와 아름다움과 경이가 튀어나온다. 그분이 우리에게 참된 기쁨을 잠시나마 슬픔만큼 사무치게 맛보도록 해 주신다.

사랑스러운 제인은 내 평생을 통틀어 가장 위력적인 즐거운 파국 중 하나다. 제인을 생각만 해도 기쁨의 눈물이 흐른다. 이 아기는 우리 부부의 예상을 뛰어넘는 훨씬 귀한 선물이요, 기쁨의 화신이다. 하나님의 속성을 생각하면 제인의 참모습이 보이고, 아울러 내 참모습도 보인다. 이 모두가 예수 그리스도께서 능력으로 이루신 일 덕분이다. 그분을 떠나서는 감정이 우리를 이끌어 경이와 아름다움에서 벗어나게 한다. 고통에 찌든 세상에서 한 걸음씩 내딛는 데 도움이 될 견고한 발판에서 벗어나게 한다. 그러니 당신의 감정보다 그분을 더 신뢰하라.

• 트레버 라이트

※ 다음 웹사이트에서 트레버 라이트 가정을 사랑으로 후원할 수 있다. https://www.gofundme.com/f/help-trevor-fight-stage-4-colon-cancer?qid=ff0496bd8ac3dcb8489a8c5cb9b0291d.

자아 숭배에 맞서는 기도

사랑하는 하나님, 저를 정직하게 볼 수 있도록 제 이기적 편향의 색안경을 깨뜨려 주소서. 주님은 완전하시지만 저는 그렇지 못합니다. 주님의 말씀을 묵상하는 훈련을 실천하되, 주님의 진리가 제가 믿는 모든 거짓말을 눌러 이길 정도로 자주 묵상하도록 도와주소서. 주님의 생각이 제 것이 되게 하소서.

제 머릿속의 파국적 사고와 일반화와 책임 전가를 "무엇에든지 참되며 무엇에든지 경건하며 무엇에든지 옳으며 무엇에든지 정결하며 무엇에든지 사랑받을 만하며 무엇에든지 칭찬받을 만(한 것들)"로 대체해 주소서(빌 4:8). 하나님을 대적하고 삶을 망가뜨려 자멸로 치닫는 성향인 제 안의 사르크스를 삼위일체의 제3위격이신 전능하신 성령으로 말미암아 죽여 주소서. 그 자리에 주님의 사랑과 희락과 화평과 오래 참음과 자비와 양선과 충성과 온유와 절제라는 열매가 맺히게 하소서. 예수님의 이름으로 기도합니다. 아멘.

자아 숭배에 맞서는 연습

8장으로 넘어가기 전에 다음 중 서너 가지를 실행하여 **#답은 내면에 있다** 계명을 어기는 기술을 연마하라.

1. 갈라디아서 5장 19-21절을 읽고 바울이 말한 "육체의 일"에 주목하라. 1세기의 갈라디아 교회 대신 당신이 편지의 수신자라면 바울이 여기에 더할 만한 죄성의 행위는 무엇이겠는가? 최소한 세 가지를 찾아보라. 이를 즉시 십자가 앞으로 가져가라.
2. 갈라디아서 5장 22-23절에 나오는 "성령의 열매"를 읽으라. 헬라어 원문에 쓰인 열매의 속격은 이 열매를 맺으시는 주체가 성령이심을 보여 준다. 이 목록을 쭉 훑으며 기도하라. 각 항목마다 당신의 삶에서 성령께서 해당 열매를 가장 시급하게 맺어 주셔야 할 영역을 찾아보라.
3. 조너선 하이트와 그레그 루키아노프의 아홉 가지 인지 왜곡을

다시 보라. 당신의 가장 두드러진 인지 왜곡을 두세 가지만 꼽아 보라. 성령의 역사로 당신의 정신을 새롭게 하셔서 그 왜곡을 그분의 실재로 대체해 달라고 기도하라.

4. 일주일 동안 아침마다 잠시 시간을 내서 에베소서 1장을 읽으라. 하나님의 속성과 자신의 참모습에 대한 성경 본문 내용을 하루 중에 수시로 묵상하라.

5. 성경적 인지행동치료에 더 숙달되기 위해 잠들기 전 시편 한 편을 묵상하는 습관을 들이라.

#authentic

8

진정성이 최고다

당신의 정체성을
스스로 만들어 내고 광고하라.

인간은 항상 아주 다면적인 존재다.
물론 자신이 그중 누가 될지를 알아내려면
눈앞이 아찔할 수 있다. ……
다행히 그 일은 전적으로 당신 몫이다.
하지만 전적으로 당신 몫이라서 겁나기도 한다.

테일러 스위프트 | 가수

기독교가 세상에 들어온 일차 목적은
인간이 내면만 볼 게 아니라
바깥도 봐야 함을 단호히 천명하기 위해서였다.
경탄과 열의를 품고 신성한 무리와 신성한 수장(首長)을
바라봐야 한다는 것이다.
당시에 기독교인이 돼서 좋았던 점이라면
더는 내면의 빛밖에 없는 상태로 홀로 남겨지지 않고
해처럼 밝은 외부의 빛을 명백히 인식했다는 것이다.

G. K. 체스터턴 | 작가

오늘날 사람들이 두려워하는 자신의 최악의 모습은 아마도 진정성을 잃는 것일 게다. "진정성"(authenticity)이 이처럼 미국의 최고 덕목으로 부상한 배후에는 흥미로운 역사가 있다.

1950년대에는 열심히 일해서 돈 잘 버는 정장 차림의 가장이 전형적인 미국인의 초상이었다. 그 미국인이 매일같이 사무실에서 퇴근하면 무늬가 그려진 드레스 차림의 단정한 아내가 푸짐한 식사를 차려 맞이했고, 교과서 속 아이들 같은 모습의 자녀들은 현관으로 달려 나가 아빠의 목을 끌어안았다. 이 미국인 가정은 잔디밭을 깔끔하게 유지하고 세금도 꼬박꼬박 냈으며 이웃의 경조사도 여지없이 잘 챙겼다. 기강, 자율, 공동체, 관습을 중시하던 현대인의 전형적인 모습이었다. 그리고 이처럼 한물간 사회적 통념대로 사는 걸 오늘날 많은 이가 "진정성의 결여"라 표현한다.

21세기의 신인류, 보보족

그런 현대인과 대비되는 반항 세대가 등장하여 영혼 없는 "현상태"에 맞서 진정성을 부르짖었다.[1] 비트족 시인 앨런 긴즈버그도 반항의 선지자 중 한 사람이었는데, 그는 현대의 물질주의에 저항하여 텅 빈 아파트에서 달랑 대접 하나만 가지고 산 것으로 유명하다. 1954년에 간행된 그의 시집 《울부짖음》(*Howl and Other Poems*)은 1960년대 반문화의 복음서와도 같았다. 기성 질서에 대항하여 허위성과 구태의연함을 멸시한 반문화란 곧 새로운 낭만주의자와 현란한 개척자, 보헤미안과 히피족이었다.

《울부짖음》이 반문화의 사복음서 중 제1호였다면 두 번째는 잭 케루악이 딘 모리아티(닐 캐서디의 작중 이름)와의 모험을 서술한 1957년의 《길 위에서》(*On the Road*)다. 둘은 국토를 횡단하면서 재즈, 범죄, 마약, 술, 낯선 이와의 섹스 등을 통한 끝없는 도취감을 찾아다닌다. 영혼을 고갈시키는 현대 소비주의의 부작용을 신랄하게 비판한 헤르베르트 마르쿠제의 *One-Dimensional Man*(일차원적 인간)이 1964년에 그 뒤를 이었고, 다음으로 미국이라는 "돼지 제국"[경제 권력을 뜻한다 - 옮긴이]을 전복하려는 초보 혁명가들을 위한 애비 호프먼의 지침서 *Steal This Book*(이 책을 훔쳐라)이 1971년에 나왔다.

이 사복음서를 올더스 헉슬리의 *The Doors of Perception*(지각의 문), 켄 키지의 《뻐꾸기 둥지 위로 날아간 새》(*One Flew Over the Cuckoo's Nest*), 커트 보니것의 《제5도살장》(*Slaughterhouse-Five*) 등 반문화 경전의 다른 주요 작품과 더불어 하나로 묶는 공통점은 주류 현대 문화의 위선과 허식과 고루함에 대한 인식이었다. 이런 부류의 작가와 독자는 해시태그가 생겨나기 오래전부터 진정성의 정신을 구현했고, 이들 비트족과 히피족이 나오기 두 세기 전에는 18세기와 19세기의 낭만주의자들이 동일한 역할을 했다.

이런 반문화 예술가들에게 지극히 옳은 면이 있다. 그들의 옳은 면은 다수가 수용하는 무신론을 비롯해 마르크스주의, 뉴에이지 신비주의 속에 있을 때보다 기독교 세계관의 기류 속에서 더 생생하게 빛을 발한다. 하나님은 우리를 불러 인간다운 인간이 되게 하시는데, 현대 주류는 과연 허식에 찌들고 비인간적일 수 있다. 인간은 하나님의 형상대로 지어졌으므로 이윤을 극대화하는 수단, 소유한 자동차 상표, 기업이란 기계의 톱니바퀴가 아닌 훨씬 그 이상의 존재다. 규칙 준수를 위한 규칙 준수는 영혼을 잃는 지름길이다. 삶의 목적은 물질주의의 사다리를 오르는 것 이상이어야 하고, 자연계도 인간의 밑을 닦고 버리는 화장지처럼 도구로만 쓰일 게 아니라 그 이상의 가치가 있다.

이는 다 기독교의 엄연한 진리다. 이것이 진리인 이유는 하나님이 존재하시기 때문이다. 그분은 진정 인류를 자신의 형상대로 창조하셨고, 진정 우리를 은혜로 구원하시며, 진정 우리를 불러 한낱 소비와 경쟁과 출세를 초월하는 그분의 구원 사명에 동참하게 하신다. 인간다운 인간에 대한 이런 중대한 진리는 이를 떠받쳐 줄 성경의 든든한 발판이 없으면 이내 붕괴한다.

1960-1970년대의 히피족이 1980년대의 여피족으로 변신하면서 실제로 그런 붕괴가 발생했다. 대마초와 환각제의 매력이 시들

해지자 반문화를 노래하는 선지자들이 하나씩 죽어 나갔고(예컨대, 지미 헨드릭스와 재니스 조플린과 짐 모리슨은 모두 꽃다운 나이인 27세에 사망했고, 커트 코베인과 에이미 와인하우스도 한 세대 후에 비슷한 나이로 요절했다), 중년의 현실 앞에서 히피족이 재테크로 방향을 튼 것이다.

그렇게 이익만 좇던 1980년대의 여피족에 질려 버린 반작용으로 1990년대에 그런지 운동(the grunge movement)〔세련되지 않은 요란한 음악과 패션과 태도를 추구하던 문화 현상-옮긴이〕의 분노가 싹텄다. 2000년대에는 인터넷 기반의 벤처 기업 세대가 출현했고, 2010년대의 힙스터 운동(the hipster movement)이 그 뒤를 이었다. 이렇듯 우리는 주류에 맞서 진정성을 추구하지만, 머잖아 그 추구가 주류로 바뀌면서 보헤미안이 부르주아로 변한다. 그렇게 계속 반복된다.

시대가 변할 때마다 이전에 저항 대상이던 게 차후의 저항에는 그대로 유지된다. 힙스터 세대는 선배 여피족의 첨단 기술 심취와 전반적인 소비자 관점을 그대로 유지했다. 오늘날의 대기업 광고는 낭만주의에 호소하면서 달콤한 마르크스주의의 유토피아 이미지와 약속을 마구 쏟아 낸다. 이 모두가 한데 어우러져 21세기의 신인류를 탄생시켰다. 데이비드 브룩스가 부르주아와 보헤미안의 첫 두 글자씩을 합성해 "보보족"(bobo)이라 칭한 그들은 자아에 집착하는 모순 덩어리다. 늘 화나 있으면서도 냉담한가 하면, 호랑이처럼 굶주려 있고, 종이학처럼 나약하며, 술병처럼 비어 있고, 새장 속 앵무새처럼 따분하다.

하나님 없는 진정성의 추구가 오늘의 우리를 바로 그 자리에 데려다 놓았다. 우리에게 남은 거라고는 사회적 통념에 저항하여 가장 멋진 자아가 되라는 주류 마케팅의 뻔한 구호뿐이다.[2] 삶의 목표는 "체험과 격렬한 감정을 통해 사회 관습의 억압과 제약으로부터 해방된 '자아'"가 되는 것이다.[3] 많은 이에게 진정성이란 바로 이런 의미로 전락했다.

역사 속의 프레더릭 더글러스 같은 이들에게 진정성이란 참됨과 선함과 아름다움과 정의에 대한 하나님의 초월적 기준을 대적하는 모든 세력을 과감히 전복한다는 뜻이었다. 그런데 오늘날의 진정성이란 (오직 자신에게 진실하기 위해) 자아의 주권적 자기표현에 감히 의문이나 이의를 제기하거나 이를 거부하는 모든 세력을 물리친다는 뜻에 불과하다. 하지만 이 새로운 버전의 진정성은 세 가지 문제점이 있다.

의미의 문제

영화 〈프린세스 브라이드〉(The Princess Bride)에서 이니고 몬토야(맨디 파틴킨 분)가 한 말은 영화사의 명대사 중 하나로 꼽힌다. 시칠리아 출신의 두목 비지니(월리스 쇼운 분)가 "믿을 수 없군"(inconceivable)이라는 말을 반복하자(그런데 혀짤배기소리가 심해서

"inconthievable"로 발음한다), 이니고는 "그 단어를 자꾸 쓰는데 당신이 생각하는 그런 의미가 아닐 겁니다"라고 한마디한다.[4]

우리 문화가 "진정성"이란 단어를 쓰는 방식에 대해서도 똑같이 말할 수 있다. 내 갈망을 칭송하지 않는 모든 사람에게 압제자라는 오명을 씌우면서 내 갈망만을 절대화하는 행위라면, 이를 표현할 더 알맞은 단어가 있다. 바로 "교만"이다. 교만은 촛불을 밝힌 황금 제단 위에 자신의 감정을 올려놓고 만인이 그 앞에 엎드려 절하게 한다.

진정성은 이렇게 말한다. "하나님이 나를 정서적 존재로 지으셨으나 내 감정이 곧 하나님은 아니다. 내 기분은 옳을 수도 있고 틀릴 수도 있다. 나는 완전하지 못한지라 엉뚱한 일로 화낼 때가 많고, 어떤 건 과도히 사랑하면서 다른 것에는 사랑에 인색하기도 하고, 잘못된 일은 즐기면서 가장 즐거운 일을 따분해하기도 한다."

교만은 "내 감정은 무조건 다 옳다"라고 주장하지만, 진정성은 "내 가슴속의 이 망가진 기관을 마음 전문의이신 하나님이 고쳐 주셔야 한다"라고 고백한다.

하나님의 정서는 망가지지 않았다. 그분의 감정(이런 표현 자체가 가능하다면)은 영원토록 완전하고 정의롭다. 창조주께서 뭔가를 즐거워하신다면 그건 참으로 즐거운 일이고, 하나님이 뭔가에 노하신다면 그건 그야말로 격노할 일이며, 그분이 예컨대 나라들이 일을 꾸며 그분을 대적하는 걸 비웃으신다면 그건 웃음거리일 수밖에 없다.[5] 창조주와 피조물의 차이를 없애려는 사람은 자신의 감정이 완전하다고 여긴다. 자신의 감정에 신성한 지위를 부여하는 게 곧 진정성의 의미인 줄 안다. 그러자 피조물이 창조주로 행세하는 거야말로 교만의 정수다.

"당신이 생각하는 그런 의미가 아닐 겁니다."

작금의 진정성을 옹호하는 이들은 이니고의 이 예리한 응수를 이겨 낼 수 없다.

무게의 문제

제인 카로는 후련할 정도로 정직한 기사에서 이렇게 말했다. "우리는 대단하지 않다. …… 대단한 사람은 없다. 우리는 다 흠이 많고 정서가 불안하고 지쳐 있고 방종한 데다 종종 어쩔 줄 모르는 인간이다. 대개 일상생활의 많은 요구를 감당하기만도 벅차다."[6] 아멘.

한편으로 우리 모두는 자신이 아는 것보다 훨씬 더 대단하다. 유일하게 하나님의 형상을 반사하는 영원한 존재이니 말이다. 그러나 다른 한편으로 우리 인간은 결코 생각만큼 대단하지 않다.

사도 바울의 종교적 이력서는 화려해서 "팔일 만에 할례를 받고 이스라엘 족속이요 베냐민 지파요 히브리인 중의 히브리인이요 율법으로는 바리새인"이었고, 그 밖에도 더 있었다(빌 3:5-6). 그런 그가 자신을 과시하기는커녕 자력으로 이룬 모든 영적 업적을 김이 모락모락 나는 똥 무더기에 비유했다(8절).

종교개혁가 마르틴 루터는 자신을 우스갯소리 소재로 삼곤 했으며, 자신이 비텐베르크에서 방귀를 뀌면 로마에까지 냄새가 난다고 말했다는 소문도 있다. G. K. 체스터턴은 몸무게가 135킬로그램이 넘던 거구였다. 마차에 몸을 들여놓으려 애쓰는 그에게 마부가 옆으로 들어가 보라고 권하자 "이 몸은 앞이나 옆이나 다를 바 없다오"라고 대답했다는 일화도 있다.[7] 그런 그도 자아를 으레 가볍게 여겼다.

하나님을 실제로 중요하게 여기면 삶의 가장 영광스러운 자유 중 하나를 얻는다. 바로 자신을 너무 심각하게 대하지 않아도 되는 자유다. 우리 문화는 늘 화난 상태로 기진맥진해 있지만, 하나님께 무게 중심을 두고 자신의 힘을 빼는 사람은 그 문화 위로 가뿐히 떠오른다. 예수님을 바라보면 자신을 웃어넘길 수밖에 없다. 체스터턴이 이를 나보다 더 잘 표현했다. "위대한 성인의 특징은 가벼워지는 능력에 있다. 천사도 자신을 가볍게 여기기에 날 수 있다. …… 교만은 모든 걸 무조건 엄중하게 끌어내린다. 이에 사탄은 자기 무게에 짓눌려 망했다."[8]

#진정성이 최고다라는 계명보다 더 혹독한 짐을 나로서는 상상하기 어렵다. 유한하고 부족하고 문제 많은 당신 스스로가 정체성을 전부 지어내야 한다. 그다음 삶의 모든 고단한 우여곡절 속에서

그 정체성을 유지해야 한다. 게다가 그 정체성을 다른 사람에게 잘 홍보하기까지 해야 한다. 매끄럽게 걸러낸 겉모습 이면의 떨리는 자아를 아무도 알아채지 못하도록 말이다. 얼마나 진 빠지는 일인가!

원래 우리는 그렇게 살도록 지어지지 않았다. 정체성을 규정하고 평생 유지하는 일은 그야말로 하나님급에 해당한다. 그 책임을 너무도 빈약하고 유한한 자신의 어깨에 떠맡기는 건 그야말로 치졸한 행위다. 그 감당 못 할 짐에 눌려 사방에서 사람들의 등골이 휘어지고 있다. 자아를 규정하라는 교리가 우리에게 퍼부어질수록 우리의 우울과 불안은 계속 기록을 경신할 것이다.[9]

진정성은 아이들에게 유독 더 감당 못 할 짐을 지운다. 마침 내가 안뜰에서 이 대목을 쓰고 있는 지금, 왼편 길가에 정차한 차에서 영화 〈겨울 왕국〉(Frozen)의 히트 곡 〈Let It Go〉(내버려 둬)가 울려 퍼지고 있다. 내 인생의 주인이 바로 나라는 엘사의 주제가다. "내겐 옳고 그른 것도 없고 규칙도 없어. 나는 자유야!"[10] 같은 시각 오른편의 우리 집 거실에서는 〈마이 리틀 포니: 더 무비〉(My Little Pony: The Movie)가 나오고 있는데, 〈Time to Be Awesome〉(이제 멋있어질 때)이라는 노래에는 "멋있어져 봐. 너 하기 나름이야", "폭풍의 왕의 명령일랑 무시하고 이제 제대로 해 보는 거야" 같은 가사가 흘러나온다.[11]

지금 나는 인생을 나 스스로 주관하라는 샌드위치 사이에 끼여 이 글을 쓰는 셈이다. 이 샌드위치로 대접받는 어린아이들은 자신이

왕과 주인이 되려다가 오히려 진짜 멋을 빼앗기고 있음을 모른다. 노트북을 내려놓고 가서 우리 딸들에게 창조주와 피조물의 분명한 차이와 구별됨에 관해 그리고 하나님이 주관하시는 삶의 기쁨에 관해 말해 줘야겠다.

중심의 문제

이제 우리는 #진정성이 최고다라는 21세기 자아 추구의 세 번째이자 마지막 문제로 넘어간다. 이 문제가 내게 처음으로 강하게 다가온 것은 하필 장 폴 사르트르의 말을 통해서였다. "유한점이 있는데 무한한 기준점이 없다면 그 유한점은 성립되지 않는다."[12] 이 프랑스 실존주의자는 진정성을 논박하는 결정타를 제대로 날린 셈이다. 본인이 알고 한 말인지는 모르겠지만 말이다.

자, 당신의 정신이 태양계와 같다 하자. 당신 삶의 각 부분은 심리적 태양계를 구성하는 행성들이다. 각 행성은 당신의 연애, 가정, 친구, 직업, 재정 등을 대변한다. 여기서 질문이 있다. 이 태양계에서 당신의 본체는 어디에 있는가? 어느 한 부분이 달라져도 여전히 당신은 본질적으로 당신일 게 분명한데, 그렇다면 진정한 정체성의 중심은 당신에 관한 어떤 사실인가?

다시 말해서 당신의 정신에서 태양 역할을 하는 요인, 즉 정체성의 모든 측면을 유의미한 궤도에 묶어 둘 만큼 안정되고 빛나는 요인은 무엇인가? 당신의 직업, 연애, 종교 행위 등을 정체성의 구심점으로 삼을 수 있겠는가? 내면 전체를 하나로 통합해 줄 만큼 큰 궁극의 기준점이 당신 안에 존재하는가?

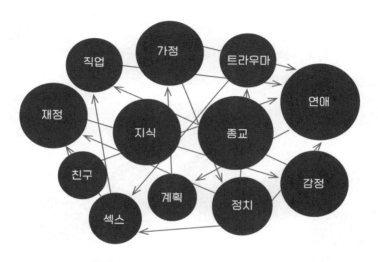

『 당신의 정체성을 구성하는 유한한 부분 』

당신이 창조주가 아닌 피조물이기에 당신 삶의 각 부분은 유한하며, 따라서 나머지 모든 부분에 질서와 목적을 부여할 만큼 크지 못하다. 삶의 유한한 부분을 자아의 구심점으로 삼으면 정체성 위기에 직면한다. 포스트모던 소설가 데이비드 포스터 월리스가 이를 잘 표현했다. "돈과 재물을 숭배하면 …… 아무리 많이 가져도 족하지 않습니다. …… 몸과 미모와 성적 매력을 숭배해 보세요. 늘 자신이 못생겨 보입니다. …… 권력을 숭배하면 결국 자신이 나약하게 느껴지고 두려워집니다."[13]

　우리에게 필요한 것은 '유한한 부분' 이상의 그 무엇이다. '무한한 전체'이신 분이 우리 존재의 중심에 계셔서 정체성의 모든 부분에 의미를 부여해 주셔야 한다. 그분은 바로 예수님이 요한복음 14장 17절에 "너희와 함께 거하심이요 또 너희 속에 계시겠음이라"라고 말씀하신 성령이다.

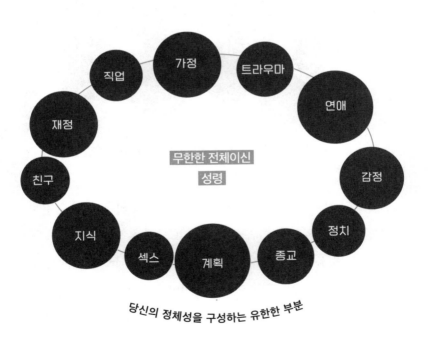

당신의 정체성을 구성하는 유한한 부분

이거야말로 비범한 경지다. 성령은 전력(電力)처럼 인격 없는 힘이 아니라 성삼위일체의 제3위격으로서 전지전능하시고 사랑이 넘치시는 분이다. 예수님을 믿는 이에게 성령이 함께하시며, 영원히 그 사람 안에 내주하신다. 우리를 지탱할 만한 모든 질량과 무게가 성령 하나님께 있다.

요컨대 성령은 인간 본연의 목적 자체와 직결된다. 기타라는 악기의 본디 목적은 연주다. 그 목적을 아는 사람 손에 쥐어지면 기타는 아름다운 소리로 세상을 감동시킨다. 〈Little Wing〉(작은 날개)과 〈Voodoo Chile〉(부두 차일)을 하얀 스트라토 캐스터 기타가 알아서 연주하지 않았다. 지미 헨드릭스라는 연주자가 반드시 있어야 했다. 그 어떤 기타도 스스로 연주하지 못한다. 그냥 그대로 기타를 두면 먼지만 쌓이거나 어느 순간 넘어져 잡음만 낼 뿐이다.

본래 우리 인간도 세상을 더 아름답게 하도록 지어졌으며, 그러려면 자아 바깥의 누군가 우리를 연주해야 한다. 바로 성령이 그 일을 하신다. 당신은 어떻게 본연의 목적을 이루어 아름다운 소리를 낼 수 있을까? 자, 당신을 손에 들고 연주해 달라고 성령께 구하기만 하면 된다.

하나님이 지으시는 삶

이번 주에 우리가 성령께 온전히 의탁하면 어떤 일이 벌어질까? 우리 존재를 창조주께 내어 맡기면 어떻게 될까? 절정의 도취감으로 밤낮없이 황홀해질까? 그렇지 않다. 하나님은 또 다른 환각제가 아님을 잊지 말라. 그보다 당신은 하나님이 지으시는 삶의 깊은 의미를 경험하게 될 것이다. 그 삶의 의미를 세 가지 성경 본문으로 간략히 살펴보자.

에베소서 2장에서 바울은 우리가 영적 행위가 아닌 하나님의 은혜로 구원받았다고 단언한 직후 이렇게 말한다. "우리는 그가 **만드신 바**라 그리스도 예수 안에서 선한 일을 **위하여 지으심을 받은** 자니 이 일은 하나님이 전에 예비하사 우리로 그 가운데서 행하게 하려 하심이니라"(10절). 삶을 하나님이 지으신다는 어법이 본문 전체에 물씬 배어 있다.

"만드신 바"에 해당하는 헬라어 원어, "포이에마"는 일부 역본에 "걸작"으로 옮겨져 있다. 당신은 마치 들쭉날쭉 모난 돌덩이 같다. 그런데 거장 조각가이신 하나님이 망치와 정으로 당신을 쪼아 신비롭고 근사한 작품을 만드신다. 에베소서 2장에 쓰인 예술가와 작품 재료의 은유는 "우리는 진흙이요 주는 토기장이시니 우리는 다 주의 손으로 지으신 것이니이다"라고 이사야 64장 8절에도 나온다. 에베소서 같은 구절에서 바울은 "위하여"(헬라어 "에피")라는 목적의 의미를 담은 전치사에 이어 "지으심을 받은"(헬라어 "크티스쎈테스")
이란 표현을 썼다.[14]

하나님은 우리의 존재 자체는 물론이거니와 존재 이유까지도
정하신다. 따라서 인간의 본성은 아무렇게나 흩어져 있는 글자의
단순한 모음이 아니다. 의미 없이 뒤섞인 글자를 우리 마음대로 배
열하는 게 아니다. 인간의 본성은 책과 같다. 우리는 목적을 두고 지
어진 존재며, 그 목적도 우리가 지어내는 게 아닌 '발견하는 것'이다.

바울은 걸작인 우리가 선한 일을 행하도록 지어졌고 그 일을
하나님이 "전에 예비"하셨다고(헬라어 "프로에토이마센") 말한다. 당신
의 하루 속에 생각보다 훨씬 깊은 의미의 각본이 짜여 있다. 당신이
아침에 일어나기도 전부터 하나님이 섭리하신 만남과 유의미한 순
간이 두루 계획돼 있다. 나는 무수히 많은 날, 내가 그냥 출근하거나
그냥 이웃의 바비큐 파티에 참석하거나 그냥 비행기를 타거나 그냥
우연히 만난 누군가와 시시콜콜한 대화를 나누는 줄로만 알았는데,
하나님은 그 시간 속에서 영원한 일을 하고 계셨다. 비디오로 찍었
다면 단조로운 하루였겠지만 그분이 하신 일은 그보다 훨씬 더 영광
스러웠다. 비단결의 아름다운 표면은 우리에게 이따금씩 얼핏 보일
뿐이며, 삶의 대부분을 우리는 그 이면의 얽히고설킨 실밥과 씨름하
며 보낸다.

우리 마음은 아직 영광에 이르지 못한 상태라서 대개 전체 그
림을 놓친다. 장차 새 하늘과 새 땅에서는 우리 기억에조차 없는 대

화, 함께 마신 커피 등 평범한 일상의 만남으로 하나님이 이루신 영광스러운 일에 대한 추억으로 얼마나 풍성할까. 진정한 의미는 우리의 하루하루가 "전에 예비"된 "선한 일"로 가득 차 있음을 아는 데 있다. 삶이 어쩔 수 없이 지루하고 절망스러워 보이는 시절에는 특히 더하다.

시편 139편은 아름다운 반문화의 옛 찬송이다. 삶을 하나님이 지으신다는 주제가 여기에도 명백히 드러나 있다. "나를 위하여 정한 날이 하루도 되기 전에 주의 책에 다 기록이 되었나이다"(16절). 시편 기자는 하나님이 자신의 하루하루를 지으신다 해서 불안해지거나 압박감이 들지 않았다. 우리보다 한없이 더 창의적이고 자비로우신 그분이 지으시는 삶은 오히려 온전히 해방된 삶이다.

그는 또 우리를 "지으심이 심히 기묘하심이라"라고 말한다(14절). 각자의 정체성을 직접 무(無)에서 창조해야 한다는 오늘날의 복음과는 정반대다. 이미 기묘하게 지어졌기에 우리는 자신이 기묘한 존재임을 입증해야 할 진 빠지는 헛수고에서 해방된다. 그리하여 그는 "주께서 나의 앞뒤를 둘러싸시고"라고 노래한다(5절). 무한대의 선택지 앞에서 현기증과 욕지기를 느끼기보다 주님으로 앞뒤 둘러싸인 그 삶을 즐거워한 것이다. 우리도 그래야 한다.

"하나님이여 나를 살피사 내 마음을 아시며 …… 내게 무슨 악한 행위가 있나 보시고 나를 영원한 길로 인도하소서"(23-24절). 완전한 척하지 않아도 되는 이 자유가 얼마나 홀가분한가!

마지막으로 볼 것은 예수님의 말씀이다. "무릇 자기 목숨을 보전하고자 하는 자는 잃을 것이요 잃는 자는 살리리라"(눅 17:33). 자신을 규정하려는 욕망일랑 버리라. 내 인생의 주인이 나라는 이념에 놀아나지 말라. 문화를 거슬러 그리스도 안에서 자기 자신을 잃으라. 하나님이 지으시는 삶의 초연한 마음과 풍성한 목적을 받아 누리라. 창조주와 피조물의 차이에 맞추어 살라. 하나님이 신이시고 당신은 신이 아니라는 실재를 실천하라. 그것이 참된 진정성이다.

하나님 마음을 선택한 사람들

데이비드 요한 정은 바이올라대학교를 졸업한 한국인 오페라 성악가이며 현재 신학을 공부한다. 자아 숭배교에 맞서는 이단자이기도 해서 **#진정성이 최고**라는 계명을 당당히 어긴다. 다음은 그의 이야기다.

나는 대한민국 서울에서 예정일보다 12주 이른 조산아로 태어났다. 발전된 의술로 다행히 목숨은 건졌으나 심한 부작용이 뒤따랐다. 뇌에 산소가 과잉 주입돼 끝내 시각 장애를 얻었다. 당시 한국 문화에는 미신이 많았는데, 장애인과 접촉하면 부정을 탄다는 악질 거짓말도 그중 하나였다. 어릴 적부터 사람들은 나를 저주하며 내게 침 뱉곤 했다.

그리하여 부모님이 나를 미국으로 데려왔는데, 여기서 내가 이민자임을 안 한 교사에게 또 다른 차별을 당했다. 나는 다시 한 번 무너져 내렸다. 하나님께 분노했고 마음속에 절망과 자살 생각만 가득했다. 교회를 다니며 자랐지만 아직 창조주와의 인격적인 관계가 없던 나는 내 인생에 아무런 목적도 없다고 결론지었다.

다행히 그건 틀린 생각이었다. 가장 깊고 어두운 절망의 밤에 예수님이 나를 만나 주셨다. 알고 보니 이전에 교회에서 그분에 대해 배웠던 내용이 생각보다 훨씬 더 사실 그대로였다. 하나님의 은혜와 자비를 주체할 수 없어 무릎을 꿇고 예수 그리스도만이 주실 수 있는 영생의 선물을 받아들였다. 소수 민족에다 장애까지 있으니 다른 인생길로 갈 수도 있던 나였다. 늘 자기 연민에 빠져 피해자로 살 수도 있었다. 그러나 나는 그리스도 예수 안에서 승리자로 살기로 했다. 그분 안에서는 나도 성하고 온전하다. 그분이 나를 규정하신다.

한국 문화에는 어떤 상황에서도 결코 집안을 욕되게 해서는 안 된다는 암묵적인 특유의 메시지가 있다. 그러려면 대개 아이비리그대학을 나와 변호사나 공학자나 의사, 사업가, 회계사가 돼야 했다. 나도 그럴 작정이었는데 하나님이 내 눈에 보이지 않는(언어유희는 아니다) 커브볼을 던지셨다. 하버드나 스탠포드가 아니라 바이올라라는 기독교 대학에 들어가라고 분명히 말씀해 주셨다. 바이올라대학교 음악원에 오페라 성악 전공으로 오디션까지 보게 된 건 정말 계획에도 없던 일이었다.

내가 주인이 되려 하지 않고 하나님이 내 삶을 지으시도록 내어 맡긴 게 내 삶의 전환점이었다. 그분은 생각지도 못한 여러 방식으로 나를 돌보셨다. 2019년에 졸업하기까지

*

하나님은 내게 각종 장학금과 보조금 그리고 예수님을 사랑하는 친구들의 수많은 후원금으로 무려 175,000여 달러를 채워 주셨다.

내 이야기는 아직 진행 중이지만 이것만은 확신한다. 우리 삶을 지으시는 하나님의 주권적 능력이 우리의 어떤 꿈보다도 훨씬 더 흥미롭고 의미 있고 신기하며 즐겁다는 것이다. 늘 쉽지만은 않지만 어차피 하나님은 우리에게 쉬운 길을 약속하신 적이 없다. 다만 이 삶은 의미 있다. 하나님의 은혜를 날마다 누리는 삶은 내게 엄청난 특권이다. 당신도 똑같이 누릴 수 있다. 그분께 구하기만 하면 된다.

・ 데이비드 요한 정

자아 숭배에 맞서는 기도

사랑하는 하나님, 하나님만 신이시며 저는 신이 아닙니다. 신의 역할을 감당하는 데 주님이 비길 수 없이 저보다 더 능하시건만 저는 날마다 바보처럼 저를 지나치게 중요하고 심각하게 대합니다. 주님을 충분히, 또한 실제로 중요하게 여김으로써 저 자신을 흔쾌히 웃어넘길 수 있도록 도와주소서.

주님이 기록해 두신 제 날들이 훨씬 더 의미 있건만 저는 스스로 삶의 주인이 되려 합니다. 저를 위해 주님이 전에 예비하신 선한 일을 오늘도 내일도 행하도록 도와주소서. 저는 제 심리적 태양계에서 태양이 되려 하다가 결국 혼돈 속을 빙빙 돕니다. 성령님, 마땅히 제 영혼의 중심에 좌정하셔서 제 나머지 전부를 주님 중심의 본궤도로 옮겨 주소서. 주님만 창조주시고 저는 피조물이라는 진리 앞에서 진정성 있게 살도록 도와주소서. 예수님의 이름으로 기도합니다. 아멘.

자아 숭배에 맞서는 연습

9장으로 넘어가기 전에 다음 중 서너 가지를 실행하여 **#진정성이 최고다**라는 계명을 어기는 기술을 연마하라.

1. 신의 역할에서 하나님이 우리보다 훨씬 더 능하신 예를 다섯 가지만 찾아보라. 그 내용을 기도로 아뢰면서 하나님이 신이심에 감사하라.
2. 당신의 정체성을 구성하는 유한한 부분들을 하나하나 쭉 생각해 보라. 하나님을 제외하고 그중 당신이 정체성의 중심으로

삼기에 가장 쉬운 세 가지만 꼽아 보라. 이를 기도로 하나씩 하나님께 내드리고 그 자리에 그분을 모시라.

3. 아침에 일어나서 이렇게 짤막하게 기도하라. "하나님, 오늘 제가 행할 선한 일을 주님이 전에 예비하셨으니 그대로 행하여 주님을 영화롭게 하도록 도와주소서."

4. 자신을 낮추는 유머로 자신의 부족한 모습을 사람들 앞에서 있는 그대로 내보여 보라.

5. 하나님이 분명히 당신의 예상보다 더 크고 나은 일을 행하고 계시던 순간을 스마트 기기나 다른 방해 거리 없이 5분간 최대한 많이 떠올려 보라.

#livethedream

9

내 꿈은 이루어진다

온 우주를 당신의 갈망에
끼워 맞추라.

우리는 자신을 세상에 다 표출하고
자신의 이념과 생각과 꿈을 밀어붙여야 한다. ……
기존 질서에 자신을 끼워 맞춰서는 안 된다.
자신을 내보인 뒤
세상이 우리 눈앞에서 재편되는 것을 지켜봐야 한다.
글레넌 도일 | 자신을 의지하라는 작가

옛 성현에게 가장 중요한 문제는
영혼을 실재에 맞추는 것이었고
해법은 공부와 수양이었다.
그런데 마술과 응용과학에서는 공히
실재를 인간의 뜻대로 재단하려 한다.
C. S. 루이스 | 하나님을 의지하라는 작가

디즈니사의 가장 유명한 신조 중 하나는 "꿈꿀 수 있다면 이룰 수 있다"다.[1] 신데렐라의 노랫말에 그 정서가 담겨 있다. "끝까지 믿으면 네가 바라는 꿈이 이루어질 거야."[2]

토니상을 수상한 뮤지컬 〈유린타운〉(Urinetown)은 디즈니 작품은 아니지만 작품에 나오는 이 대화는 사뭇 디즈니풍이다.

> 바비 ⌐ 내 마음을 따라가라고? 어디로?
> 호프 ⌐ 네 마음이 시키는 데라면 어디든.
> 바비 ⌐ 그럼, 저기라도?
> 호프 ⌐ 그래, 구름 속이라도. 네 마음이 그렇게 명한다면.

"명한다"라는 단어를 주목하라. 창조주께서 명하시는 것도 아니고, 우리가 마음에게 명하는 것도 아니다. 마음이 우리에게 명하면 우리는 줄에 묶인 개처럼 복종하는 것이다.

마이크 휴즈는 지구 평면설을 믿는 골수 옹호자였다. 2020년 2월 22일, 캘리포니아주 바스토 근처에서 그는 증기로 가동되는 로켓을 만들어 타고 마음이 명하는 대로 구름 속으로 날아올랐다. 그런데 이륙하자마자 착륙 낙하산이 펴지면서 로켓은 궤도를 벗어나

캘리포니아의 사막으로 수직 강하했다. 하나님의 형상대로 지어진 마이크 휴즈는 안타깝게도 그 사고로 목숨을 잃었다.

실재는 순리로 이루어져 있다. 그 순리를 외면하고 실재의 법칙을 어기면 그에 상응하는 피해를 면할 수 없다.[3] 물리적 실재의 순리와 법칙뿐만 아니라 도덕의 순리와 법칙도 마찬가지다. 샌 클레멘테 부두에서 난간을 뛰어넘으면 중력의 법칙을 믿지 않는 사람도 결과는 똑같아서 태평양의 차가운 바닷물에 풍덩 빠진다(백상아리라도 없으면 다행이다). 도덕법 역시 당신이 믿지 않아도 효력은 같다.

차가운 실재의 가차 없는 응징

방금 내가 한 말은 자아 숭배 교리에 크게 어긋난다. 자아 숭배자는 우주가 우리의 꿈과 갈망을 중심으로 돌아가야 한다고 말한다. 하지만 내가 자아 숭배에 맞서는 이단자라면, 할리우드의 가장 위대한 작가와 감독 중 더러는 나와 함께 화형대에 서야 하리라.

프랜시스 포드 코폴라 감독의 명화 〈대부〉(The Godfather)와 〈대부 2〉(The Godfather Part II)는 마이클 코를레오네(알 파치노 분)의 끊임없는 변신을 보여 준다. '가업'을 등지고 전쟁 영웅으로 정체성을 구축했던 그가 코를레오네 조직범죄 가문의 막강한 새 거물이 된다. 중간에 그는 이탈리아의 어느 식당에서 부패한 경찰서장과 야심 찬 마약 왕을 거리낌없이 살해한다. 자신의 대자(代子)가 세례받는 동안에는 배후에서 조종하여 여러 범죄 집단의 두목을 동시에 숙청한다. 또 결혼 생활을 파멸로 몰아가 결국 아내까지 버린다. 〈대부 2〉 마지막 장면에서 마이클은 호반의 집 밖에 쓸쓸히 홀로 앉아 타호 호수를 응시한다. 방금 전 그의 사주로 형 프레도가 살해된 그곳에서……. 도덕적 실재의 순리를 어긴 대가가 실재의 응징으로 되돌아온 셈이다.

이거야말로 할리우드 최고 영화가 종종 다루는 단골 주제다. 브라이언 드 팔마의 〈스카페이스〉(Scarface)에서 쿠바 출신 이민자 토니 몬타나(역시 알 파치노 분)는 많은 이의 피를 흘려 마이애미의 코카인 두목으로 부상한다. 꿈꾸는 대로 살려고 하나님의 계명을 보란 듯이 어겨 세상 기준으로 크게 형통한 것이다.[4] 마지막 장면에서 그는 "내 꼬마 친구에게 인사들 하시지!"라는 유명한 대사와 함께 M203 유탄 발사기를 쏜 지 얼마 안 돼 암살자의 총에 맞는다. 발코니에서 자신의 화려한 저택 현관 분수로 떨어진 그는 반짝이는 지구본 조각상 밑에 시체로 떠오르고 물은 금세 핏빛으로 변한다. 그 지구본 조각상에는 얄궂게도 "세상이 너의 것"이라는 글귀가 둘려져 있다.

이런 예술 작품은 삶을 그대로 반영한다. 여러 유명한 자아 숭배자가 자기 마음을 따른 결과는 알코올중독, 마약중독, 자살 충동의 우울증, 성병, 가정의 파국, 감옥, 정신병원, 요절이었다. 또 반대로 삶도 예술을 따라간다. 내 친구 브루스는 알 파치노의 광팬이었다. 친구 방에는 〈대부〉 포스터와 토니 몬타나의 포스터가 자랑스레 걸려 있었다. 브루스의 성격과 말투는 물론 꿈과 야망까지도 이 가상의 두 폭력배를 흉내 냈으며, 두 영화를 본 사람이라면 누구에게나 그게 훤히 보였다. 브루스는 사랑받기보다는 두려움의 대상이 되고 싶다고 내게 털어놓은 적도 있는데, 이는 권모술수가 판치는 두 영화의 주제이기도 하다.

그 친구는 오렌지 카운티의 음침한 아파트에서 소규모로 대마초 거래 회사를 운영했다. 자신이 마치 가업을 확장하는 마이클 코를레오네나 마이애미 저택에서 100만 달러짜리 코카인 거래를 매듭짓는 토니 몬타나라도 되는 듯이 말이다. 하지만 그도 실재의 응징을 비켜 갈 수 없었다. 도덕적 실재를 무시한 결과로 관계가 다 파탄나고 전과자가 된 것이다. 또 걸핏하면 치미는 분노로 마음에 커다란 구멍이 났다.

다행히 하나님이 존재하시기에, 우리는 망가졌어도 결코 구제 불능은 아니다. 나는 브루스의 구원과 변화를 바로 가까이서 지켜보는 엄청난 특권을 누렸다. 우리 집 차고의 닳아빠진 빨간색 소파에 나와 함께 나란히 앉아 그는 전과자 아버지 밑에서 자라며 친구들에게 가혹하게 놀림받던 과거의 고통을 치유해 달라고 예수님께 기도했다. 그의 혼전 상담을 맡은 나는 그와 신부가 반지를 교환하며 결혼 서약을 할 때도 그 곁에 있었다. 그 친구는 상처 입은 젊은 이들의 삶을 변화시키는 멘토로서 상도 여럿 받았다.

폭력배의 꿈을 따라 권력과 형통을 추구하던 브루스가 이제 실재의 도덕적 틀에 맞춰 살고 있다. 그 틀은 하나님이 그분의 거룩한 속성대로 정하신 순리다. 순리를 따른 브루스에게는 큰 도약이었고 지켜보는 내게는 벅찬 기쁨이었다.

조폭 두목이나 마약 왕이 되려는 사람이야 대부분 없겠지만, 세상이 인정해 주는 정체성을 만들어야 한다는 부담을 느끼기는 브루스와 마찬가지다. 가능성은 무궁무진해 보인다. 자유라는 이름으로 실재 순리가 점점 더 외면받다 보니 특히 더 그렇다. 예를 들어 틱톡 등 Z세대의 활동 무대마다 인플루언서가 줄줄이 나타나 '수유하는 트랜스 젠더 남성' 같은 개념으로 다음 세대를 훈육하는 식이다.

그중 아이디가 "위협, 악몽, 여신(그러니 부디 내게 절하라)"인 사람은 사탄교를 권하면서 "내 신은 나니까 나를 숭배한다는 뜻이에요"라고 말했고, 한 여성은 참자아를 표현하려고 롤러코스터와 결혼했다. 옷차림과 행동을 동물처럼 꾸미는 "퍼리"(furry)라는 하부문화도 따로 있을 정도다. 퍼리 인구의 절반가량은 자신이 선택할 수만 있다면 아예 인간이 아니기를 원한다.[5] 이런 끊임없는 공세 아래서는 삶의 목표가 실재에 기반하지 않고 실재를 억지로 자신의 주관적인 기분에 뜯어 맞추는 것이다.[6]

이렇게 자기표현을 무한대로 시도하면 세 가지 문제점에 봉착한다. 피노키오 문제, 인어 공주 문제, 엘사 문제다. 전 세계를 통틀어 **#내 꿈은 이루어진다**라는 선전을 가장 열심히 퍼뜨린 디즈니가 여기에 크게 기여했다.

피노키오 문제

나도 진짜 소년이 되려는 이 이탈리아 나무 인형 이야기를 보면서 자랐다. 피노키오는 스트롬볼리 무대에서 명성과 재물을 얻으려고 양심(귀뚜라미로 표현된 도덕적 이성의 목소리)을 무시한 채 가족을 버린다. 그 결과 감옥에 외롭게 갇히고 만다. 그러나 반성은커녕 또다시 도리를 어기고 거짓말하자 나뭇가지처럼 코가 길게 죽 자라난다. 그럼에도 피노키오는 쾌락의 섬에서 내리 즐기려 도덕적 실재를 거스르다가 꼬리가 돋고 귀에 털이 나고 당나귀 소리마저 낸다. 인간의 모습에서 아예 더 멀어진 피노키오…….

이 나무 인형은 사랑과 용기라는 도덕적 실재에 맞추어 자신의 목숨을 기꺼이 던지고 악한 바다 괴물 몬스트로에게서 가족을 구하고 나서야 비로소 진짜 인간으로 "부활"한다. 다섯 살의 어린 내게도 메시지는 분명했다. 뭐든 기분 내키는 대로 살아가면 진정한 인간은 커녕 미련한 바보가 되기 쉽다. 제대로 살려면 사랑과 용기 같은 실재를 실천해야 한다. 더 인간다운 인간이 되게 해 주는 진정한 선과 인간성을 말살하는 진정한 악은 엄연히 존재한다. 그런 점에서 이 이야기는 실재의 도덕적 틀이 전제돼야만 성립된다.

〈피노키오〉(Pinocchio)가 지닌 풍부한 다층적 도덕 세계를 디즈니의 더 최근 작품인 〈작은 감자들〉(Small Potatoes)의 얄팍하고 밋밋한 세계와 비교해 보라. 디즈니 주니어에서 방영된 이 애니메이션에는 〈I Just Want to be Me〉(난 그냥 내가 되고 싶어) 같은 노래가 여럿 나온다.[7] 주인공 감자가 부르는 이 펑크 록 풍의 주제가는 남의 말대로 하지 말고 자신을 주장해야 한다고 말한다. '우린 모두 정말 감자야' 편 결말부에서는 감수성 예민한 어린이 시청자에게 감자가 이렇게 말한다. "다 다르고 독특하다는 건 좋은 거예요. 그럼 누구나 자기 방식대로 할 수 있으니까요. 뭘 하든 정답도 오답도 없거든요."[8]

수천 년 전에 간교한 뱀은 인간이 선악의 실재를 스스로 규정할 수 있다고 떠벌렸다. 말하는 감자가 나오기 100여 년 전에 니체는 독자들을 설득하여 모든 외부 기준과 특히 기독교의 "정답이나 오답"을 무시하는 초인이 되게 하려고 《선악의 저편》(Beyond Good and Evil)을 썼다. 1960년대에 사르트르는 "신이 존재하지 않는다면 허용되지 못할 일이 없다"고 주장했다.[9] 이제 그 뱀이나 콧수염 기른 독일인 철학자나 외사시의 프랑스 실존주의자가 아닌 만화 속 귀여운 감자가 자유를 뭐든 기분 내키는 대로 하는 거라 재정의하는 시대다.

우리 시대는 잔인하게도 아이들에게 도덕 세계를 스스로 지어낼 수 있다는 거짓말을 팔고 있다. '주여, 디즈니의 시나리오 작가들에게 자비를 베푸소서. 자기들이 하는 것을 알지 못함이니이다(혹시 알면서 일부러 그러는 걸까?)' 자아를 규정하라는 뱀의 메시지로 그렇게 아이들을 오도하면 결과는 교만과 불안과 우울과 지옥뿐이다.[10]

인어 공주 문제

#내 꿈은 이루어진다라는 계명은 오래된 거짓말로 아이들을 더럽혀 진정한 용기를 내지 못하게 할 뿐 아니라 우리에게 불필요한 불안을 떠안긴다. 미래를 스스로 개척해야 하기 때문이다. 두 살배기나 사춘기 아이처럼 미래도 우리의 명령을 귀담아듣지 않는다. 미지의 앞날은 우리의 자화자찬 행렬에 실제로 찬물을 끼얹는다. 잠시 후에 날아들 뉴스가 우리 꿈을 무산시키지 않을지 누가 아는가? 꿈을 실현하려고 최대한 향후 결과를 조정해 볼 수는 있겠지만, 우리가 통제할 수 없는 게 너무 많다. 우주는 완고하고 난해하며 우리는 전지하지 못하다. 미래의 암호를 풀려 하면 좌절과 분노와 불안에 사로잡힐 수밖에 없다.

미래를 내다볼 때 한 가지만은 확실하다. **#내 꿈은 이루어진다**를 추구하는 이들 중 실제로 꿈을 이루는 비율은 극히 낮다. 흔히들 (피상적으로) 생각하는 "꿈"이라면 그렇다.

다음은 유튜브에서 대박을 친 뒤로 코미디언으로 고수익을 올리고 있는 보 버넘과 〈코난 쇼〉(Conan)의 코난 오브라이언이 나눈 대화다.

코난 보, 어떻게 하면 나도 당신이 이룬 것을 이룰 수 있을까요? 많은 젊은이가 그렇게 물을 텐데, 그런 젊은이에게 뭐라고 조언하나요?

보 글쎄요, 우선 심호흡을 하라고 한 뒤 (의미심장하게 뜸을 들이다가) 그냥 포기하라고 하죠(웃음). …… 나처럼 운이 아주 좋았던 사람들의 조언을 따르면 안 돼요. 꿈을 추구하라는 테일러 스위프트의 말은 재산을 다 팔아 복권을 사면 된다는 복권 당첨자 말이나 똑같아요. 복권을 사도 안 되고, 그 말대로 해서도 안 돼요.[11]

전미대학체육협회(NCAA)에 따르면 고등학생 체육 특기자 800만 명 중 대학 스포츠 팀에 입단하는 학생은 약 50만 명이다. 16분의 1이니 아주 저조한 건 아니지만 #내 꿈은 이루어진다의 통계 수치는 거기서부터 뚝 떨어진다. 2019년에 NCAA 야구 선수 8,002명 중 미국메이저리그야구(MLB) 프로 구단에 선발된 비율은 10퍼센트도 안 된다. 미국프로농구(NBA)는 NCAA의 선발 대상 선수 중 고작 1.2퍼센트만 선발했고, 미국여자프로농구(WNBA)의 경우는 0.08퍼센트로 더 낮다. 풋볼은 선발 대상 선수가 16,380명이었는데 그중 불과 1.5퍼센트인 254명만 미국프로풋볼(NFL)에 안착했다.[12]

　음악과 영화계의 실패자 비율은 그보다 더 암울하다. SNS에서 스타가 되려다가 조회 수 50회로 끝나는 사람이 얼마나 많은가. 그나마 그 50회도 대부분 본인과 가족의 클릭 수다. **#내 꿈은 이루어진다**라는 구호는 삶이 얼마나 위험한 도박이며 소위 정상에 오르는 사람이 얼마나 적은지를 외면한다. 게다가 정상에 오른 사람 0.0000000001퍼센트의 삶을 들여다보면 꿈을 이룬 그 삶이 오히려 생생한 악몽처럼 보일 때가 많다.

　하지만 다행히 더 나은 삶의 길이 있다.

　우리 딸들은 디즈니 캘리포니아 놀이동산에서 아리엘의 해저 모험이라는 인어 공주 기구 타기를 좋아한다. 거대한 조개 모양의 기구를 아무리 많이 타도 지겨운 줄 모른다. 참, 2018년에 탔을 때는 불상사가 있었다. 우리가 탄 조개가 우르술라의 동굴에서 오도 가도 못 하게 된 것이다. 전기로 작동되는 그 바다 마녀의 머리가 홱 열리면서 그 속에서 컬러풀한 배선 뭉치와 회로가 드러나자 우리 딸들은 비명을 질렀다. 스피커에서는 마녀의 주제가인 〈Poor Unfortunate Souls〉(불쌍하고 가여운 영혼들)가 연속 재생됐다. 오렌지 카운티의 여러 신문에도 난 사건이다.[13]

　그 오싹한 순간을 겪기 1년쯤 전에 어린 딸을 목말 태워 그 공원에 입장한 적이 있다. 당시 네 살이던 딸은 공원 입구에서 아리엘의 해저 모험으로 가려면 직진하다가 오른쪽으로 약간 꺾어져야 함을 알 만큼 공간 지각이 있었다. 그런데 나는 경로 이탈이라도 하듯 직각으로 우회전했다.

이에 딸은 떼쓰거나 당황하지 않았다. 그저 아무 일도 없다는 듯 내 어깨 위에서 즐거워하기만 했다. 왜일까? 그야 간단하다. 아빠를 믿어서다. 딸은 자기를 기쁘게 해 주고픈 아빠의 사랑도 알거니와 아빠가 자기보다 똑똑하다는 사실도 안다. 하루가 다르게 딸이 나를 따라잡고 있긴 하지만 말이다.

네 살배기 머리로는 전혀 납득 못 할 우회전이었지만 그래도 괜찮았다. 자신보다 더 현명한 어른이 어련히 길을 인도하려니 생각해 안심했다. 걱정하지 않아도 됐던 거다. 당연히 내가 오른쪽으로 방향을 튼 데는 그만한 이유가 있었다. 임박한 퍼레이드를 구경하려고 부에나 비스타 길로 몰려드는 거대한 인파가 보여서였다. 이럴 때는 다른 쪽 길로 질러가면 시간이 절약된다. 어린 딸이 아빠를 신뢰하지 않고 자만했다면 자기 생각에 비논리적이다 못해 어쩌면 모질게 보였겠지만, 실은 아빠의 더없이 논리적인 조치였다.

나를 믿었기에 딸아이는 놀이동산을 정말 놀이(amusement) 동산으로 즐길 수 있었다. "muse"는 생각한다는 뜻이고 "a-"는 부정의 의미를 담은 접두사니까 둘을 합치면 매사에 생각하고 분석할 필요 없이 즐기는 능력이 된다.

캘리포니아 어드벤처를 우주로 확장해 보면 교훈은 명백하다.

*

쇼를 관리하는 더 똑똑한 존재, 우리 인생길을 인도하시는 선하신 아버지의 존재를 믿지 않는다면 우리는 본래 다분히 놀이동산으로 지어진 우주를 더는 놀이동산으로 즐길 수 없다. 지나치게 분석하느라 불안하기만 하다.

마치 디즈니랜드의 스페이스 마운틴 기구를 침울한 천체 물리학자가 타는 것과 비슷하다. 별들이 반짝반짝 스쳐 가는 어둠 속에서 뭐든 계산하려 들 뿐 하나도 즐길 줄 모르게 된다. 미로처럼 빙빙 도는 우주 행로의 수치화할 수 없는 전율을 그냥 만끽하면 되는데 말이다. 스스로 실재의 기준이 돼 #내 꿈은 이루어진다에 몰두하면 삶을 다분히 놓친다. 거기에 마음을 다 빼앗겨 불안해지기 때문이다. 그러나 하나님을 선하신 아버지로 신뢰하면 우리도 놀이 기구를 신나게 즐길 수 있다.

엘사 문제

내 큰딸 그레이슬린이 여덟 살 때 현대의 가장 수익성 좋은 캐릭터인 미키 마우스 그리는 법을 배우고 싶어 했다. 우리는 잘 깎은 연필과 깨끗한 종이를 놓고 그리기 시작했다. 갸름한 얼굴과 얼굴 위에 달린 크고 동그란 귀의 밑그림을 그리려면 연필을 적당한 각도로 잡고 힘을 살짝만 주어야 한다고 내가 설명해 주었다. 그다음은 수평 타원형 코, 수직 타원형 눈, 아치형 콧잔등을 차례로 그렸고, 특유의 미소는 기다란 바나나 모양으로 그렸다.

내 그림은 점차 전 세계에서 가장 유명한 쥐의 형체와 비슷해졌으나 딸의 그림을 보니 그야말로 끔찍했다. 내가 가르쳐 준 대로 하지 않고 전부 반대로만 그린 것이다. 그 결과는 뾰족한 이빨 돋은 괴물이었다. 연필로 어찌나 세게 그렸는지 잘 지워지지도 않았다.

내가 뭐가 잘못됐느냐고 물었더니 딸의 대답이 이랬다. "아빠는 아빠 방식대로 저는 제 방식대로 미키를 그렸을 뿐이에요. 서로 다를 뿐 누구도 옳거나 그르지 않아요." 여덟 살 아이가 내게 표현적 개인주의의 교리를 가르치고 있었다.

"겨울 왕국의 엘사랑 똑같이 말하는 것 같은데? 엘사가 '내겐 옳고 그름도 없고 규칙도 없어. 나는 자유야!'라고 노래했잖아." 내 말에 딸은 힘껏 고개를 끄덕였다.

"자, 함께 생각해 보자." 영화 〈겨울 왕국〉의 원작인 한스 크리스티안 안데르센의 동화 《눈의 여왕》(The Snow Queen)이 철저히 기독교에 기초한 이야기임을 아는 내가 물었다. "엘사가 모든 규칙을 어기고 자기 마음대로 했을 때 엘사네 왕국은 어떻게 됐지? 잘됐을까 잘못됐을까?"

딸은 "잘못됐어요"라고 답했다. 정말 여름에도 해가 나지 않아 작물이 자라지 못해서 아렌델 온 국민이 굶어 죽거나 얼어 죽을 지경이었다.

"그러니까 사람마다 자기 마음대로 하는 게 늘 좋은 것만은 아니야. 실제로 옳고 그른 방법이 있을 때도 있단다." 이 말을 듣고 딸이 다시 그린 미키는 그전보다는 좀 덜 무서웠다.

목적론이란 단어를 쓰지는 않았지만 딸과 내 대화 주제는 이랬다. "목적론"은 사물이나 사람이 존재하는 목적 내지 취지를 어렵게 표현한 말이다. 잔디 깎는 기계의 목적은 풀을 깎는 거고 토스터기의 목적은 빵을 굽는 데 있다. 둘 다 본래 용도를 다하는 정도만큼만 본분에 충실한 기계라 할 수 있다. 목적을 무시한 채 잔디 깎는 기계를 옆으로 기울여 더운 날 거실에서 그 회전하는 칼날로 선풍기를 대신한다면? 추운 날 토스터기에 시린 손을 넣고 레버를 누른다면? 보나 마나 결과는 끔찍할 것이다.

총총한 별과 초신성, 빛나는 우주 먼지와 깜박거리는 가스로 가득한 이 우주도 목적이 있다. 바로 "하나님의 영광을 선포"하는 것이다(시 19:1). 이스라엘 백성이 창조되고 선택된 목적도 그분의 영광을 위해서였다(사 49:1-3). 애굽(이집트)에서 노예로 살던 그들이 해방돼 왕을 세우고, 성전을 짓고, 가나안 여러 부족을 이기고, 앗수르의 공격에도 함락되지 않고, 바벨론 포로 생활에서 귀환한 것도 다 '그분의 이름을 위해서' 주어진 것이었다.

예수님은 왜 십자가의 고통과 죽음을 마다하지 않으셨으며, 왜 그분의 차디찬 시신 속에 꺼지지 않는 생명이 불어넣어졌는가? 성령은 왜 성경을 감화하셨고 지금도 성도 안에 내주하여 위로와 지혜와 죄의 자각과 깨달음과 능력을 주시는가? 하나님은 왜 죄인들이 그분의 아들딸이 되어 천국 길에 오르도록 예정하셨는가? 예수님은 왜 장차 재림하여 성도와 성도 아닌 자를 각각 영원한 기쁨과 영원한 멸망 가운데 들어가게 하시는가?

성경 이야기 전체에서 답은 늘 똑같다. "우리의 목적은 무엇인가?"라는 질문의 답과도 일치한다. 우리가 존재하는 목적은 "여호와의 이름에 합당한 영광을 그에게 돌〔리고〕"(시 96:8), "하나님의 영광을 찬미"하고(엡 1:12, 14, 새번역), "우리 주 예수의 이름이 …… 영광을 받으시〔게〕" 하고(살후 1:12), 바울의 찬송처럼 당신의 삶과 나의 삶으로 함께 "그에게 영광이 세세에 있을지어다"(롬 11:36)라고 외치기 위해서다. 삼위일체 하나님의 영광이야말로 성경 창세기부터 요한계시록까지 일관되게 반복하는 노래다.[14]

이 목적을 무시하면 우리는 자멸한다. "아니, 내 목적은 내 성욕을 채우는 것이다", "내 몸의 의미는 내가 규정한다"라고 말하면 우리 존재의 심연이 유린당한다. 우주에는 하나님 중심의 질서가 있으며, 그 틀 안에서 우리는 목적 있는 존재로 태어났다. 그분이 그분을 위해 우리를 지으셨다. 그분을 영화롭게 하고 즐거워할 때 우리는 본분에 충실한 인간이 된다.

자화자찬은 미련한 바보가 되는 길이다. 삶이란 자기중심적 꿈을 철석같이 믿어 실재를 내 소원에 끼워 맞추는 게 아니다. 인간이 토끼로 자처한다 해서 털 난 귀가 길쭉하게 돋아나거나 토끼 똥을

싸는 건 아니다. 아무리 늑대처럼 행동해도 정작 늑대 무리 가운데 던져지면 오래가지 못한다. 독수리를 정체성으로 삼은 사람도 고층 건물에서 뛰어내리면 살아남지 못한다. 토끼와 늑대와 독수리가 되려는 이들에게 그 꿈을 이루라고 부추기는 건 사랑보다 그들의 파멸에 공범으로 가담하는 것이다.

예수님의 지상명령대로 '제자를 삼으려면' 사람들에게 자신의 꿈을 세상에 강요하려는 자멸의 길보다 훨씬 더 희망적인 길을 제시해야 한다. 실재에 저항하라는 대중 마케팅의 메시지를 버리고 하나님의 창조 질서에 맞게 살도록 그들을 불러야 한다. 그리스도 안에서 세상을 창조하셨고 다스리시고 구속(救贖)하시는 하나님을 알고 사랑하고 즐거워하고 그분께 순종하도록 그들을 초대해야 한다.

그 의미를 스스로 지어내기보다 하나님이 주신 참목적대로 살아갈 때 우리는 가장 덜 소외되고 가장 풍성한 관계를 누리는 참자아가 된다. 실재의 순리를 어기면 실재의 응징을 당하지만, 창조 질서에 맞는 삶으로 창조주를 영화롭게 하면 상상을 초월하는 깊고 풍성한 의미를 얻는다.

하나님 마음을 선택한 사람들

알리사 차일더스는 록 스타 출신의 베스트셀러 작가, 강사, 변증가, 팟캐스트 (alisachilders.com) 운영자다. 자아 숭배교에 맞서는 이단자이기도 해서 **#내 꿈은 이루어진**다라는 계명을 당당히 어긴다. 다음은 그녀의 이야기다.

내 큰 꿈을 포기한 날에 대해 말해 주고 싶다. 내 평생 가장 잘한 일이었다. 열한 살 때부터 이미 나는 커서 뭐가 될지를 정확히 알았다. 한때 올림픽에 나가는 체조 선수가 되고 싶었으나 그 생각을 접은 뒤로는 녹음 아티스트로서 음악으로 사람들을 예수님께 인도할 작정이었다.

그런데 아무 일도 일어나지 않았다.

노래를 수십 곡이나 썼고, 기타와 피아노를 연습했으며, 아버지의 다용도실을 스튜디오 삼아 집에서 데모 앨범도 녹음했고, 여기저기 받아 주는 교회에서 소규모 콘서트까지 했다. 나이는 드는데 스물다섯(음악 업계에서는 노년에 해당한다)이 되도록 내 큰 꿈은 여전히 현실화되지 않았다. 그런데 그때 CCM 그룹 조이걸에 합류할 기회가 주어졌다. 얼마나 복된 시간이었던가. 우리는 전 세계 수많은 사람에게 음악을 들려줬으며, 나로서는 그 활동에 쏟아부은 일분일초가 감사할 따름이다. 이 정도면 많은 이가 보기에 꿈을 이루었다 해도 전혀 손색없을 터다.

하지만 그게 내 꿈은 아니었다.

내 꿈은 끝내 이루어지지 않았다. 주님이 내게 기회를 주셔서 조이걸의 음악을 듣는 젊은 여성층을 섬길 수 있었으니 참 감사하지만, 내 소망은 여전히 실현되지 않았다. 최신 자기 계발서나 지배적인 이 시대 문화가 말하는 지혜에 따르면, 나는 계속 악전고투하며 끝내 모든 장애물을 극복하고 솔로 뮤지션으로 성공했어야 한다. 하지만 30대에 들어선 나는 마침내 하나님께 내 꿈을 내려놓았다. 정말 그전에는 내려놓지 못했던 걸까? 하나님의 뜻이 아닌데도 나 혼자서 일생의 큰 "소명"을 추구했던 걸까?

친구들이여, 나는 정말 꿈을 포기했다. 그래서 대체 어떻게 됐을까? 하나님께 나를 위한 훨씬 좋은 계획이 있었다. 혹독한 신앙의 위기를 겪고 난 나는 그분의 인도로 변증학을 공부했고, 어느 진보 교회에서 접한 교묘한 논리로 허물어졌던 신앙을 다시금 세웠다. 그리하여 현재의 사역에까지 이르렀다. 내 '꿈의 사역'보다는 영향권이 훨씬 좁아졌지만 나 스스로 지어낸 어떤 꿈보다도 더 보람되고 감격스럽다.

게다가 반전은 따로 있다.

하나님이 복 주고 계신 이 사역조차 내 정체성이 아니고 그냥 이 순간에 내가 하는 일일 뿐이다. 이 일을 꼭 평생 하지 않을 수도 있다. 내 사명은 여느 그리스도인과 똑같이 "모든 민족을 제자로 삼(는)" 것이다(마 28:19). 예수님은 "나중 된 자로서 먼저" 되고(마 20:16) 또 "사람이 친구를 위하여 자기 목숨을 버리면 이보다 더 큰 사랑이 없나니"(요 15:13)라고 말씀하셨다. 그분은 우리에게 마음을 따르고 꿈을 추구하여 자아를 발견하라고 말씀하신 적이 없다. 오히려 우리 자신을 부인하고 십자가를 지고 그분을 따라야 한다고 하셨다. 바로 거기에 참자유와 소망과 깊은 기쁨이 머문다.

· 알리사 차일더스

자아 숭배에 맞서는 기도

사랑하는 하나님, 하나님은 저를 창조하는 존재로 지으셨습니다. 주님이 인류에게 주신 첫 명령 중 하나는 주님의 형상답게 우주 가득히 순수한 아름다움을 퍼뜨리라는 것이었지요. 제게 부여하신 그 비범한 창조의 자유를 주님이 세우신 창조 질서 안에서 표현하게 하셨습니다. 주님이 정하신 실재는 흥을 깨려는 율법

같은 게 아니라 저를 형통하게 하는 참자유입니다.

주님, 유혹에 빠져 주님의 주권에 대항하여 스스로 실재를 지어내는 저를 용서하소서. 주님이 세우신 도덕적 실재를 어기면 실재의 응징을 당하기 마련이지요. 부디 저를 용서하시고 치유하여 주소서. 저를 도와주셔서 주님을 즐거워하며 순종하고, 주님을 선하신 아버지로 신뢰하고, 모든 참됨과 선함과 아름다움의 궁극적 근원이신 주님께 영광을 돌리게 하소서. 제 꿈을 주님 발아래 내려놓고 제 갈망을 주님 뜻에 맞추게 하소서. 그리하여 주님의 영광과 다른 사람들의 유익을 위해 힘쓰게 하소서. 예수님의 이름으로 기도합니다. 아멘.

자아 숭배에 맞서는 연습

다음 장으로 넘어가기 전에 다음 중 서너 가지를 실행하여 **#내 꿈은 이루어진다** 계명을 어기는 기술을 연마하라.

1. 출애굽기 20장에 기록된 진짜 십계명을 읽으라(자아 숭배 십계명과 혼동하지 말 것). 하루 동안 성경 속 십계명에 순종하게 해 달라고 기도로 성령의 도우심을 구하라.

2. 당신이 도덕적 실재의 순리를 어긴 세 가지 예와 그로 인해 당한 실재의 응징을 떠올려 보라. 그 망가진 부분을 회복시켜 달라고 예수님께 기도하라.

3. 도덕적 실재에 대항해 현재 망가지고 있는 세 사람을 떠올려 보라. 하나님이 그들을 살려 주시도록 그 이름을 부르며 기도하라.

4. "하나님께 영광을 돌린다"와 같은 말은 때로 딴 세상 일처럼 막연해 보인다. 15분 동안 사복음서 중 하나를 통독하면서 예수님(역사상 가장 하나님을 영화롭게 하신 분)이 어떻게 '하나님 중심의 삶'의 최고의 본보기이신지를 보라. 이를 마친 뒤 이번 주에 당신 안에도 하나님 중심의 습관을 길러 달라고 성령께 구하라.

5. 스트레스와 좌절과 불안이 쌓이고 있는데 당신이 통제할 수 없는 세 가지 요인은 무엇인가? 기도로 이 모든 걸 하나님 아버지께 맡기라.

#loveislove

10

사랑은 사랑이다

모든 생활 방식과 사랑 방식을
똑같이 정당한 것으로 예찬하라.

현대인이 인성(人性)에서
사랑 개념을 매우 중시하는 건 바람직하다.
그러나 얼마 안 있어 사랑의 의미에서 심각한 문제에 봉착한다.
현대인은 모든 걸 사랑이란 단어와 결부시키지만
사랑은 훨씬 형편없는 것으로 변질되기 일쑤다.
사랑을 정말 모르기 때문이다.
현대인을 둘러싼 세상에 사랑다운 사랑이 부족하다.

프란시스 쉐퍼 | 기독교 변증가

환원주의적 성 관념이 내게 더 매력 있게 느껴지려면 ……
성 혁명이 그동안 남녀 사이에 서로를 더 존중하게 하고,
아이들에게 더 사랑의 환경을 조성해 주고,
외로움의 고통을 덜어 주며,
친밀함에 도움이 됐어야 한다.
지금까지 나는 그런 증거를 하나도 보지 못했다.

필립 얀시 | 작가

지금까지 살펴보았듯 자아 숭배는 우리에게 행복한 삶, 첨단 생활 방식, 마음의 해방, 독창성, 관용, 모험, 내적 깨달음, 진정성, 꿈의 실현을 약속한다. 그러나 수많은 광고업자와 SNS 인플루언서, 대학교수, 춤추는 감자가 내비치는 얄팍한 선전을 파고들면 그 실체가 제대로 드러난다. 자아 숭배는 우리의 경외심을 앗아 가고, 우리를 극단적 전통주의자로 만들고, 마음의 노예가 되게 하며, 자신도 모르게 여러 실패자를 추종하게 하고, 용기를 빼앗고, 삶을 견딜 수 없이 단조롭게 만들며, 우리를 혼란과 교만과 파멸로 몰아간다.

이 책 마지막 장에서는 허위 광고의 마지막 구호를 살펴볼 것이다. 자아 숭배는 우리에게 **#사랑은 사랑이다**라고 말하지만, 실은 우리 모두를 혐오와 편견에 사로잡힌 사람으로 만들 뿐이다.

말장난으로 문명을 파괴하는 이들

"사랑"이란 단어는 자아를 숭배하는 우리 시대에 계속해서 재정의됐다. 이 단어는 참으로 특별하다. 이 단어에는 진리를 밝히거나 흐려 놓는 위력이 있으며, 따라서 문명을 일구거나 파괴하는 위력 또

한 있다. 디스토피아 문학의 거장 작가들은 이 사실을 잘 알았다. [1]

레이 브래드버리의 《화씨 451》(*Fahrenheit 451*)에서 미래의 미국 소방관에게 새로 맡겨질 임무는 "우리 마음의 평화의 수호자, ······ 공식 검열관, 재판관, 집행관"으로서 책을 불사르는 일이다. [2] 이런 픽션이 지금 우리 시대에 논픽션이 되고 있다.

자칭 "우리 마음의 평화의 수호자"로 나선 브랜다이스대학교 예방옹호자원센터(PARC)는 "일석이조"(killing two birds with one stone)와 "죽은 말 때리기"(beating a dead horse)〔이미 엎질러진 물이라는 뜻의 관용구-옮긴이〕라는 표현이 "동물 학대를 일상화한다"라고 주장한다. 그 주장에 따르면 "매춘부"는 "섹스 산업 종사자"로, "페이스북 스토킹"은 "온라인 연구"로 고쳐야 한다. 심지어 "트리거 경고"〔영화 등의 소재가 정신적 충격을 줄 수 있음을 알리는 예고-옮긴이〕라는 말도 "콘텐츠 주의"로 대체해야 한다. 그 표현 자체가 너무 트리거〔'방아쇠'라는 말에서 '유발한다'라는 뜻으로 확장됐다-옮긴이〕가 될 수 있어서다.

PARC의 "추천 어휘 목록"은 오히려 일각의 반감을 사서 근래에는 "압제 어휘 목록"으로 불리기도 했다. [3] 유독 "피해를 유발할 수 있는 단어와 문구에 ······ 집중된" 목록이라서 그들이 기존 제목을 그렇게 고쳐야 했던 것이다. [4]

조지 오웰의 《1984》(*1984*)에서 주인공 윈스턴 스미스는 날마다 단어를 개조한다. 신어(新語)로 실재를 전체주의 담론에 끼워 맞추기 위해서다. 오세아니아 선전 부서(명칭이 엉뚱하게도 "진리부"다)

의 콘크리트 피라미드 꼭대기에 당 구호가 걸려 있는데, 구호 속 "전쟁", "노예제", "무지"는 각각 "평화", "자유", "힘"으로 재정의돼 있다.

내가 제일 좋아하는 디스토피아 이야기인 C. S. 루이스의 《그 가공할 힘》(*That Hideous Strength*)에는 마크 스터독이 나오는데, 《1984》의 윈스턴 스미스처럼 그에게도 국가공동실험연구소(NICE)라는 전제 정권을 지지하도록 인간을 강압하기 위한 뉴스 조작 임무가 맡겨진다.[5] 무릎을 굽히지 않고 다리를 쳐들며 걷는 NICE의 경찰력은 "위생 집행관"으로 완곡하게 표현된다.[6] NICE 자체도 완곡어법으로 실은 유사 과학에 빠진 허무주의자 간부단이며, ("매크로브"로 개명된) 사탄 세력과 한통속이다. "인간을 우주의 왕좌에" 앉히는 게 그들의 목표라지만 사실상 이는 "인간 폐지"나 다름없다.[7]

오늘날 완곡어법이 판친다.[8] 이제 "낙태"는 유전적으로 유일무이한 태내 인간을 죽이는 행위(신학적으로나 과학적으로나 그게 사실이다)가 아니라 단지 자궁 내용물의 적출이고, 《1984》 속 신어의 "비인간"과도 같은 "세포 덩어리"의 제거다. 낙태에 반대하면 무조건 "여성을 공격하는 전쟁"으로 간주된다. 사실 탐욕스러운 낙태 산업이 성인 여성과 태아 여성 양쪽 모두에게 피해를 주고 있는데 말이다.[9]

이런 어휘가 정말 인간에게 도움이 되거나 실재에 상응하는지를 당신이 의심한다면, 당신을 겁주어 결국 침묵시킬 저주의 낙인이 두루 준비돼 있다. 오웰은 "당에서 2+2=5라고 발표하면 결국 당신은 그렇게 믿어야만 한다"라고 썼다.[10] 우리 세상의 일부 엘리트층 논리대로라면, 발전을 거듭하는 그들의 술어를 따라 하지 않는 당신은 편견이나 혐오, 공포에 사로잡힌 사람일 수밖에 없다. 그리하여 그들은 당신을 재교육하거나 입막음해야만 한다(정말 편견이나 혐오, 공포에 사로잡힌 이들을 가장 확실히 식별하려면, 대개는 다른 모든 사람을 편견이나 혐오, 공포에 사로잡혔다고 비난하고 다니는 이들을 찾으면 된다).

이런 말장난에 저항하는 건 사람을 혐오하거나 공포에 사로잡힌 것과는 전혀 관련이 없다. 우리가 저항하는 이유는 그런 옹호자들이 여러 중요한 단어를 무기 삼아 외부의 실재를 부정하고 우리에게 소처럼 맹목적인 복종을 요구하기 때문이다. 말에는 실재를 드러내거나 배격하는 위력이 있기에 기독교는 유구한 역사 동안 말을 중요시했다. 예수님이 친히 "네 말로 의롭다 함을 받고 네 말로 정죄함을 받으리라"라고 말씀하셨다(마 12:37). 그 고귀한 전통을 우리도 고수해야 한다. 날마다 대상의 이름을 제대로 부르는 습관을 들여 자아 숭배교에 맞서는 이단자가 되라.

사랑은 "2분 52초간의 마찰 소리" 그 이상이다

그렇다면 "사랑"이란 단어의 의미는 우리 시대에 어떻게 변했을까? 록 밴드 섹스 피스톨즈의 조니 로튼은 "사랑이란 2분 52초간의 마찰 소리에 불과하다"라는 유명한 말을 했다. 하나님이 존재하지 않고 인간의 기원이 과연 순전히 자연주의로 설명된다면, 사랑을 육욕의 성행위로 전락시킨 로튼의 말이 틀렸다고 보기도 힘들다. 우리가 무수한 임의 돌연변이와 자연도태의 운 좋은 부산물이라면, 사랑이란 생존을 위한 체액 교환에 불과할 뿐 그 이상의 의미는 들어설 자리가 없다.[11] 하지만 사랑의 의미가 무엇이든 간에 그 이상인 것만은 분명하다.

사랑의 더 깊은 의미를 우리 집 차고에서 한번 찾아보겠다. 거기에 스프레이 물감으로 그린 대형 스텐실 작품이 걸려 있다. "사랑은 감상적 유행어가 아니다"라는 제목 위쪽으로 열다섯 명의 위대한 지성인 두상이 사랑의 정의에 도움이 되는 각자의 명언과 함께 스텐실로 찍혀 있다.

이 문장들을 곰곰이 생각하면서 그것이 당신이 이해하고 누리는 사랑에 어떤 의미를 부여하는지 보라.

네 하나님 여호와께서 네 마음에 할례를 베푸사
너로 네 하나님 여호와를 **사랑하게** 하사 생명을 얻게 하시리라.
모세

두 사람이 한 사람보다 나으니
네 **사랑하는** 아내와 함께 즐겁게 살지어다.

솔로몬

아버지께서 창세전부터 나를 **사랑하셨사오니**
나를 **사랑하신 사랑이** 그들 안에도 있게 하옵소서.
예수님

주께서 너희 **사랑이** 더욱 많아 넘치게 하시기를 원하노라.
바울

사랑하는 자들아, **사랑은** 하나님께 속한 것이니
우리가 서로 **사랑하자.**
요한

하나님을 **사랑하라,** 그리고 네 뜻대로 하라.
아우구스티누스

사랑은 죽어 있는 허상이 아니라 신성의 살아 있는 본체로서
모든 선을 넘치도록 발산한다.
마르틴 루터

만민 중에 뛰어나신 존재요, 무한히 위대하고 선하신 하나님께

*

덕이란 곧 **사랑이다**.

조나단 에드워즈

종교의 지고한 목적은 우리가 좋은 남편과 아버지와 친구로서
사랑하게 하는 것이다.

윌리엄 윌버포스

죄에 빠진 사람까지도 **사랑하라**.
그래야 하나님의 **사랑을** 닮을 수 있다.

표도르 도스토옙스키

그리스도를 **사랑하는** 종족이 아니라면
우리는 종족으로서 소멸할 것이다.

알렉산드르 솔제니친

사랑은 우연히 생겨난 게 아니라 태초부터 그분께 늘 있었다.

프란시스 쉐퍼

사랑이 없다면 나는 가히 인간이라 할 수 없다.

조니 캐시

여기 진화의 최음제가 아닌 훨씬 그 이상인 사랑이 있다. 사랑은 무수한 임의 돌연변이의 산물이 아니다. 사랑은 변이를 일으킬 분자나 세포가 있기 전부터 존재했다. "사랑은 하나님께 속한 것"이다(요한). 성부 성자 성령의 희생 공동체에서 사랑은 그야말로 "신성의 살아 있는 본체"다(루터). 예수님은 "아버지께서 창세전부터 나를 사랑하[셨다]"고 말씀하셨다(요 17:24). 사랑은 정말 "태초부터 그분께 늘 있었다"(쉐퍼). 빅뱅과 은하계, 지구와 인류, 혐오와 인종차별, 외로움보다 사랑이 먼저 있었다.[12]

하나님이 자신의 창조 세계에 대해 처음으로 "좋지 아니하니"라고 말씀하신 것은 혼자 있는 인간 아담을 보셨을 때였다(창 2:18). 그리하여 그분은 하와를 창조하셨다. 사람과 사람 사이의 사랑이 가능해지자 비로소 그분은 창조 세계가 그냥 좋은 정도가 아니라 "심히 좋았더라"라고 선언하셨다(창 1:31). 본래 그분이 우리를 지으실 때부터 친밀한 관계와 소통은 인간의 중심이요 핵심을 이루었다. 그것이 없다면 우리는 "종족으로서 소멸"하며(솔제니친) "가히 인간이라 할 수 없다"(캐시).

여기 과학이 점차 성경을 따라잡고 있는 사례가 또 있다. 하버드의 로버트 퍼트넘이 실시한 연구 결과에서는 "소속 단체가 없는 사람이 단체에 가입하면 이듬해 사망할 위험이 절반으로 줄어든다"고 했다.[13] 또 다른 연구에서는 건강에 해로운 흡연, 부실한 식단, 과음 등의 습관이 있어도 인간관계가 풍성한 사람이 건강에 좋은 습관이 있어도 고립된 사람보다 오래 산다는 결과가 나왔다. 관계가 단절된 사람은 그렇지 않은 사람보다 사망 확률이 세 배나 높았다![14]

이 연구가 주는 교훈은 술을 병째 들이켜고 줄담배를 한 갑씩 피우고 기름기 많은 페퍼로니 피자를 마구 먹어도 된다는 말이 아니다. 정말 "두 사람이 한 사람보다 〔낫다〕"는 것이다(솔로몬). 공동체의 하나님이 공동체를 위해 우리를 지으셨다. 우리는 연결돼 있을 때 활짝 피어난다. 첫째로 "만민 중에 뛰어나신 존재요, 무한히 위대하고 선하신 하나님"과 연결돼야 하고(에드워즈), 둘째로 "좋은 남편과 아버지와 친구로서"(좋은 아내와 어머니와 이웃으로서) 서로 연결돼야 한다(윌버포스).

앞에 나온 지성인들은 값싼 감상적 구호를 제시한 게 아니다. 사랑이 인간의 핵심 속성이며, 그러나 쉽지 않음을 인식했을 뿐이다. 타락한 우리 인간의 기본값은 자아 숭배다. 그래서 하나님을 사랑하려면 초자연적 업그레이드가 필요하다. 자기중심적인 우리 "마음에 할례"를 받아야 한다(모세, 신 30:6). 하나님을 참으로 사랑할수록 우리 "뜻대로 〔하기〕"가 더 자유로워진다(아우구스티누스). 하나님을 사랑하면 우리 뜻과 정서가 타인의 유익 쪽으로 재편되기 때문이다. 사람을 대할 때도 하나님이 우리를 도우셔서 "사랑이 더욱 많아 넘치게" 해 주셔야 한다(바울). 사람은 "죄에 빠진" 상태라서 대개 사람을 사랑하기란 극히 어렵기 때문이다(도스토옙스키).

거대한 비사유

지금까지 우리는 "사랑"의 두 가지 의미를 보았다. 하나는 얄팍하지만 또 하나는 다층적이고 풍부하다. 그런데 자아 숭배가 내놓는 사랑의 정의는 또 달라서 70억 가지도 넘는다. 사람마다 의미를 창출하는 주권적 존재로서 사랑이란 단어에 각자의 의미를 부여하기 때문이다. **#사랑은 사랑이다**라는 해시태그에 가장 널리 전제되는 사랑의 재정의도 그중 하나로서, SNS의 수많은 게시물, 시위 피켓, 자동차 범퍼에 두루 과시된다.

자아 숭배자가 재정의하는 이 사랑은 철학자들이 말하는 "비사유"(unthought)의 한 예다.[15] 비사유란 추론을 통해 도달한 가설이라기보다 추론의 출발점으로 그냥 전제되는 가설을 말한다. 유명한 포스트모던 소설가 데이비드 포스터 월리스는 물고기 비유에 그 개념을 잘 담아냈다. 나이 든 물고기가 우연히 두 젊은 물고기를 만나 아침 인사를 건넨 뒤 "물 상태가 어떤가?"라고 묻는다. "두 젊은 물고기는 계속해서 좀 더 헤엄쳐 나갔다. 그러다 마침내 한 물고기가 다른 물고기를 돌아보며 '도대체 물이 뭐지?'라고 말한다."[16]

서구 문화라는 어항에는 사랑에 대한 비사유가 넘친다. 물고기가 물을 대하듯 우리도 이런 비사유에 눈길을 주거나 의문을 품지 않는다. 그러니 이제라도 수질을 제대로 조사해 보자. 많은 동료 물고기의 죽음이 아마 물 상태와 상관있으리라.

여기 "거대한 비사유"라 할 만한 개념이 있다. 우리 모두가 의미를 창출하는 주권적 존재인 만큼, 사랑이란 다른 사람의 생활 방식과 신념을 무조건 지지하는 것이라는 개념이다. 진정으로 사랑하려면 상대의 갈망과 꿈을 예찬해야 하며, 그렇지 않으면 편협한 사람으로 낙인찍힌다. 인간의 감정이 타락하지 않아 문제 될 게 없다는 자아 숭배의 교리대로라면, 사랑의 이런 재정의는 당연한 논리적 귀결이다.

오늘날 이 비사유가 어떻게 작용하는지를 보려면 이렇게 질문해 볼 수 있다. "남부빈곤법률센터(SPLC)는 왜 자유수호연맹과 태평양법률협회, 심지어 미국소아과협회 같은 기관에 '혐오 단체'라는 딱지를 붙였을까?"[17] 답은 간단하다. 이들 단체가 감히 SPLC의 성적 신조[낙태권과 LGBTQ를 옹호한다-옮긴이]에 동의하지 않아서다. 그들의 이의가 합리적 반론에 근거한 것이고 또 그들이 다르게 살아가는 이들을 실제로 사랑하는데도, SPLC는 절대로 그럴 리가 없다고 단정한다. 이들 단체의 동기가 혐오일 수밖에 없다는 주장이다. 이것이 거대한 비사유의 위력이다.

이 비사유가 교회 안에도 들어왔다. 밀레니엄 세대 그리스도인의 거의 절반은 "다른 신앙이 있는 사람에게 장차 같은 신앙을 공유하기를 바라며 자신의 신념을 나누는 게 '잘못'이라는 데 적어도 웬만큼 동의한다."[18] 밀레니엄 세대가 "이견은 곧 비판이다"라고 믿을 확률은 X세대보다는 두 배, 베이비붐 세대와 노년층보다는 세 배나

높다.[19]

만일 비그리스도인에게 전도하는 게 잘못이고 복음을 거부하는 이들을 향해 이견을 품는 게 지나친 비판이라면, 예수님의 지상 명령은 대수롭지 않은 제안으로 전락한다. 결국 이 세대의 그리스도인은 우주 최고의 기쁜 소식을 부끄러워하지 않고 전하기보다 다소곳이 자신의 입에 재갈을 물리는 사람이 되고 만다. 그뿐 아니라 많은 사람이 속아서, 그렇게 스스로 재갈을 무는 게 오히려 사랑이라 믿는다. 사람들에게서 그들의 죄 문제에 대한 하나님의 기쁜 해법을 박탈하는 일인데도 말이다.[20]

비사유를 사유하다

거대한 비사유의 정체를 어떻게 폭로할 수 있을까? 여느 다른 가설의 정체를 폭로할 때와 똑같이 하면 된다. 비사유라는 특별 지위를 박탈해야 하는데, 그러려면 그에 대해 사유해야 한다. 다른 모든 신념처럼 똑같은 기준을 적용하여 증거를 따져 보고 의문을 제기해야 한다.

이 비사유는 진정한 관용을 불가능하게 하는가? 관용이란 서로 동의하지 않을 때도 사람을 존중한다는 뜻이다. 레이커스 팬과 셀틱스 팬은 어느 농구 팀이 우수한가에 대한 견해가 갈린다. 그리하여 진정으로 서로에게 관용을 베풀 수 있다. 그러나 레이커스 팬끼리는 어느 팀이 우수한가에 대한 서로의 입장을 관용할 수 없다. 견해가 일치하기 때문이다. 동의와 관용은 다르다.

이 비사유는 우리에게 비현실적 사랑관을 제시하는가? 나는 아내를 사랑하고 아내도 나를 사랑한다. 그러나 잔디를 깎아야 할 내가 낮잠을 자고 있다면 아내는 소파에 큰대자로 뻗어 코를 드르렁드르렁 고는 내게 박수를 보내지 않으리라. 고사목 껍질과 뉴질랜드 숲속 오지의 마오리 부족이 수확한 신비의 대추로 만들었다는 터무니없이 비싼 화장품을 아내가 거금을 들여 샀다면 내게 칭찬을 듣지는 못하리라. 우리 아이들이 고래고래 고함을 지르거나 코딱지를 튕기거나 팔꿈치로 서로를 찍어 누를 때 아내와 나는 환호하지 않는다. 이처럼 윌리엄스 가정에 견해 차이는 얼마든지 많이 있다. 그런데도 기적 중 기적으로 우리는 여전히 서로 사랑한다!

물론 성(性) 문제는 낮잠과 과소비와 코딱지 튕기기와는 다르며 그보다 훨씬 더 중요하다. 하지만 핵심은 같다. 사랑한다면 상대의 모든 선택을 한결같이 예찬하며 동의해야 한다는 개념은 가공의 세계에서나 가능하다. 당신이 소중히 여기는 이들을 생각해 보라. 개인이나 단체가 당신에게 매사에 무조건 자신의 말에 동의할 것을 요구한다면, 그들은 당신을 관계 안에 초대하는 게 아니라 전제 정권이나 광신도 조직 속으로 끌어들이는 것이다.

이 비사유에 이중 잣대가 적용되는가? 기독교 신앙에 동의하지 않고 그리스도인의 생활 방식을 조롱하는 행위는 이 비사유를 옹호하는 많은 이들에게 예삿일이 됐다. 하지만 이 비사유가 일관성 있게 적용된다면 다음과 같은 결론이 불가피해진다. 그리스도인의 정체성에 동의하지 않고 이를 예찬하지 않는 것이야말로 바로 편견과 혐오와 기독교 공포증이라는 것이다.

이 비사유는 일종의 폭력으로 악용될 수 있는가? 우리 그리스도인은 자신이 하나님께 입양된 자녀라 믿는다. 이는 그리스도인의 정체성의 핵심을 이루는 진실한 신앙이다. 그렇지만 그리스도인이 비그리스도인에게 자신을 "진정한 유일신의 입양 자녀"라 부르라고 요구한다 하자. 그렇게 부르지 않는 사람을 혐오에 사로잡혀 자신들의 존재를 말살하려 한다고 비난한다면? 하나님께 입양된 자녀라는 자신들의 정체성을 예찬하지 않는 모든 단체를 혐오 단체로 낙인찍는다면?

무슬림, 불교도, 무신론자에게 그리스도인을 그렇게 부르도록 요구하는 것은 일종의 세계관 폭력이다. 거기에 비그리스도인은 이렇게 반응할 수 있다. "당신이야 그게 자신의 실체라 믿을 수 있지만 내 세계관은 다르다. 당신은 내게 당신의 신앙을 은근히 강요할 권리가 없다. 내게 당신네 어휘를 당신네 방식대로 쓰라고 요구하면서 그리하지 않으면 언어폭력이나 사회적 매장으로 갚아 주겠다고 위협해서는 안 된다." 정당한 반박이다. 이런 강요는 기독교의 이웃 사랑과 공존할 수 없다.

그런데 **#사랑은 사랑이다**에서 촉발돼 학교와 기업과 교회와 회당과 모스크를 겨냥하는 많은 입법의 배후에 바로 그 같은 강요가 도사리고 있다. 이런 입법에는 독단적 주장이 물씬 배어난다.[21] 이는 하나님이 최고가 아니고, 인간은 타락하지 않았으며, 감정이 신성하다는 등의 교리적 신념을 법으로 떠받들려 한다.[22] 하지만 이런 교리는 헤르베르트 마르쿠제의 비판 이론이나 존 머니의 사회 구성주의나 주디스 버틀러의 퀴어 이론 같은 특정 세계관 내에서만 유효하며, 이런 세계관을 받아들이지 않는 사람이 수십 억 명에 달한다.

#사랑은 사랑이다라는 마케팅 구호에 속지 말라. 알리사 차일더스의 말처럼 "우리는 디즈니나 케니 로저스, 80년대 로맨틱 코미디가 퍼뜨린 사랑을 머릿속에서 지워야 한다. 진정한 성경적 사랑은 상대의 생활 방식을 무턱대고 인정하지도 않고 상대에게 내 정치 성향을 강요하지도 않는다."[23]

지금 서구에 정치적으로 전개되는 현상은 신정(神政)을 부르짖는 종교 근본주의자와 자유를 사랑하여 종교적 중립 상태에서 모든 생활 방식을 똑같이 존중하려는 세속주의자 사이의 대결이 아니다. 우리 눈앞에 펼쳐지는 건 다름 아닌 새로운 신정이다. 한 근본주의 신앙이 어떻게든 다른 모든 주장을 침묵시키고 자신만을 이 땅의 유일한 합법 신앙으로 떠받들려 하고 있다. 이 신앙에서는 창조주가 아니라 피조물이 인간의 목적을 규정한다. 이 신앙에는 우리의 교만을 꺾고 오류를 있는 그대로 지적해 줄 거룩하신 하나님이라는 기준점이 없다. 이 신앙은 우리 마음속의 모든 악을 우리의 자율적 정체성을 칭송하지 않는 온갖 제도 탓으로 돌린다. 이 신앙이 들여오려는 새 하늘과 새 땅은 그리스도 중심이 아니라 자아 중심이다. 이 신앙의 길잡이는 사도 바울이나 사도 베드로가 아니라 성 마르크스와 성 마르쿠제다. 분명히 말하거니와 이는 '신앙'이다.

오늘날 유행하는 성(性)적 '정설'을 받아들이지 않는 그리스도인이나 유대교인, 무슬림도 이웃을 진정으로 사랑할 수 있건만, 거대한 비사유의 위력 앞에서 이는 있을 수 없는 일로 취급받는다. 그리스도인은 성별 구분이 사회의 자의적 구성 개념보다 더 심오하며 남녀 구분을 없애면 소중하고 아름답고 생명력 있는 뭔가를 잃을 수밖에 없다고 믿는다. 그런데 이 시대의 거대한 비사유는 진실하고 변증 가능한 그 신념을 아예 배제하면서 "아니야, 그건 편견이나 혐오, 공포일 수밖에 없어"라고 우긴다.

수십억 인구에 대한 그들의 이 결론이야말로 다분히 편견과 혐오와 공포의 산물이다. 이렇듯 우리는 21세기에 《1984》의 덫에 갇혀 있다. 2+2=5이고, 전쟁과 노예제와 무지는 각각 평화와 자유와 힘으로 둔갑했다. 덧붙이자면 실제 편견과 혐오와 공포가 오히려 사랑이 돼 버렸다.

*

미셸 푸코와의 대화

앞서 여러 장에서 살펴본 미셸 푸코는 이념적 콘크리트를 부어 위대한 비사유의 기초를 놓은 가장 영향력 있는 사상가 중 한 사람이다. 니체를 존경하는 사람답게 그는 매사를 권력의 관점에서 보았다. 따라서 타인의 성적 생활 방식에 반대하는 사람이 있다면, 이는 '이성애를 정상으로 보는' 압제 권력을 행사하려는 것으로밖에 설명될 수 없다.

푸코의 주장이 맞는지 알아보기 위해 푸코와 내가 나누는 가상 대화를 설정해 보려 한다. 푸코는 1984년에 에이즈로 때 이른 죽음을 맞이했는데, 내가 그 이전으로 거슬러 올라가 그와 대화할 수 있다면 이런 내용을 묻고 나누고 싶다.

어느 밤, 샌프란시스코의 어느 세련된 카페에서 나누는 대화다.

나 ⟋ 인간의 성에 대한 당신의 견해를 충분히 읽어 보았습니다.

푸코 ⟋ 좋습니다. 어땠나요?

나 ⟋ 괜찮으시다면 지금 당신의 결론 중 일부를 시험해 보고 싶군요.

푸코 ⟋ 해 보시죠.

나 ⟋ 솔직히 저는 성에 대한 당신의 철학적 사고보다 당신이라는 인간(동료 인간)에게 더 관심이 많습니다. 하지만 둘을 하나로 묶을 수도 있겠군요.

푸코 〵 좋아요. 흥미가 생기는군요.

나 〵 당신의 철학에 따르면 이성애는 역사적으로 하나의 권력
구조였고 지금도 마찬가지입니다. 이성애 이외의 욕망을
느끼는 이들을 억압하려고 이성애를 내세운 거죠.

푸코 〵 비슷합니다.

나 〵 당신도 이성애 이외의 욕망을 느끼는 부류에 속합니까?

푸코 〵 아시는 대롭니다. 젊은 학창 시절이었으니까 내가 파리에서
리세 앙리 4세 학교에 다니던 1940년대 말이겠군요. 그때
처음으로 파리의 이런저런 시설에서 몰래 내 성적 성향을
탐색했습니다. 어찌나 수치심이 들던지 자해를 하곤
했지요. 그때는 게이 프라이드라는 게 없었잖아요. 당시의
프랑스 법으로는 내 성적 성향이 아직 범죄였으니까요.
권력을 과시하던 어느 프랑스 정신과 의사가 나를 동성애의
대표적 사례로 진단하기도 했습니다. 다행히 지금은 훨씬
나은 곳에 살고 있습니다.

나 〵 그게 어디인가요?

푸코 〵 샌프란시스코입니다.

나 〵 어떻게 더 좋다는 거죠?

푸코 〵 이성애 다수파의 지배와 억압에 적극적으로 저항하는
도시거든요.

*

나　—　어떻게 말입니까?

푸코　—　버클리에서 가르치려고 샌프란시스코에 도착하던
1975년 당시에 나는 그보다 더 행복할 수가 없었습니다.
지구상에서 성적으로 가장 해방된 공동체 중 하나를
만났으니까요.

나　—　거기서 경험하신 "성적 해방"이란 어떤 겁니까?

푸코　—　무엇이든 다 가능했죠. 부트 캠프(신병 훈련소), 브리그(군함
내 구치소), 배럭스(군대 막사) 같은 클럽에서 내가 원할
때마다 사디즘과 마조히즘 섹스를 즐길 수 있었으니까요.

나　—　그게 뭐죠?

푸코　—　그러니까 재갈을 물리고, 찌르고, 베고, 전기 충격을
가하고, 고문하고, 손발을 묶고, 살을 지지고, 뭐 그런 거죠.
내가 직접 수집한 쇠 집게, 수갑, 머리 씌우개, 재갈, 채찍,
몽둥이만도 제법 많습니다.

나　—　흠, 당신이 말하는 "성적 해방"은 문자적 의미의 성적
속박처럼 보이는군요. 《성의 역사》(The History of Sexuality)
1권에서 당신은 "파우스트의 계약은 …… 삶 전체를 섹스
자체 및 섹스의 진리와 주권과 맞바꾸는 것이다. 섹스를
위해 죽어도 아깝지 않다"라고 썼습니다. 정말 그렇게
믿으십니까?

푸코　—　믿는 정도가 아니라 정말 그렇게 삽니다.

나　그런 삶이 지속 가능하다고 보십니까? 당신의 영웅 중 하나로 당신이 장례식에 참석했던 장 폴 사르트르도 무모하리만치 마음껏 성욕에 탐닉했습니다. 그런데 성적 쾌감의 스릴이 점점 줄어들어 결국 "텅 비어" 버렸다고 본인이 직접 시인했지요. 그래서 그 빈자리를 채우려고 보드카를 입에 달고 살면서 수없이 많은 파트너를 갈아치웠지 않습니까.

푸코　그게 어때서요! 나는 사르트르가 아닙니다. 나는 그를 능가했고, 위대한 성 혁명가 마르키 드 사드도 능가했다고 믿습니다. 사드가 얻은 성적 만족은 한참 부족했거든요.

나　당신이 장려하는 성적 생활 방식에 동의하지 않는 이들에게는 뭐라고 말씀해 주시겠습니까?

푸코　그들이 압제하고 있다고 말해 주겠습니다. 본인은 모르거나 자신을 속이고 있을 수 있지만 그들은 더 많은 권력과 특권을 바랄 뿐입니다. 나를 비롯한 나머지 사회에 자기네 성적 규범을 강요하면서 나처럼 사는 사람들을 악마로 규정해요. 그러면 권력을 유지할 수 있다고 생각하는 거죠. 내가 보기엔 참 한심합니다. 그들 마음속에 혐오와 두려움이 있어요.

나　이렇게 물어보겠습니다. 한번 상상력을 발휘해 주십시오. 앞으로 불과 수십 년 후에 사실상 모든 주요 대학, 모든

주류 언론, 세계 최대 기업들, 대다수 유력 연예인과
체육인, 수백만 달러 규모의 영화들, 아이들의 학교 교육과
프로그램, 백악관, 대다수 국회의원, 유엔(UN; 국제연합),
심지어 많은 교회까지도 섹스에 대한 당신의 신념을
받아들이게 된다면 어떨까요? 그런 신념을 받아들이지
않는 사람들은 날마다 비방당하고, 직장에서 해고되고,
법정에 끌려가고, 리더 직위에서 배제되고, 대놓고
조롱당하며, 성에 대한 자신의 신념을 정립하고 유지하고
공적으로 표현할 자유를 박탈당하고, 권력 실세의 정설에
동조하지 않는다는 이유로 처벌받는다면 어떨까요?

푸코 ╱ 그게 어때서요? 나한테는 좋기만 한데요.

나 ╱ 물론 그렇겠죠. 하지만 그 모든 기관이 권력을 휘둘러
인간의 성에 대한 자기네 사고방식을 강요하면서 나머지
모든 사람을 배척하고 낙인찍는 바로 그 상태가 어디서
많이 듣던 말 같지 않습니까? 당신 기준으로 볼 때
그거야말로 당신이 평생 맞서 싸운 압제와 권력 쟁취가
아니냐는 겁니다.

푸코 ╱ (다소 불쾌해 보인다.)

나 ╱ 솔직히 말하겠습니다. 나는 당신을 혐오하거나 두려워하지
않아요. 당신을 압제하거나 지배할 마음도 전혀 없습니다.
나는 당신을 사랑합니다. 사랑하기에 당신에게 솔직해지고

싶습니다. 내가 믿기로 당신과 당신의 그 해박한 지성은 부트 캠프와 브리그와 배럭스에서 얻는 것보다 훨씬 그 이상을 위해 창조됐습니다. 내가 믿기로 아무리 화끈한 천만 가지 성적 쾌감도 창조주와의 관계에서 당신이 얻을 수 있는 의미에 비하면 아무것도 아닙니다. 내가 믿기로 예수님은 당신을 구원하여 영원히 지속되는 진짜 만족을 주기 원하십니다. 이름조차 알 수 없는 당신의 많은 성 파트너와 달리 그분은 당신을 미셸 푸코라는 이름으로 아시며 당신의 머리털까지 일일이 다 세십니다.

푸코 ⟋ 내 머리털을 누군들 못 셀까요. 난 머리털이 하나도 없는데!

나 ⟋ 아, 그렇군요! 어쨌든 다시 진지하게 말하자면, 내가 믿기로 당신은 예수 그리스도 안에서 주어지는 영원한 기쁨보다 훨씬 못한 것에 안주하고 있습니다. 내가 믿기로 당신이 성욕으로 자신을 규정하는 건 당신에게 해롭습니다. 내가 믿기로 성적 성향을 그렇게 당신의 핵심 정체성으로 혼동하면 결국 당신이 비하되고 당신의 진정한 가치가 형편없이 과소평가됩니다. 가죽옷 차림의 파트너들 말고도 자기 자신의 노예가 되죠. 믿지 않을지 모르지만 당신은 하나님의 형상대로 지어진 존재입니다. 당신의 창조주를 알고 즐거워하도록 지어졌어요. 당신이 그리하기를 내가 얼마나 간절히 바라는지 당신은 모를 겁니다. 이래도 내가

*

당신을 혐오하거나 두려워한다고 보십니까?

푸코 ╱ 이성애를 정상으로 보고 내게 권력을 행사하려는 압제
시스템에 당신도 가담하고 있다는 내 생각은 여전히
변함없습니다.

나 ╱ 나는 당신에게 아무것도 강요할 마음이 없어요. 예수님이
당신의 주님이 되고자 하십니다. 장담하건대 그분은
당신이 죄의 세계를 버릴 만한 가치가 있는 분입니다.
당신에게 회개를 권하고 싶습니다. 내가 혐오나 지독한
편견에 사로잡혀 있어서가 아니라 당신을 사랑하고 당신이
잘되기를 바라기 때문입니다. 당신은 철학으로 명성을
얻었고 성적 모험도 많이 즐겼지만 인간이 누릴 수 있는
가장 영원한 기쁨을 놓쳤습니다. 이를 너무 늦지 않게
깨달으셨으면 좋겠습니다.

푸코 ╱ (약간 어리둥절해 보인다. 잠시 발작적으로 기침하다가 힘 주어
악수한 뒤 어둠 속으로 나간다).[24]

부디 하나님 마음을 따르라

푸코가 촉진한 거대한 비사유에 자기도 모르게 속은 사람이 얼
마나 많은가. 다른 사람을 진정으로 사랑하면서도 견해는 다를 수

있다. '사랑함에도 불구하고'가 아니라 '사랑하기 때문에' 동의하지 않을 수 있다. 물론 사랑 없이 반대하고 혐오와 두려움 탓에 다른 사람의 인간성을 짓밟는 것도 얼마든지 가능하다. 우리도 다 그런 적이 있다. 그러나 그 전제에서 '다른 의견'은 곧 혐오라는 결론으로 건너뛰는 건 불합리한 비약이다.

많은 이들이 그와 같이 비약하려는 이유는 **#사랑은 사랑이다**가 겉으로는 사랑처럼 들리기 때문이다. 모든 사랑 방식을 똑같이 정당한 것으로 수용하고 예찬하면 좀 어떤가? 하지만 바로 그런 태도 때문에 진정한 무조건적 사랑이 불가능해진다. 구원하는 사랑을 베풀 수도, 받을 수도 없게 된다.

성경의 네 가지 은유를 생각해 보라. 하나님은 토기장이와 목자와 아버지와 신랑처럼 우리를 사랑하신다. 각 시나리오에 이 시대의 비사유를 대입해 보라. 토기장이는 흙덩이를 어찌나 사랑하는지 그저 웃으며 등이나 토닥일 뿐 진흙을 그 이상의 작품으로 공들여 빚지 않는다. 목자는 양 떼를 어찌나 사랑하는지 양들이 아무 데나 헤매며 쓰레기를 먹든 가시덤불에 걸리든 그냥 내버려 둔다. 아버지는 아들을 어찌나 사랑하는지 아들에게 굳이 바르고 용감하게 살라는 고결한 비전을 제시하지 않는다. 신랑은 신부를 어찌나 사랑하는지 온라인으로 명품을 살 때 말고는 손가락 하나 까딱하지 않고 온종일 샴페인이나 벌컥벌컥 마시도록 온갖 비용을 다 대 준다.

각 시나리오에서 이 "사랑한다"라는 단어가 참으로 우습게 변한다. 우리 문화가 교만을 진정성이라 잘못 부르듯, 우리는 냉담과 정중한 맹목적 수용을 참사랑이라 착각한다. 하나님은 사상 최고의 토기장이요 목자요 아버지요 신랑이시기에 자신의 모든 신성을 우리를 인정하는 데 쓰지 않고 우리를 변화시키는 데 쓰신다.

사랑은 무턱대고 "지금의 너대로 좋다"라고 말하는 게 아니라 구원에 이르도록 "본연의 네가 되라"라고 말한다. 자아 숭배는 우리에게서 경외, 독창성, 자유, 진정성, 겸손, 용기, 모험만 앗아 가지 않고, 하나님의 사랑처럼 참으로 구원하는 사랑을 주고받을 수 있는 즐거운 능력까지 앗아 간다.

마지막으로 당부하노니 아니, 애원하노니 부디 모든 해시태그 선전에 놀아나는 봉이 되지 말라. 우리 시대 곳곳에 배인 자아 숭배 신조를 뻔뻔하리만큼 거부하고, 자아 숭배가 외치는 대표 십계명을 당당히 어기라. 시대의 흐름에 맞서는 대담한 이단자가 되라!

책의 시작이 그랬듯 마무리도 아홉 살 아이의 지혜로 하자. 당신의 마음을 따르지 말라. 당신의 마음은 타락했으니 하나님의 마음을 따르라. 그게 훨씬 낫다!

하나님 마음을 선택한 사람들

월트 헤이어는 성 정체성 문제로 힘들어하는 이들의 삶에 예수님의 사랑과 이해와 복음을 접목하기 위한 사역 기관(www.waltheyer.com)을 운영하고 있다. 자아 숭배교에 맞서는 이단자이기도 해서 **#사랑은 사랑이다**라는 계명을 당당히 어긴다. 다음은 그의 이야기다.

나는 성전환 수술을 받은 뒤 8년간 로라 젠슨이라는 여성으로 살았다. 모든 일은 내가 네 살 때 시작됐다. 양재사인 우리 할머니가 내게 자주색 시폰 드레스를 만들어 입히고는 아주 예쁘다며 칭찬을 퍼부었다. 모든 어린아이처럼 나도 인정받고 주목받는 게 그저 좋았다.

오늘날 많은 이들은 할머니의 인정이 손자를 성 고정관념의 압제에서 해방시켰다며 찬사를 보내겠지만, 사실 그건 거부할 수 없는 아동 학대였다. 아동의 정체성은 성인의 영향을 받기가 아주 쉽다. 할머니의 '인정'의 배후에는 내게 뭔가 문제가 있고 내 몸이 잘못됐다는 미묘한 메시지가 숨어 있었다. 거기서 엄청난 혼란과 우울과 불안이 비롯됐다. 고작 2년 반 동안만 여자 옷을 입었을 뿐인데 그 영향이 어찌나 컸던지 남자라는 내 정체성이 편하지 않았고, 이 싸움은 쉰 살이 될 때까지 계속됐다.

어렸을 때 여자 옷을 입고 지내다 삼촌에게 여러 번 성폭행을 당하기까지 했다. 자주색 드레스를 입고 인정받다 보니 혼란에 빠졌다. 성폭행의 상처는 내 일그러진 정체성을 더욱 악화시켰다. 그 사실을 알리는 내게 부모님은 "네 삼촌이 그럴 사람이 아니지"라고 말했다. 억지 여장과 성폭행으로도 모자라 이제 거짓말쟁이까지 된 셈이니 단단히 꼬인 삶이었다.

성인이 된 나는 유년기의 고통을 잊으려고 술을 마셨다. 결혼하여 두 자녀를 낳고 회사 고위 관리직에 오른 뒤에는 더 잦아졌다. 겉으로는 다 좋아 보였지만 속으로는 괴로워서 견디기가 힘들었다.

한 치료사가 "월트, 호르몬 주사를 맞고 성전환 수술을 받으세요"라고 해법을 제시했다. 그는 성 정체성 장애 치료법의 국제 기준을 정한 세계적 수준의 전문가였지만, 어렸을 때 당한 성폭행을 한 번도 심각한 전조로 보지 않았다. 나 역시 유년기의 암울한 경험이 어떻게 나를 절망으로 몰아가는지 알 길이 없었다. 내가 누구라고 그에게 의문을 제기하겠는가?

아주 어려서 당한 성폭행과 여장이라는 심리적 아동 학

대를 무시한 채 내 정체성을 호르몬과 수술에 내맡긴 것은 자멸에 이르는 행위였다. 8년간 나는 전문 의료진과 공모하여 내 정체성의 생물학적 실재에 저항했다. 그게 바르고 멋진 일이라 생각했고, 이로써 내 문제가 해결될 줄 알았다.

나처럼 성전환을 하도록 사람들을 돕고자 박사 과정을 밟던 중에 성별 불쾌감에 대해 좀 더 배웠다. 알고 보니 유년기의 불운한 배후 경험은 어디서고 논외로 여겼다. 하지만 지난 12년간 내가 성 정체성 문제로 힘들어하는 많은 사람을 도왔는데, 그들은 타고난 성별이 불편하게 느껴진 계기와 시점과 고통과 상실을 하나같이 다 정확히 짚어 냈다. 그중 성폭행 당한 경우가 절반 이상이었다.

여러 연구 결과를 보면, 성별 불쾌감을 느끼는 아동의 최고 92퍼센트는 성인들이 성전환을 부추기지 않으면 커가면서 거기서 벗어난다고 나온다. 그런데 자칭 의료 전문가들은 아동에게 사춘기 억제제를 주입하여 자연스러운 발육을 막으면서 이를 자랑처럼 떠벌린다. 아이의 몸에 대해 하나님 행세를 하는 것이다. '사랑'과 '인정'이라는 이름으로 12-13세 소녀의 유방을 도려내다 못해 점점 더 낮은 연령대의 몸까지 절단한다. 이렇게 그들은 트랜스 젠더 아동을 만들어 내고, 그럴수록 우울과 불안도 함께 양산한다. 연민의 선봉으로 가장한 약탈자들이 돈벌이로 청소년의 몸과 삶을 결딴내고 있다.

충격은 거기서 끝나지 않았다. 성전환 수술과 호르몬 요법의 역사를 공부해 보니 이는 빌헬름 라이히, 해리 벤저민, 존 머니, 알프레드 킨제이 같은 소아성애 권리 옹호자들이 선도한 유사 과학이었다. 트랜스 젠더 당시의 내게 필요했던 것은 내 감정을 무조건 다 인정해 주는 이념적 '사랑'이 결단코 아니었으며, 내 잘못을 온유하게 지적할 만큼 나를 진정으로 사랑해 줄 '사람'이었다. 집도의에게 몸을 맡긴 게 내 잘못이었다. 내게 호르몬 요법과 성전환 수술을 부추긴 의사도 아무리 전문가라지만 틀렸다.

내 잘못을 인정하고 나니 마음의 문이 열렸다. 주 예수 그리스도가 나를 구원해 주셨고, 그분 안에서 나는 참자아를 발견했다. 누구든 자신이 완전하지 못함을 인정하고 완전하신 창조주께 마음을 열 때 비로소 진정한 변화와 구원이 이루어진다. 나는 다시 월트로서 참자유를 얻었고 아주 아름답고 지혜로운 여인과 결혼한 지 25년째다. 다 예수님 덕분이다.

우리는 사역 기관(sexchangeregret.com)을 세워 자신이 속았음을 너무도 고통스럽게 깨달은 이들을 돕고 있다. 이런 사례가 알려지지 못하게 사회에서 자꾸 막거나 금해서 그렇지 나 같은 "탈 성전환자"가 많다. 젠더 이념의 거짓말에 저항하여 깊은 기쁨과 의미를 발견한 그들은 하나님이 지으신 본연의 자신으로 살아가고 있다.

· 월트 헤이어

자아 숭배에 맞서는 기도

사랑하는 하나님, 하나님은 말씀으로 우주를 창조하시기 전부터 언제나 성부, 성자, 성령으로 친밀한 공동체를 이루셨습니다. 외롭거나 아쉬워서 창조하신 게 아니라 차고 넘치는 사랑으로 창조하셨고, 저를 지으실 때도 사랑하라고 지으셨지요. 그런데 저는 타락한지라 걸핏하면 이기적으로 행동하고, 사랑을 감상적 유행어나 값싼 구호로 전락시킵니다.

하나님, 주님을 참으로 사랑하도록 도와주소서. 그리하여 날마다 주님께 순종하면서 주님을 더 깊이 즐거워하게 하소서. 또한 다른 사람과의 관계에도 사랑이 더욱 많아 넘치게 하시되 사랑하기 힘들 때일수록 특히 더 사랑을 더하여 주소서. 사랑에 어긋나는 제 마음의 모든 습관을 다스려 주시고, 저를 향한 주님의 사랑이 제 정체성의 가장 중심이요, 핵심이 되게 하소서. 제게서 하나님의 사랑이 워낙 돋보여서 세상 사람들도 이를 보고 예수님의 실체를 더 잘 인식할 수 있게 하소서. 예수님의 이름으로 기도합니다. 아멘.

자아 숭배에 맞서는 연습

에필로그로 넘어가기 전에 다음 중 서너 가지를 실행하여 **#사랑은 사랑이다** 계명을 어기는 기술을 연마하라.

1. 사랑 장으로 유명한 고린도전서 13장을 읽으라. 성경적 사랑의 속성을 쭉 읽으면서 이번 주에 당신 안에도 사랑의 속성을 길러 달라고 성령께 구하라.
2. 당신의 삶에서 사랑과 가장 거리가 먼 습성이나 그릇된 습관을 세 가지만 떠올려 보라. 이를 예수님의 십자가 앞으로 가져가 하나님 아버지께 진실되게 고백하라. 그런 습성을 주권적으로 다스려 달라고 성령께 구하라.
3. 요한일서 3장 18절은 우리에게 말로만 하지 말고 행함으로도 사랑하라고 명한다. 오늘 어떻게 사랑을 실천할 수 있을지를 세 가지만 생각해 보고 가서 그대로 행하라.
4. 당신이 사랑하는 이들 중에 그 자신에게 해로운 일을 하고 있는

사람 세 명을 떠올려 보라. 각 사람의 이름을 부르며 기도하라. 나아가 하나님의 섭리로 그들을 만나게 하셔서 사랑으로 회개를 권할 수 있게 해 달라고 구하라.

5. 신약 교회의 특징은 잘 짜인 사역 프로그램이 아니라 깊고 진정한 사랑이다. 이번 주말에 지역 교회에 출석하라. 소비자처럼 무엇을 얻을까만 생각하지 말고 예수님의 마음으로 '어떻게 하면 주변 사람들을 가장 잘 사랑하고 섬길 수 있을까?'를 스스로에게 물어보라. 교회에서 섬길 수 있는 활동을 알아보고 참여하라.

삶의
해시태그
다시 쓰기

새로운 종교가 전 세계를 휩쓸고 있다. 미국인의 84퍼센트는 "삶의 최고 목표는 즐기는 것"이라 믿는다. 86퍼센트가 만족을 얻으려면 "자신이 가장 갈망하는 것들을 추구해야" 한다고 밝혔으며, 91퍼센트가 "자아를 발견하는 최선의 방법은 자기 내면을 들여다보는 것이다"라는 말에 동의했다.[1]

이 자아 숭배교는 다음과 같은 특성을 보인다.

1. **가장 존엄한 삶을 약속하지만 ✦ 우리에게서 경외를 앗아 간다.**
2. **첨단으로 자처하지만 ✦ 절망적이리만치 구태의연하다.**
3. **마음을 따르라고 명하지만 ✦ 우리 마음은 나뉘어 있고 타락했다.**
4. **자아에 충실하라고 부추기지만 ✦ 자신도 모르게 여러 실패자를 추종하게 만든다.**

5. 도덕의 주인이 되라고 말하지만 ✦ 우리에게서 용기와 진실성을 앗아 간다.

6. 고삐 풀린 자극적인 체험과 모험으로 우리를 부르지만 ✦ 결국 지독히 단조로워진다.

7. 답이 자기 내면에 있다고 말하지만 ✦ 우리 내면에는 문제가 있을 뿐이다.

8. 진정성을 내세우지만 ✦ 우리를 교만하게 만든다.

9. 실재의 순리를 어겨도 된다고 주장하지만 ✦ 아무도 실재의 응징을 피할 수 없다.

10. 자칭 사랑이라 선전하지만 ✦ 우리 모두를 편견과 혐오에 사로잡힌 사람으로 만든다.

다음 선언문에 서명한 우리는 사회에 만연하여 사회를 좀먹는 자아 숭배에 맞서기로 결단한다. 광고업자, 팝 스타, SNS 인플루언서, 대학교수, 애니메이션 캐릭터가 자아 숭배의 교리를 들이밀어도 우리는 순한 소처럼 고분고분 따라가지 않는다. 오히려 우리 시대의 종교적 자아도취를 적극적으로 전복하기 위해 다음과 같이 살기로 다짐한다.

1. 나는 성경의 하나님을 경외한다.

2. 나는 실재를 스스로 규정하라는 옛 뱀의 거짓말을 물리친다.

3. 나는 내 마음보다 하나님의 마음을 따른다.

4. 나는 자아 숭배 옹호자들의 모든 실패한 철학에 항거한다.

5. 나는 시대의 거짓과 악과 추태에 맞서, 객관적 참됨과 선함과 아름다움을 과감히 옹호한다.

6. 나는 내 주관적 평지에서 헤매지 않고 하나님 나라를 추구하는 험지를 오른다.

7. 나는 답을 내면에서 찾지 않고 하나님 말씀에 의지한다.

8. 나는 하나님이 신이시고 나는 신이 아니라는 진리 앞에서 진정성 있게 살아간다.

9. 나는 하나님이 주신 자유를 그분이 주신 도덕적 실재의 틀 안에서 표현한다.

10. 나는 다른 사람을 사랑하되 현세에 잘되게 하고 영원한 구원에 이르게 하기 위해 사랑한다.

서명

_____

우리는 삼위일체 하나님의 도우심 없이는 이 결단을 단 하나도 실천할 수 없기에, 그분의 신성한 능력과 은혜를 초자연적으로 더해 주시기를 기도한다. 그래야만 우리 삶으로 '자아'라는 거짓 신이 아닌 '성부, 성자, 성령'을 영화롭게 할 수 있다.

오직 하나님께 영광을 돌린다.

웹사이트 www.jointheheretics.com에서 당신도 하나님의 영광을 위해 자아 숭배에 저항하는 구원의 대열에 합류할 수 있다.

감사의 말

집필 과정 내내 내게 좋은 음악을 선사해 준 라디오헤드, 더 폴리스, 크리던스, 아케이드 파이어, 엘보우, 호세 곤잘레스, 킹 기저드 앤 더 리저드 위저드, 로이 부캐넌, 모차르트에게 감사드린다.

친한 친구들이 없었다면 이 책이 나오지 못했으리라. 하나님을 경외하는 마음에 어우러진 그들의 잦은 괴짜 행위 덕분에 나 자신을 너무 심각하게 대하지 않고 하나님을 더욱더 중요시할 수 있었다. 조 멜러마, 조사이어 솔리스, 트레버 라이트, 유체 애니저, 콜튼 존스, 애런 맥케이, 존 퍼킨스, J. P. 모어랜드, 숀 머로니, 벤 카모나, 브라이언 코스탄조, 모니크 듀슨에게 고마움을 전한다.

조시 맥도웰과 조니 에릭슨 타다와 J. P. 모어랜드의 저작은 내 어리고 무른 신앙에 늘 좋은 자극이 됐는데, 그들의 간증을 책에 실을 수 있어 그야말로 **#내 꿈은 이루어진다**를 실감했다(웃음). 각자의 방식대로 톰 라이트가 말한 "굴절된 거울" 역할을 해 준 알리사, 월트, 자말, 알리사, 트레버, 데이비드, 오스카와 켈리 등 다른 기고자들에게도 감사드린다. 그들의 간증은 하나님의 영광을 독자에게 반사해 낸다.

고매한 인품의 에릭 토네스, 더그 허프먼, 스캇 레이, 클린트 아놀드가 바이올라대학교와 탈봇신학교의 내 상사로서 너그럽게 뜻을 합해 2022년 봄 학기를 내게 연구 안식년으로 하사한 덕분에 책을 쓸 수 있었다. 감사드린다. 이번 기획의 가능성을 보고 내게 격려를 아끼지 않으며 창작의 재량을 듬뿍 허락해 준 존더밴 출판사의 라이언 패즈더에게 감사드린다. 에밀리 보스, 킴 태너와 또 한 번 협업할 수 있어 기뻤다. 테일러 랜드리는 두서없고 장황하기 일쑤인 내 문체가 이번이라고 '달라지리라는 조짐이 전혀 없는데도' 다시 한 번 읽을 만하게 다듬어 주었다.

내 마음을 따르지 않고 하나님의 마음을 따르는 사람으로 길러 주시고 늘 응원해 주시는 내 부모님께 감사드린다. 아내 조슬린에게는 말로 다 고마움을 표현할 길이 없다. 내게 사랑과 깨달음과 막간의 희극을 아낌없이 베풀어 주는 우리 집 네 아이들 그레이시, 더치, 할로, 헨리에게 고맙다. 모두 자라서 하나님의 영광을 위해 자아숭배교에 맞서는 영향력 있고 막강한 이단자로 살기를 바란다.

*

주

프롤로그

1. Richard Dawkins, *The God Delusion* (Boston: MA: Mariner, 2008), 1. 리처드 도킨스, 《만들어진 신》(김영사 역간).

2. 이 문단의 인용문은 모두 다음 자료에서 가져왔다. "The End of Absolutes: America's New Moral Code," Barna, 2016년 5월 25일, https://www.barna.com/research/the-end-of-absolutes-americas-new-moral-code/. 이 현상이 새삼스럽지는 않다. 일찍이 1831년에 알렉시 드 토크빌은 명저가 된 《미국의 민주주의》를 쓰려고 취재차 대서양을 건넜다가 이런 현실에 맞닥뜨렸다. "셀 수 없이 많은 사람이 시시하고 뻔한 쾌락을 추구하며 그것으로 영혼을 채우기에 급급하다. 저마다 자아에 매몰된 채 다른 사람들의 운명일랑 거의 안중에도 없다. 서로 접촉하면서도 아무런 느낌이 없다. 오로지 자신만을 위해 존재한다." Alexis de Tocqueville, *Democracy in America*, Henry Reeve 번역, Bruce Frohnen 편집 (Washington, DC: Regnery, 2002), 268. 알렉시 드 토크빌, 《미국의 민주주의》(한길사 역간).

3. Roxette, "Listen to Your Heart," MP3 오디오, *Listen to Your Heart/ Half a Woman, Half a Shadow* 트랙1, EMI Electrola, 1988.

4. Reba McEntire & Vince Gill, "The Heart Won't Lie," MP3 오디오, *It's Your Call* 트랙5, MCA, 1992.

5. The Kinks, "Trust Your Heart," *Misfits* 트랙9, Arista, 1978.

6. Motörhead, "Listen to Your Heart," *Overnight Sensation* 트랙11, SPV/Steamhammer, 1996.

7. Stevie Wonder & 98 Degrees, "True to Your Heart," MP3 오디오, *Mulan Movie*

Soundtrack 트랙5, UMG, 1998.

8. Gino Conforti, "Follow Your Heart," *Thumbelina: Original Motion Picture Soundtrack* 트랙2, SBK/EMI Records, 1994.

9. JoJo Siwa, "Nobody Can Change Me," MP3 오디오, *The J Team* (Original Motion Picture Soundtrack) 트랙7, Nickelodeon, 2021.

10. 이 십계명에는 자체 예배와 매일의 의식(儀式)이 수반되어 자아 숭배의 교리를 머리에서 가슴과 손으로 옮겨 준다. SNS에서의 이미지 가공, 의식의 흐름을 여과 없이 공개하는 글쓰기, 영화나 드라마 몰아 보기, 주문형 포르노에서 얻는 만족, 존재감의 일부가 된 쇼핑 등이 그에 해당한다.

chapter 1

1. 정확한 원전은 알려져 있지 않다. 아마도 랄프 왈도 에머슨의 일기가 원전일 것이다.

2. 다음 책이다. Thaddeus Williams, *Reflect: Becoming Yourself by Mirroring the Greatest Person in History* (Bellingham, WA: Lexham, 2018).

3. Albert Einstein, *Einstein on Politics: His Private Thoughts and Public Stands*, David Rowe & Robert Schulmann 편집 (Princeton, NJ: Princeton University Press, 2013), 229.

4. Einstein, *Einstein on Politics*, 229.

5. Einstein, *Einstein on Politics*, 229.

6. 애리조나주립대학교의 행동과학자 미셸 시오타는 이렇게 묻는다. 특히 "물질적 보상도 사회적 보상도 따르지 않을 〔때〕 …… 사람들은 왜 이런 무의미해 보이는 활동에 엄청난 시간과 에너지와 돈을 들이는가?" Michelle Lani Shiota, "How Awe Sharpens Our Brains," *Greater Good*, 2016년 5월 11일, https://greatergood. berkeley.edu/article/item/how_awe_sharpens_our_brains.

7. 심리학자 배리 슈워츠는 우리 시대의 아이러니를 이렇게 포착했다. "지금의 우리는 이전 어느 시대보다도 선택 폭이 넓어지고 통제력도 높아졌다. …… 자율과 선택이라는 심리적 백신이 있으니 우울도 소아마비처럼 퇴치될 법하건만 오히려 우울은 유행병 수준이 됐다." Barry Schwartz, *The Paradox of Choice: Why Less is More* (New York: HarperCollins, 2005), 109-110.

8. Kevin Corcoran, "Happiness on the Brain: The Neuroscience of Happiness, Part 1," *The Table*, 2015년 10월 21일, https://cct.biola.edu/happiness-on-the-brain-neuroscience-happiness-part-1/.

9. 피프는 이렇게 말했다. "경외는 대개 잠시에 불과한 데다 묘사하기도 힘들지만, 조사 결과 사회적 효용이 증대한다고 나타났다. 경외심의 영향으로 사람들은 개별 자

아에 덜 집착함으로써 지나친 사욕을 버리고 타인의 복지를 증진할 수 있다. 경외심을 경험하는 사람은 더는 이기적인 의미에서 자신이 세상의 중심으로 느껴지지 않을 수 있다. 우리는 경외심이 주의를 더 넓은 세계로 돌려 개별 자아에 덜 집착하게 함으로써 친사회적 행동의 성향을 유발한다고 추론했다. 친사회적 행동이란 자신에게는 희생이 따를 수 있으나 타인에게는 유익과 도움이 되는 행동을 말한다."

피프는 "경외심 덕분에 사람들은 공공선에 더 힘쓰거나, 자선단체에 더 기부하거나, 자원봉사로 다른 사람을 돕거나, 환경 파괴를 줄이려 더 노력할까? 연구 결과 그 답은 긍정으로 나타났다"라고 결론지었다. Paul Piff, Pia Dietze, Matthew Feinberg, Daniel Stancato, Dacher Keltner, "Awe, the Small Self, and Prosocial Behavior," *Journal of Personality and Social Psychology* 108, no. 6 (2015년): 883-889, https://www.apa.org/pubs/journals/releases/psp-pspi0000018.pdf.

10. Shiota, "How Awe Sharpens Our Brains."

11. 시오타의 연구 결과는 왜 많은 그리스도인이 엉성한 논리에 속는지에 대해 시사하는 바가 크다. 지구 평면설, 기복 신앙을 전하는 텔레비전 속 부흥사들, 신문 신학의 음모론(블러드 문(개기월식 때 달이 검붉은 빛을 띠는 현상―옮긴이)부터 러시아의 침공까지 모든 헤드라인을 요한계시록의 성취로 본다) 등이 다 엉성한 논리에 해당한다. 그리스도인이 이렇게 취약해진 데는 하나님을 경외하는 마음이 생각보다 미흡한 탓도 있지 않을까?

12. Robert Jastrow, *God and the Astronomers* (New York: Norton, 1978), 116.

13. Abraham Joshua Heschel, *God in Search of Man: A Philosophy of Judaism* (New York: Noonday, 1976), 78. 아브라함 요수아 헤셸, 《사람을 찾는 하느님》(한국기독교연구소 역간).

14. Paul Piff, "Awe, the Small Self, and Prosocial Behavior," *Journal of Personality and Social Psychology* 108, no. 6 (2015년): 883-889, https://www.apa.org/pubs/journals/releases/psp-pspi0000018.pdf.

15. 이 본문은 공산주의와 사회주의 경제 이념을 옹호하는 데 이용되곤 했다. 그러나 그런 해석은 시대착오일 뿐 아니라 완전히 오류다. 사도행전에서 정부 주도의 부의 재분배는 찾아볼 수 없다.

16. 흥미로운 여담인데 행동과학의 연구 결과를 보면 경외하는 사람일수록 우주를 섭리하는 초월적 주체를 믿을 소지가 훨씬 높다. 과학자 피에르카를로 발데솔로는 그 주체를 "초자연적 존재의 현존과 능력"이라 표현했다. 자신의 연구를 그는 이렇게 요약했다. "열 사람이 그랜드캐니언을 구경한다면 그중 세속적 설명과 종교적 설명을 내놓을 사람은 각각 몇 명일까? 내 저울은 종교적 설명 쪽으로 기운다." 다음 기사에 인용되어 있다. Jeffrey Kluger, "Why There Are No Atheists at the Grand Canyon: All It Takes Is a Little Awe to Make You Feel Religious," *Time*, 2013년 11월 27일, http://science.time.com/2013/11/27/why-there-are-no-atheists-at-the-grand-canyon/.

17. A. W. Pink, *The Sovereignty of God* (Grand Rapids: Baker, 1979), 19-20. 아더 핑크,

《하나님의 주권》(개혁주의출판사 역간).

18. Frederick Douglass, *The Life and Narrative of Frederick Douglass* (Monee, IL: Public Domain, 2020), 95. 프레더릭 더글러스, 《미국 노예, 프레더릭 더글러스의 삶에 관한 이야기》(지식을만드는지식 역간).

19. 구약학자 월터 카이저는 "21세기의 '신'은 존엄하고 장엄하신 성경의 주님과 대개 같지 않다. 오늘날 전파되는 '신'은 차라리 우리 생각과 감정대로 지어낸 것일 때가 너무 많다"고 했다. Walter Kaiser Jr., *The Majesty of God in the Old Testament* (Grand Rapids: Baker, 2007), 10. 월터 C. 카이저, 《구약성경과 설교: 존엄하신 하나님》(기독교문서선교회 역간).

20. James Thrower, *Western Atheism: A Short History* (Amherst, NY: Prometheus, 2000), 25.

21. 19세기에 독일 철학자 루트비히 포이어바흐도 종교란 대개 인간을 최대한 확대해서 천국에 투사하는 것이라 주장했다. 신학은 대개 인간학의 극대치에 불과하다는 것이다. 20세기에 대다수 대학이 포이어바흐의 뒤를 따라 "신학부"를 "종교학부"로 개명했다. 이제부터 단 한 분 하나님을 논하지 않고 한낱 인간인 우리가 투사하는 다양한 신을 논하겠다는 신호탄이었다.

22. 다음 책을 참조하라. A. W. Pink, *The Attributes of God* (Grand Rapids: Baker, 1987), 1-2장. 아더 핑크, 《하나님을 아는 즐거움》(누가 역간).

23. Xenophanes, 단편 23. 다음 책에 인용되어 있다. James Thrower, *Western Atheism: A Short History* (London: Pemberton, 1971), 19.

24. W. K. Clifford, *Lectures and Essays*, 제2권 (New York: MacMillan, 1901), 245.

25. Joseph Herl & Kevin Hildebrand, "How Great Thou Art," *Lutheran Service Book Companion to the Hymns*, 제1권 (St. Louis: Concordia, 2019), 1194-1202. 〈주 하나님 지으신 모든 세계〉.

26. C. S. Lewis, *Letters to Malcolm: Chiefly on Prayer* (San Diego: Harvest, 1964), 4-5. C. S. 루이스, 《개인 기도》(홍성사 역간).

chapter 2

1. Rodney Clapp, "The Theology of Consumption and the Consumption of Theology," *The Consuming Passion: Christianity & Consumer Culture*, Rodney Clapp 편집 (Downers Grove, IL: InterVarsity Press, 1998), 188.

2. Abraham Kuyper, *Common Grace: God's Gifts for a Fallen World*, 제1권, Jordan Ballor & Stephen Grabill 편집 (Bellingham, WA: Lexham, 2016), 124. 아브라함 카이퍼, 《일반 은혜》(부흥과개혁사 역간).

3. 본문의 "안다"라는 단어가 한낱 추상적 지식에 대비되는 인격적 지식을 뜻한다고 보

는 입장이 있다. 이 해석에 따르면 우리의 시조 아담과 하와는 유혹에 굴하기 전까지는 선악의 차이를 **이론으로만** 알았으나 금단의 열매를 먹는 순간 **직접 경험으로** 그 차이에 눈떴다. 신학에서는 후자를 **체험적 인식**이라 표현한다. 아담과 하와는 직접 악을 저질렀으므로 이제 **악에 대해서만** 아니라 **악을 안다.** 추상적인 개념을 고통스럽게 체감하기에 이른 것이다. 그런데 이 해석에는 몇 가지 문제가 있으며, 특히 **"하나님과 같이"** 되어 선악을 알(게) 된다는 본문이 그렇다. 성경의 하나님이 악을 **체험적 인식**으로 아실 리 만무하다. 그분은 직접 불의를 저지르신 적이 없고 앞으로도 영원히 없을 것이다.

4. 제작자로서 직접 정했기에 안다는 이 의미는 구약 문헌에 거듭 등장한다. 구약의 창세기 18:19, 시편 1:6, 예레미야 1:5, 호세아 13:5, 아모스 3:2를 참고하라. 신약의 예로는 요한복음 10:27, 디모데후서 2:19 등이 있다. 창세기의 타락 이야기에 가장 가까운 용례는 욥기 34:4에 나온다. 창세기 3:5의 지식이 제작자의 지식이라는 심층 논증은 다음 책을 참조하라. Kuyper, *Common Grace*, 제1권, 235-244.

5. 모든 것을 뜻하는 고대 이집트어의 "악-선"이라는 표현 또는 호메로스의 《오디세이아》(*Odyssey*)에 나오는 "나는 선과 악까지 모든 것을 안다"라는 대사와 비슷하다.

6. Friedrich Nietzsche, *The Will to Power* (New York: Vintage, 1968), 550. 프리드리히 니체, 《권력에의 의지》(휴머니스트 역간).

7. 다음 책을 참조하라. Thaddeus Williams, *Reflect: Becoming Yourself By Mirroring the Greatest Person in History* (Bellingham: WA, Lexham, 2018), 3장, "Flip."

8. 아브라함 카이퍼에 따르면 아담은…… "작정하고 스스로 평가하여 하나님의 결론과 상반되는 결론에 도달했다. 선악을 자체 규정하여 하나님 위로 올라섰고 이로써 그분에게서 떨어져 나간 것이다. 사탄의 말처럼 그는 제2의 신으로서 하나님과 어깨를 나란히 하려 했다. 이렇게 인간 스스로 신이 되어 선악을 마음대로 규정하는 순간 죄의 모든 심연이 열렸다. 보다시피 선악을 알게 하는 나무의 열매를 먹지 말라 하신 하나님의 시험적 절대명령은 그 지식 즉 선악의 판단을 그분께 맡길지 아니면 자신이 취할지를 택하도록 인간에게 결정권을 준 셈이다. …… 선악을 안다는 것은 자신에게 무엇이 선이고 무엇이 악인지를 인간이 직접 주권적으로 평가하고 판단해서 규정한다는 뜻이다." Kuyper, *Common Grace*, 240, 242.

9. Mike McPhate, "California Today: Berkeley Turns to Comedian For Advice," *New York Times*, 2017년 4월 11일, https://www.nytimes.com/2017/04/11/us/california-today-jobrani.html.

10. Paula Abdul, "10 Ultimate Quotes from the Word's Best Musicians," Music Think Tank, 2023년 2월 13일 접속, https://www.musicthinktank.com/blog/10-ultimate-quotes-from-the-worlds-best-musicians.html.

11. "Cutty Sark—Follow Your Heart," BooProductionsGreece, 2019년 12월 2일, 유튜브 동영상, 0:30, https://www.youtube.com/watch?v=n7iSzC1p6Kk.

12. "Minecraft Create Your World T-Shirt," Hot Topic, 2023년 2월 13일 접속, https://

www.hottopic.com/product/minecraft-create-your-world-t-shirt/19557034.html.

13. Jeremy Rifkin, *Algeny: A New Word—A New World* (New York: Viking, 1983), 244.

14. 바보가 되는 길이 사실상 두 가지임을 내 경험에서 배웠다. 하나는 생각을 너무 많이 하면서 자신의 사고를 실재의 최종 기준으로 보는 것인데 이를 오만이라 한다. 또 하나는 생각을 별로 안 하면서 자신의 빈약한 사고를 큰 믿음의 증거인 양 여기는 것인데 이를 망상이라 한다. 하나님을 경외하는 사람은 그 양극단 사이로 난 참된 깨달음의 길을 간다.

15. RuPaul, "RuPaul on Why Identity Shouldn't Be Taken Seriously, But Loving Yourself Should," *Time*, 2017년 4월 19일, https://time.com/4746895/rupaul-time-100-video/.

chapter 3

1. Steve Jobs, "How to Live Before You Die," 스탠포드대학교 졸업 연설, TED, 2023년 2월 22일 접속, https://www.ted.com/talks/steve_jobs_how_to_live_before_you_die.

2. Anna Quindlen, "1999 Mount Holyoke Commencement Speech," James Clear, 2023년 2월 22일 접속, https://jamesclear.com/great-speeches/1999-mount-holyoke-commencement-speech-by-anna-quindlen.

3. 데이비드 웰스가 우리의 상태를 잘 묘사했다. "교만하고 도도하게 삶을 규정하는 인간은 처음에는 실재를 개조하지만, 곧 그 개조된 실재가 자신만의 의식 바깥에는 존재하지 않음을 깨닫는다. …… 이렇게 하나님과 바깥세상으로부터 단절되어 완전히 혼자가 된 자아는 점차 소멸된다." David Wells, *No Place for Truth: Or Whatever Happened to Evangelical Theology?* (Grand Rapids: Eerdmans, 1993), 61-63. 데이비드 F. 웰스, 《신학 실종》(부흥과개혁사 역간).

4. David Foster Wallace, "This Is Water," 2005년 케니언대학교 졸업 연설, https://fs.blog/david-foster-wallace-this-is-water/.

5. 다음 책에 인용되어 있다. Herman Bavinck, *Reformed Dogmatics: God and Creation*, 제2권, John Bolt 편집, John Vriend 번역 (Grand Rapids: Baker Academic, 2004), 123-124. 헤르만 바빙크, 《개혁교의학 2》(부흥과개혁사 역간).

6. C. S. Lewis, *The Abolition of Man*, 출전: The Complete Lewis Signature Classics (New York: HarperCollins, 2007), 710. C. S. 루이스, 《인간 폐지》(홍성사 역간).

7. *The Incredibles*, Brad Bird 감독 (Burbank, CA: Buena Vista Pictures, 2004), DVD.

8. 내면을 정말 깊숙이 들여다보면 과연 그곳은 철조망 사이사이로 포연에 뒤덮이고 폭탄에 패인 전쟁터다. 각기 제국주의자인 욕망이 서로 싸우며 선제공격으로 수류탄을 던져 상대를 죽이려 한다. 어떤 욕망이 이길까? 어떤 욕망이 "마음"의 자격을 얻

어 영예의 훈장을 받을까? 우리는 어느 쪽을 따를까? 자아의 전권 외에는 기준이 없기에 자아 숭배는 이런 절박한 질문에 답하지 못한다.

9. Jean-Jacques Rousseau, *il n'y a point de perversité originelle dans le cœur humain Émile, ou De l'éducation/Édition*, 1852, 제2권. *Letters to Malesherbes*, 출전: *The Collected Writings of Rousseau*, 제5권, Christopher Kelly, Roger D. Masters & Peter G. Stillman 편집, Christopher Kelly 번역 (Hanover, NH: University Press of New England, 1995), 575. *Oeuvres Complètes*, 제1권, Bernard Gagnebin & Marcel Raymond 편집 (Paris: Gallimard, Bibliothèque de la Pléiade, 1959-1995), 1136.

10. Joel Osteen, *Become a Better You: 7 Keys to Improving Your Life Every Day* (New York: Free Press, 2007), 56,87,91,129. 조엘 오스틴, 《잘되는 나》(긍정의힘 역간). 이렇게 믿는 사람은 오스틴 외에도 아주 많다. R. C. 스프로울은 인간이 기본적으로 선하다는 통념을 정확히 "교회를 사로잡은 펠라기우스의 망령"이라 지적했다. 다음 기사를 참조하라. R. C. Sproul, "The Pelagian Captivity of the Church," *Modern Reformation* 10, no. 3 (2001년): 22-29. 역사적으로 인류의 도덕 능력에 대한 깊은 확신은 4세기의 펠라기우스로부터 16세기의 에라스무스와 19세기의 찰스 피니를 거쳐 오늘날의 많은 기독교 목사에게까지 이어져 왔다. 펠라기우스 사상은 이렇게 말한다. "인간 본성은 타락하지 않았으며 타고난 의지로 모든 선을 행할 수 있다. …… 구원은 사실상 인간의 노력으로 이루어진다." Philip Schaff, *History of the Christian Church*, 제3권 (Grand Rapids: Eerdmans, 1985), 815. 필립 샤프, 《교회사 전집》(CH북스 역간). 펠라기우스 사상에 대한 비슷한 분석을 다음 책에서도 볼 수 있다. Richard Flathman, *Political Obligation* (Taylor & Francis, 1973), 36. 에라스무스가 *Diatribe Concerning Free Will*에서 "모든 인간은 계명을 지킬 능력이 있다"라고 한 말은 다음 책에 인용되어 있다. Martin Luther, *Bondage of the Will* (St. Louis: A Martin Luther Book, Concordia Publishing, 2012), 171. 찰스 피니는 "인간은 모든 의무를 수행할 능력 내지 힘이 있다"라고 보았다. Charles Finney, *Finney's Systematic Theology*, 제3판, Dennis Carroll 편집 (1878; Minneapolis: Bethany, 1994), 307.

11. "자신의 꿈을 따른다는 건 곧 자신의 마음을 따른다는 뜻이에요"라는 말 다음에 이어진다. Celine Dion noona, 2001년 5월 22일, 유튜브 동영상, 1:17, https://www.youtube.com/watch?v=y5JiQEaQD30.

12. Marquis de Condorcet, *Sketch for a Historical Picture of the Progress of the Human Mind*, 출전: Readings on Human Nature, Peter Loptson 편집 (Peterborough, Ontario: Broadview, 1998), 127.

13. 세속주의의 공포 시대[1793-1794년의 프랑스-옮긴이]에서 불과 두 세기 전에 파리의 똑같은 거리는 성 바르톨로메오 축일의 학살로 붉게 물들었다. 광신자들이 선동한 살육의 축제였다. 1572년에 프랑스 개신교(위그노)의 큰 무리가 왕의 누이와 결혼한 자신들의 지도자 나바르의 앙리[후일의 앙리 4세-옮긴이]를 위한 즐거운 혼인 잔치에 참석하려고 사랑의 도시 파리에 운집했다. 하지만 그건 덫이었다. 프랑스 왕은 파리에서 경축 중이던 개신교 지도자들을 암살하도록 선동했다. 소설 《왕좌의 게임》(*Game of*

Thrones)에서 뜯겨져 나온 듯한 역사 속 배신의 한 페이지였다. 이 사건을 필두로 유혈 사태가 프랑스 전역으로 확산됐다.

그다음 세기에는 30년 전쟁(1618-1648년)이 발발해 400만 명 이상의 사상자를 냈다. 교회사에 남겨진 모든 살육과 유혈에서 배울 수 있는 한 가지 확실한 교훈은 인간이 종교를 빌미로 처참한 악을 저지를 수 있다는 것과 이 서글픈 현실이 세속화의 강력한 촉매제로 작용한다는 것이다. 교부 테르툴리아누스는 일찍이 2세기에 순교자의 피가 교회의 씨앗이라 했거니와 우리는 여기에 기독교에 대한 이단의 피가 세속주의의 씨앗이라는 말을 덧붙일 수 있다. 역사적으로 종교 폭력은 '생각하는 사람들'이 '의미'를 찾기 위해 피투성이의 제도 종교권을 벗어나는 원인이 됐다.

14. David Meyers, "A New Look at Pride," 출전: *Your Better Self*, C. W. Ellison 편집 (San Francisco: Harper & Row, 1983), 83.

15. Meyers, "A New Look at Pride," 90.

16. Meyers, "A New Look at Pride," 90.

17. Meyers, "A New Look at Pride," 84.

18. Michael Ruse, "Darwinism and Christianity Redux: A Response to My Critics," *Philosophia Christi* 4 (2002년): 189-194. 앨빈 플란팅가도 같은 생각이다. "원죄 교리는 태초부터 현재까지 인류사를 물들인 전쟁과 만행과 편만한 증오로 입증됐다." Alvin Plantinga, *Warranted Christian Belief* (Oxford: Oxford University Press, 2000), 207.

chapter 4

1. Bob Dylan, "Gonna Have to Serve Somebody," MP3 오디오, *Slow Train Comin'* 트랙1, Columbia, 1979.

2. 그로부터 19세기 전에 사도 바울도 밥 딜런처럼 사람들을 흔들어 깨우려 했다. "혹 하나님이 …… 진리를 알게 하실까 하며 그들로 깨어 마귀의 올무에서 벗어나 하나님께 사로잡힌 바 되어 그 뜻을 따르게 하실까 함이라"(딤후 2:25-26).

3. 여기서 우리는 C. S. 루이스가 1960년대 말에 말한 바 "인간이 가치를 지어낼 수 있고 공동체가 마치 옷을 고르듯 '이념'을 선택할 수 있다는 치명적 미신"에 맞닥뜨린다. C. S. Lewis, "The Poison of Subjectivism," 출전: *Christian Reflections*, Walter Hooper 편집 (Grand Rapids: Eerdmans, 1967), 73. C. S. 루이스, 《기독교적 숙고》(홍성사 역간). 사회학자 토머스 루크만도 이미 1960년대에 시대를 앞서간 책 *The Invisible Religion*에서 이런 추세의 증가에 주목하며 이렇게 말했다. "제품과 서비스, 친구, 결혼 상대, 이웃, 취미는 물론이고 …… 심지어 '궁극적' 의미까지도 비교적 개인의 자율적 선택에 맡겨진다. 요컨대 소비자 지향이 경제 상품에만 국한되지 않고 개인과 전체 문화의 관계까지 지배하는 것이다." Thomas Luckmann, *The Invisible Religion* (New York: MacMillan, 1967), 98.

4. 〈엘렌 쇼〉의 역사적 '커밍아웃' 편으로 1997년에 에미상을 받은 엘렌 드제너러스의 수상 소감이 실생활의 한 증례다. "자신이 게이라서 문제라고 생각하는 모든 사람과 특히 10대 아이들을 대표하여 이 상을 받습니다. 여러분은 아무런 문제가 없어요. 자신의 정체성을 그 누구 때문에도 부끄러워하지 마세요."

철학자 프랜시스 벡위스는 엘렌의 긍정적인 듯한 연설을 "수동 공격적 횡포"의 한 예로 보았다. 그의 설명이다. "'수동적' 입장에서 '다양성'을 수용하는 것처럼 말하는 수법이지만, 동시에 공격적 진영 논리를 제시하면서 거기에 동조하지 않는 이들은 미련할 뿐 아니라 유해하다고 암시한다. …… 보수 그리스도인이 에미상을 받고 이렇게 말한다고 상상해 보라. '인간은 목적을 위해 지어졌고 그 목적에는 이성애 일부일처제에 기초한 사회의 건설도 포함됩니다. 그렇게 믿는다는 이유로 자신이 문제라고 생각하는 모든 사람과 특히 10대 아이들을 대표하여 이 상을 받습니다. 여러분은 아무런 문제가 없어요. 자신이 진리로 믿는 실재를 특히 텔레비전 대본 작가를 비롯한 그 누구 때문에도 부끄러워하지 마세요.' 분명히 이는 진보 성 관념을 주장하는 이들이 잘못됐음을 암시하는 말이다. 이렇게 연설하는 수상자는 편협한 편견에 사로잡혀 관용할 줄 모른다고 비난받을 것이며, 할리우드에서 다시 일하기 힘들 것이다." Francis Beckwith, "Deconstructing Liberal Tolerance," Christian Research Institute, 2009년 6월 11일, https://www.equip.org/article/deconstructing-liberal-tolerance/.

5. 루소의 사상은 마르크스와 니체로 더불어 우리 시대의 표현적 개인주의를 형성했는데, 이에 대한 최고의 분석을 내 친구이자 동료인 칼 트루먼의 다음 저작 및 후속작에서 볼 수 있다. Carl Trueman, *The Rise and Triumph of the Modern Self: Cultural Amnesia, Expressive Individualism, and the Road to the Sexual Revolution* (Crossway, 2020). 칼 트루먼, 《신좌파의 성혁명과 성정치화》(부흥과개혁사 역간). *Strange New World: How Thinkers and Activists Redefined Identity and Sparked the Sexual Revolution* (Crossway, 2022). 칼 트루먼, 《이상한 신세계》(부흥과개혁사 역간).

6. Jean-Jacques Rousseau, *Confessions*, Patrick Coleman 편집, Angela Scholar 번역 (Oxford: Oxford University Press, 2000), 5, 270. 장 자크 루소, 《고백》(책세상 역간).

7. Friedrich Nietzsche, *Thus Spake Zarathustra*, 출전: The Philosophy of Nietzsche (New York: Random House, 1954), 18. 프리드리히 니체, 《차라투스트라는 이렇게 말했다》.

8. Nietzsche, *Thus Spake Zarathustra*, 24. 프리드리히 니체, 《차라투스트라는 이렇게 말했다》.

9. 니체의 정신 이상을 그의 매독 탓으로만 돌리는 이들도 있으나 많은 사람이 그의 철학도 원인으로 한몫했다고 본다. 이런 관점의 흥미로운 기사가 MIT 출판부의 학술지에 다음과 같이 수록됐다. George Bataille & Annette Michelson, "Nietzsche's Madness," *October* (1986년 봄): 42-45, https://doi.org/10.2307/778548.

10. Michel Foucault, "Right of Death and Power over Life," 제5부, *The History of Sexuality*, 제1권 (New York: Pantheon, 1978), 2023년 2월 8일 접속, https://caringlabor.wordpress.com/2010/08/06/michel-foucault-right-of-death-and-

power-over-life/. 미셸 푸코, 《성의 역사》(나남 역간).

11. Michel Foucault, "Sexuality, Morality, and the Law," *Michel Foucault: Politics, Philosophy, Culture: Interviews and Other Writings*, Alan Sheridan 번역 (New York: Routledge, 1988), 2022년 7월 20일 접속, https://www.ipce.info/ipceweb/Library/danger.htm.

12. Roger Kimball, "The Perversions of M. Foucault," *The New Criterion*, 1993년 3월, https://newcriterion.com/issues/1993/3/the-perversions-of-m-foucault.

13. Martin Booth, *A Majick Life: The Biography of Aleister Crowley* (London: Coronet, 2000), 125.

14. Richard Spence, *Secret Agent 666: Aleister Crowley, British Intelligence and the Occult* (Port Townsend, WA: Feral, 2008), 10.

15. Marco Pasi, *Aleister Crowley and the Temptation of Politics*, Ariel Godwin 번역 (Durham: Acumen, 2014), 52-53.

16. Jean-Paul Sartre, *Existentialism from Dostoevsky to Sartre*, Kaufman 편집 (New York: New American Library, 1975), 291.

17. Warren Ward, *Lovers of Philosophy: How the Intimate Lives of Seven Philosophers Shaped Modern Thought* (UK: Ockham, 2022), 5장.

18. Warren Ward, *Lovers of Philosophy*, 5장.

19. Webster Schott, "The Last Days of Jean-Paul Sartre," *Washington Post*, 1984년 5월 20일, https://www.washingtonpost.com/archive/entertainment/books/1984/05/20/the-last-days-of-jean-paul-sartre/3f75987e-69af-43f7-a2ff-a386b7947c6c/.

20. "Tune In Turn On & Drop Out 1967," nathanolson, 2016년 3월 26일, 유튜브 동영상, 3:38, https://www.youtube.com/watch?v=UQWyC9Z5X-8.

21. 어떤 이들은 그래서 불가지론이 최선의 인생길이라고 반박할 수 있다. 불가지론은 믿음 대신 그냥 "나는 모른다"라고 말한다. 어떤 대안에도 믿음으로 헌신하지 않는 것이다. 하지만 사실은 그렇지 않다. 불가지론을 고수하려면 무수히 많은 사람이 소중히 여기는 그 어떤 세계관이나 종교 체제에도 믿을 만한 증거가 부족하다고 믿어야 한다. 세상에 나와 있는 모든 신념 체계가 믿을 만하지 못하다는 아주 대담한 믿음이 요구된다. 이는 불가지론자가 내세우는 겸손하고 개방적인 마음과는 거리가 멀다.

22. Nietzsche, *Beyond Good and Evil* (New York: Penguin, 1983), 176. 프리드리히 니체, 《선악의 저편》(아카넷 역간).

23. Friedrich Nietzsche, *Thus Spake Zarathustra*, 출전: The Philosophy of Nietzsche (New York: The Modern Library, 1954), 23-25. 프리드리히 니체, 《차라투스트라는 이렇게 말했다》.

chapter 5

1. 다음 책에 인용되어 있다. Doug Van Pelt, *Rock Stars on God: 20 Artists Speak Their Mind on Faith* (Relevant Books, 2004), 174.

2. Hans Rookmaaker, *Modern Art and the Death of Culture* (Wheaton, IL: Crossway, 1994), 27.

3. 비너스가 제거된다면 류트 연주자가 갈 길은 기본적으로 세 가지다.

   첫 번째 대안은 **직업을 바꾸어 류트를 팔고 현미경을 사는 것이다.** 어차피 아름다움이 "궤변과 망상"(데이비드 흄의 표현)에 불과하다면 미술처럼 아름다움을 추구하는 노력으로 시간을 낭비할 까닭이 있을까?

   두 번째 대안은 **화가라는 직업을 고수하되 잿더미에서 영감을 얻는 것이다.** 현대 미술 운동의 많은 미술가가 이 길을 택했다. 아름다움과 사랑의 가치가 더는 살아 있지 않은 우주에서 그들은 충격적 부조리와 막막한 인생무상을 담아내려 했다. 에드바르 뭉크의 〈절규〉(The Scream), 피카소의 〈아비뇽의 처녀들〉(Les Demoiselles' d'Avignon), 프랜시스 베이컨의 〈머리 4〉(Head VI)를 선보이는 전시회라면 "비너스는 죽었다(그래서 비너스 없는 세상은 이런 모습이다)"라는 제목이 안성맞춤일 것이다. 그런 현대 미술품이 거대한 보관소마다 가득하다. 그러나 이 화가가 택할 수 있는 길이 하나 더 있다. 문화 주류가 객관적 가치의 사멸에 대해 보인 반응이 얼추 이에 해당한다.

   세 번째 대안은 **잿더미밖에 없는 자아 밖에서 내면으로 시선을 돌려 거기서 영감을 얻는 것이다.** 자아 너머의 거시적 아름다움을 찾아 표현한다는 사명을 버리고, 대신 내면을 응시하면서 무엇이든 자신의 의식 반경 내에서 벌어지는 일을 표현하는 것이다. 이제 화가의 주관적 감정이 작품의 주요 주제가 된다. 지난 세기의 서구 주류 문화는 이 세 번째 대안에 가장 가까웠다.

4. Jean-Paul Sartre, *Existentialism and Human Emotion* (Secaucus, NJ: Citadel, 1957), 42.

5. Richard Rorty, *Philosophy and the Mirror of Nature* (Princeton, NJ: Princeton University Press, 1979), 176.

6. "Interview with Johnny Rotten," *Daily Mirror*, 1983년, *Oxford Essential Quotations*, 제6판, Susan Ratcliffe 편집 (Oxford University Press, 2018), 29.

7. Michael Ruse, "The Evolution of Ethics," *Religion and the Natural Sciences*, J. E. Huchingson 편집 (Orlando: Harcourt Brace, 1993), 310.

8. Richard Rorty, *Achieving Our Country: Leftist Thought in Twentieth-Century America* (Cambridge, MA: Harvard University Press, 1998), 16. 리처드 로티, 《미국 만들기: 20세기 미국에서의 좌파 사상》(동문선 역간).

9. Forge, "Gender Neutral Pronouns," 2022년 7월 20일 접속, https://forge-forward. org/wp-content/uploads/2020/08/gender-neutral-pronouns1.pdf.

10. 예컨대 다음 세 책을 참조하라. Gregory Koukl & Francis Beckwith, *Relativism:*

Feet Firmly Planted in Midair. J. Budziszewski, *What We Can't Not Know*. C. S. Lewis, *The Abolition of Man*. C. S, 루이스, 《인간 폐지》(홍성사 역간).

11. Frederick Douglass, *The Life and Narrative of Frederick Douglass* (Monee, IL: Public Domain, 2020), 95. 프레더릭 더글러스, 《미국 노예, 프레더릭 더글러스의 삶에 관한 이야기》(지식을만드는지식 역간).

12. Ruth Benedict, *Patterns of Culture* (New York: Houghton-Mifflin, 1934), 257. 루스 베네딕트, 《문화의 패턴》(까치 역간).

13. 상대주의는 문화의 도덕적 발전 가능성을 배제한다. 문화 외부에 발전의 지향점으로 삼을 만한 거시 윤리의 기준점이 없다 보니, 문화 내부의 비판이 불가능하다 못해 어쩌면 "부도덕"하기 때문이다. 또 상대주의는 국제적 관용이라는 미명 하에 문화 상호 간의 도덕적 비판마저 원천 봉쇄한다. 하지만 인권을 유린하는 정권, 인종차별, 카스트제도, 여성 할례, 인신매매, 인종 학살, 테러 행위 등에 용감히 대항하려면 그런 비판이 반드시 필요하다.

14. Amitabh Pal, "Shirin Ebadi Interview," *The Progressive Magazine*, 2004년 9월 1일, https://progressive.org/magazine/helen-thomas-interview/.

15. Douglass, *The Life and Narrative of Frederick Douglass*, 95.

16. Douglass, *The Life and Narrative of Frederick Douglass*, 101.

17. The White Rose Society, "The Third Leaflet," 2022년 7월 20일 접속, http://www.whiterosesociety.org/WRS_pamphets_third.html.

18. The White Rose Society, "Leaflet of Resistance," 2022년 7월 20일 접속, http://www.whiterosesociety.org/WRS_pamphets_fifth.html.

19. William Wilberforce, *Real Christianity* (Minneapolis, MN: Bethany, 2006), 24. 윌리엄 윌버포스, 《쉽게 읽는 진정한 기독교》(생명의말씀사 역간).

20. "Debate on Mr. Wilberforce's Resolutions Respecting the Slave Trade," William Cobbett, *The Parliamentary History of England: From the Norman Conquest in 1066 to the Year 1803*, 전 36권. (London: T. Curson Hansard, 1806-1820), 28 (1789-1991년), 42-68항.

21. 상대주의에서는 개인의 도덕적 발전이 불가능하다. 개인 외부에 도덕적 가치 기준이 없다 보니, 모든 도덕적 변화마저도 수직적 개념(더 나아짐)이 아니라 수평적 개념(그냥 달라짐)으로 변한다. 아내를 구타하던 알코올중독자가 열심히 노력해서 술을 끊고 배후의 분노 문제를 해결했어도, 그는 도덕적으로 더 나아진 게 아니라 개인의 도덕관을 다르게 바꾼 것일 뿐이다. 그야말로 궤변 아닌가. 문화상대주의에도 똑같은 문제가 수반된다. 오늘날 유대인과 집시와 동성애자와 비전향 그리스도인을 수용소로 보내지 않는 독일이 1930년대 말보다 도덕적으로 진보한 것은 누구나 아는 사실이다. 하지만 그 말이 성립되려면 역시 문화보다(이 경우 독일 문화보다) 높은 객관적 도덕 기준이 있어야만 한다. 그런 기준이 그들에게 발전의 지향점이 됐다.

22. 상대주의에 대한 문헌을 보면 영웅을 악당으로 둔갑시키는 "개혁가의 딜레마"가 자

주 언급된다. 상대주의가 진리라면, 존재하는 최고의 도덕 기준은 문화 그 자체다. 그렇다면 문화에 대항한 마틴 루서 킹 주니어, 윌리엄 윌버포스, 테레사 수녀, 바츨라프 하벨 같은 도덕적 영웅은 오히려 악당이 된다. 문화상대주의자의 세계관에 존재하는 최고의 도덕법을 어겼으니 말이다.

23. Sartre, *Existentialism and Human Emotion*, 22. 사르트르는 이 통찰을 표도르 도스토옙스키의 소설 《카라마조프의 형제들》(*Brothers Karamazov*)에 등장하는 이반 카라마조프에게서 빌렸다.

24. 사르트르의 동료 무신론자 아서 레프는 이렇게 시인했다. "선악을 심사하되 자신은 심사 대상일 수는 없는 게 신인데, 이제 실제 신의 그 핵심 역할을 대행할 개인, 집단, 오래돼 신성시되는 문건, 과정, 전제가 하나도 없다. ······ 소위 신의 죽음은 결국 신만 장사지낸 게 아니라 모든 논리적인 또는 다만 얼마 동안이라도 설득력 있는 윤리 체계나 법체계마저 완전히 없애 버린 셈이다. Arthur Leff, "Unspeakable Ethics, Unnatural Rights," *Duke Law Journal* 6 (1979년 12월), 1232.

chapter 6

1. "#인생은 한 번뿐이다"라는 교리에 대한 설명으로 여태 내가 책에서 읽은 내용 중 최고는 콜린 캠벨이 한 말이다. "'자아'는 사실상 나만의 신 내지 신령이 되어 나는 거기에 복종해야만 한다. 따라서 '체험'이 윤리적 행위가 되고, 체험에 함축된 만족감과 짜릿한 느낌까지도 모두 의무의 성격을 띤다. 이는 인간에 대한 전혀 다른 교리다. 이제 인간은 원죄라는 가망 없는 원재료로 고통스럽게 빚어지는 '성품'으로 인식되는 게 아니라, 체험과 격렬한 감정을 통해 사회 관습의 억압과 제약으로부터 해방된 '자아'로 인식된다." 이는 다음 책에 인용되어 있다. Craig M. Gay, "Sensualists without Heart: Contemporary Consumerism in Light of the Modern Project," *The Consuming Passion*, Rodney Clapp 편집 (Downers Grove, IL: InterVarsity Press, 1998), 28.

2. C. S. Lewis, *The Chronicles of Narnia: The Last Battle* (New York: HarperTrophy, 1994), 201-202. C. S. 루이스, 《마지막 전투》(시공주니어 역간).

3. Lewis, *The Last Battle*, 206-207. C. S. 루이스, 《마지막 전투》(시공주니어 역간).

4. Lewis, *The Last Battle*, 210-211. C. S. 루이스, 《마지막 전투》(시공주니어 역간).

5. 여기에 함축된 의미를 무신론자 버트런드 러셀이 정확히 짚어 냈다. "무덤 너머의 개인의 삶을 어떤 불, 어떤 영웅주의, 어떤 치열한 사고와 감정으로도 존속시킬 수 없다. 태양계 전체가 소멸할 때 모든 시대의 모든 수고, 모든 헌신, 모든 영감, 인간의 모든 명민하고 비범한 재능도 소멸하게 돼 있다. 인류의 성취라는 신전은 폐허로 변한 우주의 잔해 속에 몽땅 묻힐 수밖에 없다." Bertrand Russell, *Mysticism and Logic* (London: Longman's, Green and Co., 1925), 47-48.

6. C. S. Lewis, *The Weight of Glory* (New York: HarperOne, 2001), 45-46. C. S. 루이스, 《영광의 무게》(홍성사 역간).

7. "복"이나 "행복"으로 번역되는 성경의 "마카르"라는 단어가 그 사실을 잘 보여 준다. 천년만년의 자화자찬으로도 결코 그 상태에 도달할 수 없다. 영화 〈어메이징 그레이스〉(Amazing Grace)의 마지막 장면에서 윌리엄 윌버포스(요안 그리피스 분)에게 차오르는 감회가 "마카르"에 가깝다. 11년간의 고된 투쟁 끝에 드디어 영국 노예제도가 법적으로 폐지되었다는 희소식이 전해진다! 진이 빠지도록 수고하여 마침내 승리를 거둔 윌버포스에게 국회의원들은 우레 같은 기립 박수로 축하를 보낸다. 겸허히 눈물짓는 그의 만면에 가득한 것이 바로 "마카르"다. 이는 온갖 욕구와 소비에 짓눌리는 자율적 자아로서는 결코 얻어낼 수 없는 행복의 정점이다.

8. David Foster Wallace, "This Is Water," 2005년 케니언칼리지(Kenyon College) 졸업 연설, https://fs.blog/david-foster-wallace-this-is-water/.

chapter 7

1. Rachel McRady, "Top 5 Best Christina Aguilera Songs of All Time," *Wetpaint*, 2015년 4월 2일, https://web.archive.org/web/20150402151730/http://www.wetpaint.com/the-voice/articles/top-5-best-christina-aguilera-songs-of-all-time.

2. Greg Lukianoff & Jonathan Haidt, *The Coddling of the American Mind: How Good Intentions and Bad Ideas are Setting a Generation Up for Failure* (New York: Penguin, 2019), 38. 조너선 하이트, 그레그 루키아노프, 《나쁜 교육》(프시케의숲 역간).

3. Lukianoff & Haidt, *The Coddling of the American Mind*, 37. 조너선 하이트, 그레그 루키아노프, 《나쁜 교육》(프시케의숲 역간).

4. 많은 학자가 시편 42편과 43편이 본래 하나의 시였다고 본다. 43편도 자신의 낙심한 영혼을 향한 똑같은 질문으로 끝나며, 이로써 이 물음은 총 세 번 등장한다.

5. Edward Monkton, 2023년 2월 6일 접속, http://www.edwardmonkton.com/.

6. 성경적 인지행동치료를 훈련하면(이는 분명 훈련이다) 인지 왜곡의 실질적 치유에 도움이 된다. "실질적 치유"라는 표현은 프란시스 쉐퍼의 《진정한 영적 생활》(*True Spirituality*)에서 빌렸다. 그 책에서 그는 "실질적 치유"와 "완치"를 구분한다. 우리의 완치는 영광의 내세에 이루어진다. 천국 이편에서는 우리에게 여전히 상처가 많아 아직 완치를 기대할 수 없으나 그래도 실질적 치유는 경험할 수 있다. 성경적 인지행동치료를 실천할수록 그 구분이 당신에게 더 중요해지고 힘이 될 것이다.

7. 단번에 되는 일은 아니며 지름길도 없다. 성경적 인지행동치료는 평생의 과정이다. 거짓이 진리를 삼키는 듯한 날도 있을 테니 자신에게 후히 은혜를 베풀라. 하나님이 말씀하시는 당신의 참모습을 인정하는 사람들과 가까이 지내면, 당신에게 영적 기억상실증이 도질 때 그들이 상기시켜 줄 수 있다. 물론 지역 교회에 참여하여 다른 영적 기억상실증 환자들을 만나라. 당신과 똑같이 그들에게도 하나님의 말씀과 성찬식을 통한 환기가 필요하다. 마음의 말보다 하나님의 말씀을 밤낮 힘써 묵상하노라면 어느새 열매 맺는 복된 삶의 길에 들어서 있을 것이다.

✱

8. 베스트셀러 작가 프랜시스 후쿠야마는 이렇게 지적한다. "문제는 우리가 예찬하는 내적 자아가 잔인하거나 포악하거나 자기밖에 모르거나 부정직할 수 있다는 것이다. 또는 그냥 게으르고 천박할 수도 있다." Francis Fukuyama, *Identity: The Demand for Dignity and the Politics of Resentment* (New York: Farrar, Straus and Giroux, 2018).

9. 존 오웬은 고전 《죄 죽이기》(*The Mortification of Sin*)에서 이를 이렇게 표현했다. "내재하는 죄는 옛 사람이라는 살아 있는 인격체에 비견된다. …… 그것을 죽이고 살해하고 사멸시켜야 한다고 사도는 말한다. 뜻을 이루는 그것의 위력과 생명과 원기와 힘을 성령께서 빼앗으셔야 한다는 말이다." John Owen, *The Mortification of Sin in Believers, Overcoming Sin and Temptation*, Kelly Kapic & Justin Taylor 편집 (Wheaton, IL: Crossway, 2006), 48. 존 오웬, 《죄 죽이기》.

10. John Owen, *The Mortification of Sin*, 17, 2023년 2월 8일 접속, https://www.google.com/books/edition/Mortification_of_Sin/EhUiCwAAQBAJ?hl=en&gbpv=1.

11. J. R. R. Tolkien, "On Fairy Stories," 33, 2023년 2월 6일 접속, https://coolcalvary.files.wordpress.com/2018/10/on-fairy-stories1.pdf.

chapter 8

1. 캐나다의 철학자 찰스 테일러가 이런 태도를 잘 요약했다. 그에 따르면 진정성이란 "18세기 말의 낭만적 표현주의와 함께 등장한 인생관으로, 인간성을 실현하는 방식이 사람마다 다르다는 것과 따라서 사회나 기성세대나 종교나 정치권력 등 외부에서 정해 주는 규범에 동조하기보다 각자의 방식을 찾아서 그대로 사는 게 중요하다는 것이다." Charles Taylor, *A Secular Age* (Cambridge, MA: Harvard University Press, 2007), 475.

2. 유벌 레빈이 이를 잘 묘사했다. "그 말 속에는 자신의 길을 추구하려는 갈망 말고도 자신의 정체성을 규정하고 설명하여 성취감을 얻으려는 갈망도 있다. 더 지금의 자아처럼 되려는 욕구이자 또한 사회 속에서 그 자아를 철저히 주장하며 살려는 욕구인 셈이다. 개인이 자신의 정체성을 규정함으로써 존재 조건을 스스로 정할 수 있다는 것, 그것이 점점 더 자유와 동일시되고 일부 기본권의 의미와 동일시된다. 인간의 자아관에서 거기에 최고의 지위가 부여된다." Yuval Levin, *The Fractured Republic: Renewing America's Social Contract in an Age of Individualism* (New York: Basic, 2017).

3. 다음 책에 인용된 콜린 캠벨의 말이다. Craig M. Gay, "Sensualists without Heart: Contemporary Consumerism in Light of the Modern Project," *The Consuming Passion*, Rodney Clapp 편집 (Downers Grove, IL: InterVarsity Press, 1998), 28.

4. *The Princess Bride*, Rob Reiner 감독 (Los Angeles: Twentieth Century Fox, 1987). 〈프린세스 브라이드〉.

5. 나라들이 일을 꾸며 전능하신 하나님을 대적하는 것은 웃음거리다(시 2:1-2 참조-옮긴이). 설령 우리가 정치적 위험 앞에서 너무 불안한 나머지, 피조물이 법으로 창조주를 몰아낼 수 있다고 생각하는 그 희극을 알아채지 못한다 해도 말이다.

6. Jane Caro, "Why I Am Fine with Being Flawed and Ordinary," *Sydney Morning Herald*, 2017년 7월 28일, https://www.smh.com.au/lifestyle/life-and-relationships/jane-caro-why-i-am-fine-with-being-flawed-and-ordinary-20170727-gxjygs.html.

7. 다음 책에 인용되어 있다. Ron Ratliff, "The Art of Living Well in a Time of Crisis," Benedictine College, 2012년 1월 4일, https://media.benedictine.edu/2012/g-k-chesterton-and-the-art-of-living-well-in-a-time-of-crisis.

8. G. K. Chesterton, *Orthodoxy* (New York: John Lane Company, 1908), 223.

9. 다음 책을 참조하라. Greg Lukianoff & Jonathan Haidt, *The Coddling of the American Mind: How Good Intentions and Bad Ideas Are Setting a Generation Up for Failure* (New York: Penguin, 2019), 7장. 조너선 하이트, 그레그 루키아노프, 《나쁜 교육》(프시케의숲 역간). 자아를 규정하는 짐을 창조주에게서 피조물에게로 옮겨 온 것이 이런 안타까운 통계의 유일한 요인이라는 말은 아니다. 다만 피조물 숭배로 인한 혼란에 대해 바울이 로마서 1장에 논한 내용을 진지하게 대할진대, 우리의 망가진 현 상태를 영적 설명을 배제한 채 사회학적으로만 설명한다면 중요한 핵심을 놓치는 것이다.

10. Idina Menzel, "Let It Go," MP3, *Frozen: Original Motion Picture Soundtrack* 트랙10 (Walt Disney/Wonderland Music Company, 2014).

11. Daniel Ingram, "Time to Be Awesome," MP3, *My Little Pony: The Movie Soundtrack* 트랙3 (Nashville: RCA, 2017).

12. 다음 책에 인용되어 있다. Francis Schaeffer, *Pollution and the Death of Man* (Wheaton, IL: Crossway, 1992), 89. 프란시스 쉐퍼, 《환경오염과 인간의 죽음》(생명의말씀사 역간).

13. David Foster Wallace, "This Is Water," 2005년 케니언칼리지 졸업 연설, https://fs.blog/david-foster-wallace-this-is-water/.

14. 신명기 32:6도 보라.

chapter 9

1. 흔히 월트 디즈니 자신의 말로 알려져 있지만 그가 말했을 소지는 낮고, 본래 디즈니 기획부의 톰 피츠제럴드가 한 말일 것이다. 다음 글을 참조하라. David, "Did Walt Disney Ever Say the 'If You Can Dream It, You Can Do It' Quote?", *Notes from Neverland*, 2022년 1월 3일, https://notesfromneverland.com/disney-info/did-

walt-disney-ever-say-the-if-you-can-dream-it-you-can-do-it-quote/.

2. Ilene Woods, "A Dream Is a Wish Your Heart Makes," MP3, *Cinderella Soundtrack*, RCA/EMI, 1950.

3. 영화 〈Three Miles North of Molkom〉(몰콤 북쪽 3마일)의 한 인기 장면을 보면 말총머리 도사가 제자들에게 정신력을 끌어모아 역장(力場)을 생성해서 공격을 막아 내는 법을 가르친다. 웃으면 안 될 것 같은데 누구나 웃음이 터져 나오는 그런 장면이다. 갈색 머리 여자가 우주의 온 힘을 끌어모아 역장을 만드는 동안 도사가 그녀를 향해 전속력으로 돌진한다. 그런데 이 딱한 여자는 강한 정신력으로 도사를 튕겨 내기는커녕 오히려 자신이 밀려 바닥에 나둥그라져 아파서 몸부림친다. 실재의 법칙은 우리가 믿지 않는다 해서 사라지는 게 아니다. 순리를 무시하면 따끔한 맛을 보게 되어 있다.

4. "여호와여 …… 악한 자의 길이 형통 …… 함은 무슨 까닭이니이까"(렘 12:1).

5. Dylan Matthews, "9 Questions about Furries You Were Too Embarrassed to Ask," *Vox*, 2015년 3월 27일, https://www.vox.com/2014/12/10/7362321/9-questions-about-furries-you-were-too-embarrassed-to-ask.

6. 프란시스 쉐퍼는 "고다르의 영화 중 〈미치광이 삐에로〉(Pierrot Goes Wild)를 아마 기억할 것이다. 거기 보면 사람들이 문 대신 창문으로 나가지만 흥미롭게도 단단한 벽을 뚫고 나가는 사람은 없다"라고 지적했다. Francis Schaeffer, *He Is There and He Is Not Silent* (Wheaton, IL: Tyndale, 2001), 5. 주어진 실재의 틀을 어기는 결과에 대한 해박한 분석은 다음 책을 참조하라. J. Budziszewski, *What We Can't Not Know: A Guide* (San Francisco: Ignatius, 2003). 원서 품절.

7. *Small Potatoes*, 시즌1 제20회, "I Just Want to be Me," Josh Selig 연출, 2011년 5월 19일 방영, Disney Jr., https://www.youtube.com/watch?v=VzJkrYxcnTk.

8. *Small Potatoes*, 시즌1 제21회, "We're All Just Potatoes at Heart," Josh Selig 연출, 2011년 5월 20일 방영, Disney Jr., https://www.youtube.com/watch?v=Ukf7oxWbQBQ.

9. Jean-Paul Sartre, *Existentialism and Human Emotion* (Secaucus, NJ: Citadel, 1957), 22. 원서 품절.

10. 주님은 "작은 자 중의 하나"를 잘못된 길로 인도하느니 차라리 연자 맷돌이 그 목에 달려서 바다에 빠뜨려지는 게 낫다고 말씀하셨다.

11. "Bo Burnham's Inspirational Advice: Give Up Now," Conan, TBS, 2018년 1월 26일, https://www.youtube.com/watch?v=q-JgG0ECp2U.

12. "Probability of Competing beyond High School," NCAA, 2022년 7월 20일 접속, https://www.ncaa.org/sports/2013/12/17/probability-of-competing-beyond-high-school.aspx.

13. "Animatronic Ursula Loses Head in Front of 'Little Mermaid' Riders at Disney's California Adventure," KTLA 5, 2018년 1월 30일, https://ktla.com/news/local-

news/disneyland-ursula-loses-head-terrifies-everyone/.

14. 다음 여러 구절을 참고하라. 데살로니가후서 1:9-10, 요한계시록 21:23, 요한복음 17:24, 시편 76:10, 잠언 16:4, 요한복음 4:34, 7:18, 12:27-28, 17:4, 빌립보서 2:5-11, 요한복음 16:7-15, 에베소서 1:3-14, 로마서 9:22-24, 11:36.

chapter 10

1. '디스토피아'는 '유토피아'의 반대다. 유토피아가 좋은(그리스어의 "유") 곳(그리스어의 "토포스")이므로 디스토피아는 나쁜 곳이다. 디스토피아 문학은 근시안과 자만심에 찌든 인간이 어떻게 나쁜 곳을 만드는지에 천착한다.

2. Ray Bradbury, *Fahrenheit 451* (New York: Simon & Schuster, 2003), 58. 레이 브래드버리, 《화씨 451》(황금가지 역간).

3. "Suggested Language List," Brandeis, 2022년 7월 20일 접속, https://sites.google.com/brandeis.edu/parcsuggestedlanguagelist/categories.

4. "Suggested Language List."

5. C. S. Lewis, *That Hideous Strength* (New York: Scribner, 1996), 128. C. S. 루이스, 《그 가공할 힘》(홍성사 역간).

6. Lewis, *That Hideous Strength*, 129. C. S. 루이스, 《그 가공할 힘》(홍성사 역간).

7. Lewis, *That Hideous Strength*, 175. C. S. 루이스, 《그 가공할 힘》(홍성사 역간).

8. 그렇게 확장되는 신조어 어휘는 주류 사회로 흡수된다. 예컨대 "시스젠더"(심리적 성별과 생물학적 성별이 일치하는 대다수 인간-옮긴이), "젠더 플루이드", "ze/zir"("he/his"나 "she/her"의 대용어로, 양성에 속하지 않음을 알리거나 젠더를 밝히지 않으려 할 때 쓴다-옮긴이), "출산 인간"(Birthing Person; 젠더와 무관하게 아기를 낳는 사람-옮긴이), "체스트 피딩"(기존의 '브레스트(유방) 피딩'과 대비하여 주로 트랜스 젠더의 수유에 쓴다-옮긴이) 등은 "어머니", "아버지", "숙녀", "신사" 같은 "압제" 어휘를 인간 언어에서 영원히 몰아내려는 열혈 옹호자들이 만들어 낸 단어다. 3인칭 복수형 대명사 "they"는 '남성도 여성도 아닌 제3의 성 정체성을 주장하는 사람'을 지칭하는 단수형 대명사 의미로, 2019년 《*Merriam-Webster*》(메리엄웹스터 사전)의 올해의 단어로 선정됐다.

9. 낙태한 여성의 64퍼센트는 외부에 떠밀렸다고 말했고, 과반은 낙태를 "도덕적으로 잘못된" 일로 보았다. 낙태 후에 자존감이 높아졌다고 답한 비율은 1퍼센트 미만이며, 77.9퍼센트는 죄책감이 들었고, 59.5퍼센트는 "내 일부가 죽은" 것처럼 느껴졌다고 답했다. Vincent Rue 외, "Induced Abortion and Traumatic Stress: A Preliminary Comparison of American and Russian Women," *Medical Science Monitor* 10, no. 10, 2004년 10월: SR5-16, https://pubmed.ncbi.nlm.nih.gov/15448616/. 낙태한 여성은 정신 건강에 문제가 생길 위험이 81퍼센트 증가한다. Priscilla Coleman, "Abortion and Mental Health: Quantitative Synthesis and

Analysis of Research Published 1995-2009," *British Journal of Psychiatry* 199, no. 3 (2011년): 180-186, https://doi.org/10.1192/bjp.bp.110.077230. 정의를 추구한다면서 이런 여성을 외면하거나 그들의 괴로운 이야기를 진지하게 대하지 않는다면, 우리는 시대에 부응하지 못하는 것이다. 다음 기사를 참조하라. Sara Owens, "I Went to Planned Parenthood for Birth Control, but They Pushed Abortion," *The Federalist Society*, 2015년 9월 28일, https://thefederalist.com/2015/09/28/i-went-to-planned-parenthood-for-birth-control-but-they-pushed-abortion.

2018년에 낙태는 세계 사망 원인 1위로 희생자가 4,200만 명에 달했다. Micaiah Bilger, "Abortion Was the Leading Cause of Death Worldwide, Tallying 42 Million," *Life News*, 2018년 12월 31일, https://www.lifenews.com/2018/12/31/abortion-was-the-leading-cause-of-death-worldwide-in-2018-killing-42-million-people/.

아이슬란드 등 여러 나라에서 "다운증후군을 진단받은 태아의 낙태율은 100퍼센트에 육박한다." George Will, "The Real Down-Syndrome Problem: Accepting Genocide," *Washington Post*, 2018년 3월 14일, https://www.washingtonpost.com/opinions/whats-the-real-down-syndrome-problem-the-genocide/2018/03/14/3c4f8ab8-26ee-11e8-b79d-f3d931db7f68_story.html.

미국의 경우 다운증후군을 진단받은 태내 인간의 90퍼센트가 살해된다. 아시아에서는 여아 낙태가 만연하여 그동안 무려 1억 6,000만 명의 여성이 사라졌는데 이는 미국 여성 인구 전체보다 높은 수치다. 최근 증거에 따르면 여아 낙태는 미국의 특정 인구 내에서도 성행하고 있다. Caroline Mansfield, "Termination Rates after Prenatal Diagnosis of Down Syndrome, Spina Bifida, Anencephaly, and Turner and Klinefelter Syndromes: A Systematic Literature Review," *Prenatal Diagnosis* (1999년 9월 22일), https://pubmed.ncbi.nlm.nih.gov/10521836/. "Box v. Planned Parenthood of Indiana and Kentucky, Cornell Law School, 2022년 7월 20일 접속, https://www.law.cornell.edu/supremecourt/text/18-483.

성인에게 불편하거나 유전적으로 열등하거나 여아라는 이유로 태아가 일상적으로 살해되는 현실에 눈감는다면, 우리는 시대에 부응하지 못하는 것이다.

10. George Orwell, *1984*. 조지 오웰, 《1984》(민음사 역간).

11. 철학자 폴 처치랜드는 이를 이렇게 기술했다. "인간이란 종과 인간의 모든 특성은 오로지 물리적 과정의 물리적 결과일 뿐이다. …… 이것이 인간의 기원에 대한 올바른 설명일진대 우리의 인간론에 무형의 본질이나 속성은 굳이 필요도 없고 들어설 자리도 없다. 우리는 물질로 이루어진 존재다. 그 사실과 더불어 사는 법을 배워야 한다. …… 지성의 의식은 전적으로 자연 현상이다. …… 지성의 의식은 적절히 조직된 물질의 활동이며, 이를 가능하게 하는 정교한 조직은 수십억 년에 걸친 화학적·생물학적·신경생리학적 진화의 결과다. 적어도 이 행성에서는 그렇다." Paul Churchland, *Matter and Consciousness* (Cambridge, MA: MIT Press, 1984), 21. 폴 처치랜드, 《물질과 의식》(서광사 역간).

내가 몹시 싫어하는 한 노래의 가사에는 "그대와 나는 포유동물에 불과하니 우리도 디스커버리 채널의 동물이 교미하듯 하자"라는 표현이 나온다(록 밴드 블러드하운드 갱의 노래 〈The Bad Touch〉의 가사-옮긴이).

12. 다음의 내 책 4장에서 이 내용을 더 깊이 탐색했다. Thaddeus Williams, *Reflect: Becoming Yourself by Mirroring the Greatest Person in History* (Bellingham, WA: Lexham, 2018).

13. Robert Putnam, *Bowling Alone: The Collapse and Revival of American Community* (New York: Simon & Schuster, 2000), 331, 로버트 D. 퍼트넘, 《나 홀로 볼링》(페이퍼로드 역간).

14. Lisa Berkman & Leonard Syme, "Social Networks, Host Resistance, and Mortality: A Nine-Year Follow-Up Study of Alameda County Residents," *American Journal of Epidemiology* 109 (1979년): 186-204.

15. 다음 책을 참조하라. Charles Taylor, *A Secular Age* (Cambridge, MA: Harvard University Press, 2007), 427.

16. David Foster Wallace, "This Is Water," 2005년 케니언칼리지 졸업 연설, https://fs.blog/david-foster-wallace-this-is-water/.

17. "In 2021 We Tracked 733 Hate Groups Across the U.S.," Southern Poverty Law Center, 2022년 7월 20일 접속, https://www.splcenter.org/states/california.

18. "Almost Half of Practicing Christian Millennials Say Evangelism Is Wrong," Barna, 2019년 2월 15일, https://www.barna.com/research/millennials-oppose-evangelism/.

19. "Almost Half of Practicing Christian Millennials Say Evangelism Is Wrong."

20. 이 비사유는 '가난한 이들의 작은 자매회'(the Little Sisters of the Poor) 같은 자선단체에 맞선 살벌한 소송의 배후이자 또한 자기네 교리에 감히 동의하지 않는 모든 학교나 고아원, 위기 임신 센터, 병원, 교회를 영구 폐쇄시키려는 입법의 배후이기도 하다. 어쩌다 우리는 이런 독단적 공격을 오히려 사랑으로 착각하도록 속은 것일까?

21. 기독교의 구원론에 칭의(의롭다 하심) 교리가 있다. 무엇보다도 칭의란 하나님이 그리스도의 구속(救贖)의 죽음과 부활에 근거하여 죄인에게 '무죄'를 선고하시는 신성한 행위를 가리킨다. 하나님은 재판관이시고, 사탄은 '참소하는 자'(원고)며, 예수님은 우리의 변호인으로서 친히 사형 선고를 받고 이미 다 이루신 일에 호소하여 우리에게 무죄가 선고되게 하신다. 그런데 죄책감에서 삶이 해방되는 절차에서 하나님을 뺀다면 권위 있는 무죄 선언을 어디서 얻을 텐가? 사회, 언론, 법, 교육, 연예, 인근 업주 등 하나님 다음으로 커 보이는 존재를 의지하는 수밖에 없다. **모두에게서** 한목소리로 우리의 '무죄'를 선고받아야 하는 것이다! 여기서는 인간의 무죄를 인정하지 않고 예찬하지 않는 사람은 누구든 악마가 되어 입막음을 당한다. 가난한 이들의 작은 자매회, (동성 커플의 주문을 거부한-옮긴이) 제과점 주인과 사진사, 기독교 대학 등은 모두 마치 역사적 기독교의 귀신론에 등장하는 사탄과 그 졸개들인 양 취급한다.

*

22. 사랑과 혐오에 대한 상반된 두 정의는 진공 상태에서 생겨나지 않는다. 아브라함 카이퍼가 "완전히 다른 두 출발점"이라 표현한 더 깊은 세계관의 신념에서 비롯한다. Abraham Kuyper, *Lectures in Calvinism* (Grand Rapids: Eerdmans, 2009), 132. 아브라함 카이퍼, 《칼빈주의 강연》(다함 역간). 모든 것은 우리가 보기에 인간이 "현 상태로 정상인가 아니면 죄에 빠져 비정상이 되었는가"의 문제로 귀결된다. Kuyper, *Lectures in Calvinism*, 54. 예레미야와 솔로몬과 바울처럼 비정상으로 볼 경우, 인간의 마음은 심히 부패하여 미친 악이 가득하고 허물과 죄로 죽어 있다(렘 17:9; 전 9:3; 엡 2:1). 이런 비정상을 인정하는 이들은 "정상의 회복이 기적으로만 가능하다고 본다. 거듭남의 기적과 성경이라는 기적 그리고 하나님이신 그리스도가 친히 우리 삶 속으로 내려와 사신 기적 등이다. 이처럼 비정상 인간이 거듭나야 하기에 그들은 이상적 규범을 자연계에서 찾지 않고 삼위일체 하나님에게서 찾는다." Kuyper, *Lectures in Calvinism*, 132.

그러나 우리가 타락하지 않았다면 인류는 "영원한 진화를 통해 가능성에서 이상으로 나아간다." Kuyper, *Lectures in Calvinism*, 132. "#사랑은 사랑이다"가 어떻게 우리 세대를 규정하는 구호가 됐는지도 이것으로 설명된다. 그 구호는 인간 본성을 정상으로 보는 관점을 전제하고 강요한다. 현재 내가 타락하지 않은 완전한 상태에서 행복을 생각하는 만큼 당신도 내 행복을 인정하고 예찬해야 한다. 그렇지 않으면 편견이다. 반면 인간 본성을 비정상으로 보는 관점에서는, 사랑은 늘 "지금의 너 대로 좋다"라고만 말하지 않고, 필요하다면 "본연의 네가 되라"라고도 말할 수 있다. 이 사랑은 하나님의 사랑처럼 열과 성을 다해 상대의 구원과 형통을 추구한다. 사랑이 구원을 이룰 수 있으려면 우리에게 구원이 필요해야만 한다.

23. Alisa Childers, *Live Your Truth (and Other Lies): Exposing Popular Deceptions That Make Us Anxious, Exhausted, and Self Obsessed* (Carol Stream, IL: Tyndale Momentum, 2022), 162.

24. 이 가상의 대화는 푸코 자신의 통찰과 그의 여러 전기에서 기초했으며 특히 다음 두 자료를 참조했다. Roger Kimball, "The Perversions of M. Foucault," The New Criterion, 1993년 3월, https://newcriterion.com/issues/1993/3/the-perversions-of-m-foucault. Warren Ward, *The Lovers of Philosophy* (UK: Ockham, 2022), 4장.

에필로그

1. "Barna Omnipoll, August 2015." 다음 책에 인용되어 있다. David Kinnaman & Gabe Lyons, *Good Faith* (Grand Rapids: Baker, 2016), 58. 데이비드 키네먼, 《좋은 신앙》(CUP 역간).